Die Blindenfrage im Königreich Bayern.

Mit zwei vergleichenden Anhangtabellen über die Blinden im Deutschen Reiche.

Bearbeitet im Auftrage des Kgl. Staatsministeriums des Innern für Kirchen- und Schulangelegenheiten auf Grund der bei der Volkszählung vom 1. Dezember 1900 gemachten allgemeinen und der in den Jahren 1901 und 1903 vorgenommenen besonderen Erhebungen über die Blinden

von

Anton Schaidler,

Lehrer am Kgl. Zentralblindeninstitut in München.

Mit 1 in den Text gedruckten farbigen Diagramm und 1 farbigen Karte.

München.

Druck von R. Oldenbourg.

1905.

Vorwort.

Es ist ein sehr ernster Gegenstand, mit dem sich die vorliegende Arbeit beschäftigt: die Blindenfrage im Königreich Bayern.

Die Blindheit verschließt die Pforten für jene Sinneseindrücke, die im bürgerlichen Leben in Bezug auf Quantität und Qualität die erste Stelle in Anspruch nehmen; und die Folgen dieses Sinnenmangels treten uns in den verschiedensten Bildern entgegen. Sie sind gezeichnet nach persönlichem Empfinden, sie sind verschieden nach Weltauffassung und Bildungsgrad; aber jede Auffassung kommt zu dem Urteil: es ist etwas Hartes, blind zu sein. Alle, die dieses harte Los traf, verdienen daher unsere Teilnahme.

Die Blindenstatistik will unsere Aufmerksamkeit auf die Blinden des ganzen Landes lenken. Sie wird sich dabei nicht mit Maß und Zahl allein begnügen, sie wird auch darüber Aufschluß geben, auf welche Weise die blinden Mitmenschen das Augenlicht verloren haben; dann aber muß uns Antwort werden auf eine Frage, die aus dem Mitgefühl emporsteigt: Wie ergeht es unsern blinden Mitbürgern? Wie ist für sie gesorgt?

Hiermit ist die Gliederung des folgenden Inhalts gegeben:

1. Die Darstellung der Zählergebnisse für die Blinden nach Geschlecht und Alter, Familienstand und Religion und der Vergleich mit der Gesamtbevölkerung.
2. Wichtige Erblindungsursachen.

   Hier scheint es geraten, zur Vermeidung von Mißverständnissen die Bemerkung vorauszuschicken, daß es sich zunächst um jene Fälle von Erblindungsursachen handelt, deren Bekämpfung eine Entlastung der Blindenanstalten ermöglicht.
3. Die Blindenbildung, die Lebens- und Erwerbsverhältnisse der Blinden: die Blindenfürsorge.
4. Ein Anhang beantwortet die Frage: Was hat Bayern bisher für die Blinden getan?

Nicht nur Düsteres und Trostloses wird an uns vorüberziehen; auch ein freundliches Bild wird sich uns zeigen: daß die Blinden nicht immer jene Unglücklichen sind, wie sie das flüchtige Urteil schildert, vielmehr, daß auch der Blinde sich durch Unterricht und Erziehung emporringen kann zu einem nützlichen Glied der bürgerlichen Gesellschaft und sich so glücklich und zufrieden fühlt; auch für ihn hat das Leben durch den Segen der Arbeit den Sonnenstrahl der Freude, der ihm Herz und Gemüt erhellt. Und wenn in dem Rahmen dieser statistischen Arbeit in Kürze die Entwicklung der Blindenbildung und -Fürsorge mit eingeflochten wird, so sollen diese Mitteilungen den freundlichen Leser, der vielleicht mit dieser Sache noch wenig oder nicht in Beziehung treten konnte, für einen würdigen Gegenstand des Nachdenkens und der Nächstenliebe interessieren.

München, im Mai 1904.

Anton Schaidler,
Lehrer am Kgl. Zentralblindeninstitut.

Einleitung.

Seit Beginn des vorigen Jahrhunderts ist wiederholt der Versuch gemacht worden, die Zahl der Blinden zu ermitteln. Die Arbeit wurde zuerst angeregt und unternommen durch Männer, die sich mit der Fürsorge für die Blinden beschäftigten, oder die im wissenschaftlichen Interesse forschen wollten.

Professor Dr. August Zeune (eröffnete am 13. Oktober 1806 die Kgl. Blindenanstalt zu Berlin mit 2 Zöglingen) macht bereits in seinem 1833 erschienenen „Belisar" (oder über Blinde und Blindenanstalten) Mitteilungen über die Verbreitung der Blindheit nach den Zonen, und er kommt nach seinen Forschungen zu dem Schlusse: die Blindheit nimmt von den Wendekreisen nach den gemäßigten Zonen ab, aber von da nach den kalten wieder etwas zu.

Auch Alexander v. Humboldt ist der Frage über die Verbreitung der Blindheit nahegetreten. Nach seiner Äußerung sind die dunklen Menschenstämme, also die Neger und die kupferfarbenen südamerikanischen Stämme, weniger der Blindheit unterworfen als die hellen.

Johann Wilhelm Klein (geb. 1765 zu Alerheim bei Nördlingen, beginnt seinen Beruf als Blindenlehrer 1804 in Wien) bringt in seiner „Geschichte des Blindenunterrichtes" 1837 Angaben über die Verbreitung der Blindheit in Österreich und Deutschland. Die Zählungen der Blinden in Deutschland aber waren meistens nur numerisch, neben den allgemeinen Seelenzählungen ausgeführt, und nach den offenliegenden Mängeln dieser Erhebungsweisen konnte das Ergebnis nur eine Schätzung der Blindenziffer sein.

In Preußen wurde die Zahl der Blinden und Taubstummen seit 1834 regelmäßig in den statistischen Tabellen angegeben, jedoch in der Art, daß die Beteiligten nicht speziell befragt wurden, sondern daß die Ortsbehörden, ohne den betreffenden Personen Nachricht darüber zu geben, aus eigener Kenntnis die Urangaben zu vervollständigen und in der Ortsübersicht zu sammeln hatten.

Solche Zählungen waren aber fast die einzigen, auf welche eine vergleichende Berechnung basiert werden konnte; und Zeune hat, auf sie und auf einige andere fremdartige Daten gestützt, seine Berechnung der Quantität der Blinden nach den verschiedenen Breitegraden, wenigstens für die nördliche Hemisphäre der Erde, versucht. Die Zahlen, die Zeune anführt, beruhen demnach größtenteils auf

Hypothesen, und sie haben die Probe realer Zählungen nicht bestehen können. Das war aber bei allen diesbezüglichen Ergebnissen der Fall, die damals von anderen Forschern veröffentlicht wurden. Man hat eben in jener Zeit mehr mit idealen Zahlen gerechnet. Wenn nun auch der Wert dieser Zahlen in Zweifel gezogen wird, so kann man jenen Forschern für ihre Arbeiten nicht genug danken, denn diese Arbeiten waren mit eminenten Opfern verbunden, und sie entsprangen einer tiefen Liebe zu den Unglücklichen: es sollte durch das Gewicht der Zahl auf die Notwendigkeit einer Blindenfürsorge hingewiesen werden. Bei der Beurteilung jener Zahlen aber vergesse man auch nicht den großen Unterschied, der zwischen den früheren Erhebungsweisen und der heutigen technischen Vollendung auf diesem Gebiete besteht; ganz erheblich fällt hierbei ins Gewicht, daß man jetzt die abstrakte Theorie der früheren Zeiten verlassen hat und nunmehr die einzelne Persönlichkeit stärker hervortreten läßt.

Auf die Notwendigkeit einer besonderen Blindenerhebung hat Professor Dr. W. Lachmann (Stifter und Direktor des Blindeninstitutes zu Braunschweig) aufmerksam gemacht. Er bemühte sich, im Verlaufe von 12 Jahren die statistischen Verhältnisse der Blinden und Taubstummen im Herzogtume Braunschweig in allen wesentlichen Beziehungen möglichst vollständig, und durch Wiederholungen und Vergleichungen ergänzt, zu durchforschen. Im Jahre 1830 hat Lachmann im Herzogtume Braunschweig die erste Sondererhebung der Blinden vorgenommen und das Resultat seiner Forschungen 1843 der Öffentlichkeit übergeben. Das Buch trägt den Titel: „Über die Notwendigkeit einer zweckmäßigen Einrichtung und Verwaltung von Blindenunterrichts-Erziehungsinstituten und von Beschäftigungs- und Versorgungsanstalten für erwachsene Blinde, nebst dem Versuche der Begründung einer Blindenstatistik, verglichen mit einer neubearbeiteten Statistik der Taubstummen."

Lachmann erbrachte an der Hand der von ihm ausgeführten Blindenuntersuchungen den Beweis, daß alle bisherigen Blindenzählungen viel zu klein ausgefallen sind, weil sie mehr eine künstliche Konstruktion als eine wirkliche Zählung waren.

Daß es keine leichte Aufgabe ist, die vollständige Blindenziffer eines Landes zu ermitteln, das zeigen die weitdifferierenden Resultate, die sich durch verschiedene Erhebungsformen ergaben.

Zunächst kommen zwei Verfahrungsweisen in Frage. Die Sondererhebung und die allgemeine mit den Volkszählungen verbundene Erhebung. In Bayern sind Sondererhebungen durch die amtlichen Ärzte vorgenommen worden, die letzten im Jahre 1858, und es konnten hierbei zahlreiche Detailfragen gestellt werden, die einen tieferen Einblick in die Blindenfrage ermöglichen, als es durch die einfache Befragung bei der Volkszählung möglich ist.

1871 aber hat in Bayern die erste allgemeine mit der Volkszählung verbundene Erhebung über die Gesamtzahl der Blinden stattgefunden. In den Vorbemerkungen der „Statistik über Blinde, Taubstumme, Irrsinnige und Blöde" hat Dr. Georg Mayr die Vorzüge und die Nachteile des einen und des anderen Systems dieser statistischen Ermittlungen abgewogen. Er sagt: „Gerade die in Bayern erfolgte Anwendung der beiden Systeme läßt aber keinen Zweifel darüber, daß bei jenen Sondererhebungen an eine auch nur annähernd vollständige Ermittlung der Gesamtzahl der Gebrechlichen nicht zu denken ist".

Der Nachweis hierfür wird durch die Zahlen aus den Erhebungen von 1840, 1858 und 1871 geliefert.

Die Gesamtzahl der Blinden beträgt im Jahre 1840 = 3020; im Jahre 1858 = 2362; 1871 = 3994. Durch die Erhebung von 1871 wird die große Lückenhaftigkeit derjenigen von 1858 aufgedeckt. (Lachmann zählt in seinem Buche alle bekannt gewordenen Daten auf, darunter finden wir für Bayern nach der Zählung von 1840 = 2654 Blinde notiert, eine Zahl, die mit dem wirklichen Ergebnis (3020) nicht übereinstimmt. Allerdings fügt Lachmann an: „Hier sind wohl nur die Blinden unter 30 Jahren gezählt." Da würde sich aber nach dem Prozentanteil der einzelnen Altersgruppen der Blinden, wie er in einem späteren Kapitel berechnet ist, für sämtliche Altersklassen eine Blindenzahl von rund 14500 summieren!)

„Als in Preußen bei der Volkszählung von 1871 auch die Blinden selbst befragt wurden, ergab sich gerade wie in Bayern, daß beträchtlich mehr Fälle konstatiert wurden als bei allen früheren Erhebungen." (Mayr). Als Schlußergebnis aus seinen Betrachtungen über die Ermittlungsarten führt Dr. Mayr an: „Als die vollendetste Methode würde eine Verbindung der allgemeinen Befragung bei der Volkszählung und der medizinalstatistischen Sondererhebung erscheinen."

In den letzten Dezennien hat man für die Blindenfrage und die Statistik der Blinden besonderes Interesse gezeigt. Das beweisen namentlich die Blindenuntersuchungen privater Natur, die von verschiedenen Forschern wiederholt angestellt wurden. Dr. v. Mayr, Dr. Cohn, Dr. Magnus, Dr. Katz, Dr. Schmid-Rimpler, Schimmer, Zehender, Hirschberg, Seidelmann, Landsberg, Steffan, Stolte sind Autoren, bei denen sich der Blindenstatistiker befragen muß.

Begründete Zweifel sind erhoben worden über die Zahl der Blinden. Es wird erörtert, daß das Laienpublikum, durch das bisher die Eintragungen in die Fragebögen vollzogen wurde, nicht genügendes Können besitze, um der Aufgabe in Bezug auf die Blindenstatistik gerecht zu werden. Dazu komme die Schwierigkeit in Bezug auf den Begriff des Blindseins und die notwendige Abgrenzung desselben gegen die Schwachsichtigkeit. Hier wird der Arzt gefordert, da sonst eine große Zahl notorisch Nichtblinder mitgezählt werde. Dann wird als bedeutender Mangel der Blindenstatistik hervorgehoben das vollständige Fehlen eines jeden Nachweises bezüglich der Erblindungsursache. Das alles aber ist gewiß von schwerwiegender Bedeutung.

Wie das Material für die vorliegende bayerische Blindenstatistik gewonnen wurde, ist im folgenden dargelegt. In den Volkszählungslisten vom 1. Dezbr. 1900 war eine Rubrik: „Blind auf beiden Augen? Ja oder nein? Besteht das Gebrechen seit frühester Jugend oder ist es später entstanden?" (Unter „frühester Jugend" ist die erste Kindheit, insbesondere sind die ersten beiden Lebensjahre verstanden.) — Auf Grund dieser Ergebnisse wurde die Sondererhebung vom Jahre 1901 vorgenommen. Ein Fragebogen mit nachstehendem Inhalt kam an die Beteiligten.

Fragebogen für Blinde.

Verwaltungsbezirk (Bezirksamt, unmittelbare Stadt):
Laufende Nummer des Fragebogens für den Verwaltungsbezirk:
Gemeinde (bei unmittelbaren Städten nicht einzutragen):
Nummer der Zählungsliste:
Name des Haushaltungsvorstandes oder der Anstalt, wo die blinde Person am 1. Dezember 1900 gezählt wurde:

1. Vor- und Familienname:
2. Familienstand: ledig, verheiratet, verwitwet, geschieden. (Zutreffendes ist zu unterstreichen!)
3. Geschlecht: männlich, weiblich.
4. Alter: Geboren den . . . . im Jahre . . . .
5. Geburtsgemeinde: im Bezirke
   (für außerhalb Bayerns Geborene auch Geburtsland).
6. Wenn 1884 oder früher geboren, Beruf:
   Stellung im Beruf:
7. Religionsbekenntnis (Konfession):
8. Muttersprache:
9. Staatsangehörigkeit:
10. Der Eltern Name:
    Stand:
    Wohnort:
11. Blind auf beiden Augen: seit frühester Jugend? oder später entstanden?
12. Ist die blinde Person bildungsfähig? („Ja" oder „Nein"):
13. Genießt die blinde Person zur Zeit Unterricht? („Ja" oder „Nein"):
    Wenn „Ja" in welcher Blindenanstalt?
    oder in welcher Volksschule?
14. Hat die blinde Person früher Unterricht genossen? („Ja" oder „Nein"): Wenn „Ja" in welcher Blindenanstalt?
    oder in welcher Volksschule?
15. Ist die blinde Person zur Zeit in einer Versorgungsanstalt (in einem Asyl rc.) untergebracht? („Ja" oder „Nein"):
    Wenn „Ja" seit wann?
16. Verdient die blinde Person sich den Lebensunterhalt selbst? („Ja" oder „Nein" oder „Teilweise"):
17. Lebt die blinde Person im Brote ihrer Eltern oder sonstigen Verwandten? („Ja" oder „Nein" oder „Teilweise"):
18. Genießt die blinde Person zum Lebensunterhalt Unterstützung aus öffentlichen Fonds? („Ja" oder „Nein" oder „Teilweise"):

Diese Fragebogen wurden im September 1901 zur Beantwortung versendet.

Dem Verfasser der vorliegenden Statistik ist im Jahre 1903 im Monat März das Urmaterial übergeben worden. Bei der Herstellung des Tabellenwerkes wurde jedoch für verschiedene Titel eine Lücke im Fragebogen fühlbar, die nur durch Erhebung des Erblindungsjahres gedeckt werden konnte. Infolgedessen mußten sämtliche Fragebogen ergänzt und an die einzelnen Verwaltungsbezirke zurückgegeben werden. Bei dieser Gelegenheit wurde aber der Versuch gewagt, das Material zu vertiefen in bezug auf Grad der Blindheit und Erblindungsursache, und es kam zu dem ursprünglichen Fragebogen ein Ergänzungsfragebogen mit folgendem Inhalt:

Ergänzungen zum Fragebogen für Blinde.

Vor- und Familienname:

I. In welchem Lebensjahr ist die Erblindung eingetreten?

II. Grad der Blindheit:

Ist die blinde Person

a) völlig blind auf beiden Augen?

b) nicht völlig blind?

1. Empfindet die blinde Person Lichtschimmer, kann sie Tag und Nacht unterscheiden, sieht sie im Zimmer die Fenster?
2. Erkennt die blinde Person nahegebrachte Farben?
3. Ist die blinde Person imstande, die nahe vor den Augen ausgespreizten bewegten Finger zu unterscheiden, die Finger zu zählen? (Zutreffendes unterstreichen!)

III. Ursachen der Blindheit.

1. Angeborene Blindheit?
2. Augenentzündung der Neugeborenen?
3. Augenentzündung durch äußere Verletzungen: Durch Stoß, eingedrungene Fremdkörper, Schlag, Säuren, Ätzkalk 2c. 2c.?
   Ist infolge dieser Verletzungen auch das andere Auge erblindet? (Ja oder nein!)
4. Pocken, Hirnhautentzündung, Masern, Scharlach?
5. Trat die Erblindung durch Altersstar ein?
6. Andere Ursachen?

An die Kgl. Bezirksämter wurde die Bitte gestellt, den Ergänzungsfragebogen beantworten zu lassen und angefügt, daß es wünschenswert wäre, wenn die Aussagen über Grad der Blindheit und Ursache der Erblindung durch den Kgl. Bezirksarzt kontrolliert würden.

Fast sämtliche Amtsärzte haben sich dieser mühevollen Aufgabe bereitwilligst unterzogen, so daß auf diese Weise ein sehr wertvolles Material zurückkam. Den Herren Bezirksärzten aber sei für ihre große Güte und Mühe im Namen aller, die sich mit der Blindenfrage befassen, der gebührende Dank zum Ausdruck gebracht.

Wenn darauf hingewiesen wurde, daß die Untersuchungen über Ursachen der Blindheit nur von Augenärzten vorgenommen werden sollten, so wird hierauf die Bemerkung gestattet sein, daß bei den in Frage stehenden Fällen und für den Zweck der Erhebungen der Augenarzt wohl entbehrlich sein dürfte. Bei der derzeitigen Durchbildung der Ärzte wird ja auch die Augenheilkunde besonders berücksichtigt, und damit verringern sich immer mehr die Schwierigkeiten für die Gewinnung eines wertvollen Materials für eine Blindenstatistik.

Es sind nun noch einige Bemerkungen über den Fragebogen notwendig. Der Fragebogen für Blinde ist genau so abgefaßt, wie der Fragebogen für Taubstumme, die ebenfalls gezählt wurden. Nun aber hat Ziffer 6 „Wenn 1884 oder früher geboren, Beruf: . . . . . Stellung im Beruf?" für Blinde nicht genügt. Man wußte nicht, was hier eingetragen werden sollte, ob jetziger Beruf, ob früherer Beruf. Über diesen Zweifel hat man sich sehr oft dadurch hinweggeholfen, indem man die Frage unbeantwortet ließ. Für diesen Punkt der Statistik steigen deshalb die Zahlen unter „nicht angegeben" ganz bedeutend, besonders für die Altersgruppen über dem 50. Lebensjahr. Nun ist aber gerade auch der Beruf für die Blindenstatistik ein äußerst wichtiges Moment. Welche Berufsarten haben die meisten Blinden? Diese Frage kann diesmal nur ungenügend beantwortet werden. Es muß also bei einer nächsten Aufzeichnung dieser Fragepunkt geteilt werden: a) Beruf vor der Erblindung, b) Beruf nach der Erblindung.

Die Zweifel stellten sich natürlich nur bei später Erblindeten ein. Bei den in Blindenanstalten Gebildeten oder in frühester Jugend Erblindeten, überhaupt überall da, wo der gegenwärtige effektive Beruf in Frage kommen konnte, sind die Angaben zum allergrößten Teil sehr genau. Die Frage 11 „Blind auf beiden Augen? Seit frühester Jugend oder später entstanden?" war deswegen nicht ausreichend, weil auch über die Schulbildung der Blinden Erhebungen folgten. Ein Beispiel soll dies klar legen.

a) Ein 15jähriger Knabe. Blind auf beiden Augen; Blindheit später entstanden; hat Unterricht in einer Blindenanstalt genossen.

b) Ein 65jähriger Mann. Blind auf beiden Augen; Blindheit später entstanden. Unterricht in einer Volksschule genossen. — Soweit die Angaben auf dem ersten Fragebogen. Durch den Ergänzungsbogen kamen die Resultate: Der 15jährige Knabe ist im 3. Lebensjahr erblindet, der 65jährige Mann hat im 64. Lebensjahr das Augenlicht verloren. Das „Später erblindet" kann das 4., 5., 20., 50. x. Jahr bezeichnen, und es ergäbe sich bei der Summierung der Unterrichtstabellen ein falsches Bild. — Z. B. im 30. Lebensjahr stehen 26 „später" erblindete Personen; 16 davon sind in einer Blindenanstalt unterrichtet, die übrigen 10 haben die Volksschule besucht. Da kommt die Frage: Warum waren diese 10 in keiner Blindenanstalt? Das Erblindungsjahr gibt den Aufschluß: 10 von diesen 26 Blinden haben ihre Schulbildung vor der Erblindung abgeschlossen; denn sie sind in einem Alter von 17 bis 30 Jahren blind geworden.

Die Fragen, die eine Einteilung der Blinden in völlig Blinde und in Blinde mit Sehresten beabsichtigen, sind zum Teil auch deswegen gestellt, um den Begriff der Blindheit gegen die Schwachsichtigkeit abzugrenzen. Dieser Zweck der Klassifikation ist natürlich dort überflüssig, wo ein Arzt die Aussagen des Beteiligten kontrolliert. Der Hauptgrund für den Versuch einer derartigen Einteilung ist der wesentliche Einfluß, den die verschiedenen Grade der Blindheit auf Ausbildung und Lebensstellung der Blinden ausüben.

Die Definition eines Blinden ist schwerer, als es für den Augenblick scheinen mag. Die Wissenschaft und die Praxis haben verschiedene Auffassungsweisen von dem Begriff der Blindheit. — Während im wissenschaftlichen Sinne derjenige blind ist, der keine objektive Lichtempfindung hat, zieht das bürgerliche Leben bedeutend weitere Grenzen. Bei der auf gewöhnliche Weise vor sich gehenden Erlernung und Ausbildung einer beruflichen Tätigkeit genügen auch Lichtempfindungen nicht; es wird ein gewisser Grad von Sehschärfe gefordert, das Auge muß leistungsfähig sein. Deshalb wird derjenige für blind erklärt, dessen Auge zur Ausübung eines bürgerlichen Berufes untauglich ist. Eine Autorität sagt hierüber: „Auch die, welche die Zahl der Hände erkennen oder in nächster Nähe sogar noch die Finger zählen können, stehen in der praktischen Verwertung ihrer Gesichtseindrücke ganz den Blinden gleich." (Schmid-Rimpler.) — Die Blindenstatistik kann das Material nur nach der Auffassung sammeln, die das bürgerliche Leben von dem Begriff der Blindheit gegeben hat.

In unseren Fragen, welche die Abstufungen der Blindheit zu ermitteln suchen, ist auch das Farbenerkennen herangezogen. Allerdings mußte ich durch meine Studien später erfahren, daß sich manche Autoren in Bezug auf das Hereinziehen des Farbensinnes ablehnend verhalten, da es viele Farbenblinde mit voller Sehschärfe gebe.

Vom Standpunkte des Blindenunterrichtes aus dürfte diese Frage jedoch begründet werden können; und da in vorliegender Arbeit auch der Bildungsfähigkeit, dem Unterricht, den Erwerbsverhältnissen der Blinden ein Platz eingeräumt ist, so möchte das unsere Frage rechtfertigen. Jeder Blinde, der noch derartige Lichtempfindungen sein eigen nennt, schätzt sich glücklich, und dem Blindenunterricht gelingt es, bei Schülern mit Sehresten und Farbenempfindungen Vorstellungen zu bilden, die den Vorstellungen der Sehenden sehr nahe kommen. Vielleicht darf ich hier (im Anschluß „Grad der Blindheit") an einen Fall erinnern, der vor einigen Jahren in der Presse in einem Sensationsartikel verunstaltet wurde, indem eine heilpädagogische Leistung des Direktors der Blindenanstalt Hohenwart bei Wien, D. Heller, als deren Mittelpunkt der Forscher die Erweckung des Bewußtseins von einem erheblich eingeengten Sehfeld betrachtet, unter dem unwahren Schlagwort „Heilung eines Blindgeborenen" verbreitet wurde. Auf dem Breslauer Blindenlehrerkongreß wurde der Fall von Heller klargelegt. Universitätsprofessor Dr. Cohn zieht als Fazit der Debatte, die sich der Hellerschen Darlegung anschloß: „Wir dürfen nicht einen Tag versäumen, wo wir ein blindes Auge auch nur um ein bißchen kräftigen könnten. Das wird in den Blindenanstalten geschehen immer dann, wenn immer wieder von neuem Untersuchungen der eingelieferten Blinden stattgefunden haben."

Nicht unerwähnt soll bleiben, daß manche bei der Ermittlungsmethode für die Grade der Blindheit nicht nur die Reste des Sehvermögens prüfen, sondern auch das Orientierungsvermögen zu Grunde legen. Es kann aber aus dem Material der bayerischen Blindenstatistik ein Beispiel angeführt werden, das in fraglichem Punkte zur Vorsicht mahnen dürfte. In einer größeren Stadt lebt ein ehemaliger Zögling des Münchener Blindeninstituts. Er ist vollständig blind, empfindet keinen Lichtschimmer, und doch bewegt sich der Blinde in den Straßen seiner Vaterstadt ganz frei, nicht nur in der nächsten Umgebung seiner Wohnung sondern auch über das Weichbild des Ortes hinaus. Dieser blinde Mann wurde bei der ersten Aufzeichnung, die von einem Polizeiorgan vorgenommen wurde, als nicht völlig blind eingetragen mit der Bemerkung: „Kann allein in den Straßen gehen!“ Bei Beantwortung des Ergänzungsfragebogens durch den Bezirksarzt ward jene Bemerkung gestrichen und vollständige Blindheit konstatiert. — Andere Fälle könnten mit dem Orientierungsvermögen dann falsch registriert werden, wenn unlautere Gründe den zu Untersuchenden zur Simulation bewegen würden.

Eine kleine Anregung sei der Begutachtung empfohlen!

Wäre es nicht ratsam, den Befragten eine kurze Aufklärung über den Zweck der Aufzeichnungen zu geben? Sagt man den Beteiligten, daß durch die Erhebungen ein Anstoß zur Verhütung und Einschränkung der Blindheit bewirkt werden soll, so wird der Blinde, der seinen Zustand oft nur ungern bespricht, befriedigt sein und bereitwillig den guten Zweck der Sache durch genaue Angaben fördern. Für diejenigen aber, die der Wunsch nach Unterstützung zu einer Übertreibung ihrer Sehstörung verleitet, wäre die Aufklärung ganz besonders notwendig.

Zum Schluß der einleitenden Bemerkungen ist noch ein Entschuldigungsgrund dafür notwendig, daß die Ergebnisse einer schon im Dezember 1900 vollzogenen Aufnahme der Blinden etwas spät veröffentlicht werden. Sieht man von der Schwierigkeit der Materie ab, so wird die Verzögerung begründet einesteils durch die Sondererhebung, die erst Ende 1901 stattfinden konnte, andernteils hat die Beantwortung des Ergänzungsfragebogens im vergangenen Jahr (1903) die Monate vom April bis Juli in Anspruch genommen; denn die meisten Bezirksärzte wollten die Untersuchungen der Blinden bei Gelegenheit der Impfung vornehmen.

Zwischen der Volkszählung und der letzten Sondererhebung ist nun allerdings ein Zeitraum von $2\frac{1}{2}$ Jahren verstrichen, und es sind inzwischen 623 Blinde gestorben (eine eigene Tabelle gibt hierüber Aufschluß), andere sind verzogen. Von den letzteren (es waren 29, und die meisten davon kamen inzwischen in eine Blindenanstalt) wurden alle bis auf drei ermittelt.

Die Gestorbenen gehören natürlich zum größten Teil den höchsten Altersklassen an. Die Angaben über diese Blinden konnten in vielen Fällen von Angehörigen gemacht werden; viele der Verstorbenen waren aber auch ihrem Bezirksarzt bekannt, so daß die Lücke über Erblindungszeit und Erblindungsursache durch die mit Tod abgegangenen Blinden immerhin nicht zu sehr fühlbar wird.

I. Teil.

Darstellung der Zählergebnisse für die Blinden

nach Geschlecht und Alter, Staatsangehörigkeit, Familienstand und Religion und der Vergleich dieser Ergebnisse mit den Ergebnissen für die Gesamtbevölkerung.

Hauptergebnisse für das Königreich und die Regierungsbezirke.

Am 1. Dezember 1900 wurden im Königreich Bayern unter 6176057 ortsanwesenden Personen 3444 als blind bezeichnet. Nach den durch die beiden Sondererhebungen eingegangenen Angaben mußten jedoch 60 Personen als nicht blind ausgeschieden werden, da bei einigen entweder gar keine Blindheit zu konstatieren war, andere sich als Einäugige oder Kurzsichtige erwiesen haben, so daß die Gesamtzahl der amtlich ermittelten Blinden im Königreich 3384 beträgt. Die Blindenzahl, die 1871 = 3998 betrug, hat sich demnach in Bayern um 614 vermindert, und es beträgt die Minderung vom Hundert = 15,38.

Nachstehende Übersicht bringt die Grundzahlen für die in den einzelnen Regierungsbezirken in den Jahren 1871 und 1900 ermittelten Blinden:

Tabelle 1.

Regierungsbezirk	Zahl der Blinden in den Jahren 1871	1900	Abnahme
Oberbayern	839	716	— 123
Niederbayern . . .	443	374	— 69
Pfalz	396	377	— 19
Oberpfalz	312	289	— 23
Oberfranken	444	320	— 124
Mittelfranken . . .	541	429	— 112
Unterfranken . . .	490	373	— 117
Schwaben	533	506	— 27
Königreich . . .	3998	3384	— 614

Auf 10000 Personen der Gesamtbevölkerung kommen 5,48 Blinde; also ist das Verhältnis der Blinden zu den Nichtblinden wie 1 : 1824.

Ein Vergleich der in Tabelle 1 vorgeführten absoluten Zahlen mit der Gesamtbevölkerung der einzelnen Regierungsbezirke soll in der nächsten Tabelle zur Darstellung kommen:

Tabelle 2.

Regierungsbezirk	Von 10000 Personen der ortsanwesenden Bevölkerung sind als blind nachgewiesen: 1871	1900	Abnahme der Blindenquote
Oberbayern	9,97	5,41	— 4,56
Niederbayern	7,34	5,51	— 1,83
Pfalz	6,44	4,53	— 1,91
Oberpfalz	6,27	5,22	— 1,05
Oberfranken	8,21	5,26	— 2,95
Mittelfranken	9,27	5,26	— 4,01
Unterfranken	8,36	5,73	— 2,63
Schwaben	9,15	7,09	— 2,06
Königreich	8,22	5,48	— 2,74

Es ist ein erfreuliches Resultat! Die Blindenquote hat im Königreich Bayern seit dem Jahre 1871 für 10000 Bewohner der Gesamtbevölkerung um 2,74 abgenommen.

An dieser Abnahme partizipieren sämtliche Regierungsbezirke. — Das Mittel des Landes beträgt 5,48. Über diesem Mittel stehen die Kreise: Niederbayern (5,51), Unterfranken (5,73), Schwaben (7,09); unter dem Mittel stehen Oberbayern (5,41), Pfalz (4,53), Oberpfalz (5,22), Oberfranken (5,26), Mittelfranken (5,26).

Das Maximum der Blindenquoten fällt auf Schwaben (7,09), das Minimum auf die Pfalz (4,53).

Die verhältnismäßig größte Abnahme weisen Oberbayern und Mittelfranken auf, die relativ geringste Abnahme berechnet sich für die Oberpfalz. Ein Grund für diese Erscheinungen wird weiter unten zur Sprache kommen.

Die vorgeführten Zahlen bieten jedoch nicht den exakten Ausdruck, der z. B. für Untersuchungen nach Landesteilen über die größere oder geringere Disposition zur Erblindung notwendig ist; denn die Unterbringung der Blinden in Anstalten ruft eine mehr oder weniger fühlbare Störung hervor: das Kgl. Zentralblindeninstitut in München unterrichtet aus dem Kreis Oberbayern 29 blinde Kinder, aus den übrigen 7 Regierungsbezirken aber 71; die Blindenanstalt Pfaffenhausen in Schwaben beherbergt aus dem Heimatkreis 35, aus den übrigen Kreisen 64 Pfleglinge (die Nichtbayern sind nicht mit eingerechnet); die Nürnberger Blindenanstalt hat 27 mittelfränkische und 16 oberfränkische Blinde aufgenommen. Die Frequenzzahlen für die Augsburger und Würzburger Anstalt summieren sich mit einer minimalen Ausnahme nur aus Kreisblinden. In ähnlicher Weise verhält es sich mit den Asylen. —

Aus diesen Gründen läßt Dr. Mayr in der bayerischen Blindenstatistik vom Jahre 1871 nicht den Zählungsort, sondern den Geburtsort der Blinden maßgebend sein und glaubt, auf diese Weise einen besseren Einblick in die geographischen Unterschiede der Disposition zur Erblindung zu gewinnen. Das diesbezügliche Ergebnis für 1871 bringt die nachfolgende Tabelle, in welcher die Verhältniszahlen, die sich nach der Zählbevölkerung berechneten, zum Vergleich beigefügt sind.

Ergebnis vom Jahre 1871:

Tabelle 3.

Regierungsbezirk	Von den Blinden sind geboren in nebenbezeichnetem Regierungsbezirk	Auf 10000 Personen der Geburtsbevölkerung treffen	Auf 10000 Personen der Zählbevölkerung treffen
Oberbayern	703	9,66	9,97
Niederbayern . . .	450	7,30	7,34
Pfalz	381	6,35	6,44
Oberpfalz	336	6,41	6,27
Oberfranken	465	8,31	8,21
Mittelfranken . . .	545	9,60	9,27
Unterfranken . . .	475	8,29	8,36
Schwaben	538	9,41	9,15
Königreich	3893	8,21	8,22

Mayr kritisiert diese Tabelle so:

„Bei dieser Art der Berechnung erscheint Oberbayern etwas günstiger als nach der ersten, lediglich die Ortsanwesenheit der Blinden berücksichtigenden Vergleichung, während für andere Regierungsbezirke, insbesondere Oberpfalz und Schwaben, etwas ungünstigere Zahlen entfallen. Sehr bedeutend ist übrigens der Unterschied beider Berechnungsarten doch nicht, was sich daraus erklärt, daß die in Anstalten aufgenommenen Blinden im ganzen nicht einmal ein Zehntel sämtlicher Blinden ausmachen."

Die 4. Tabelle scheidet die in Bayern geborenen Blinden aus nach den Regierungsbezirken, zu welchen dieselben dem Geburtsorte nach gehören.

Tabelle 4.

Von den im Regierungsbezirk	im Jahre 1900 gezählten Blinden sind geboren im Regierungsbezirk:																										
	Oberbayern			Niederbayern			Pfalz			Oberpfalz			Oberfranken			Mittelfranken			Unterfranken			Schwaben			Zusammen		
	m.	w.	i. g.	m.	w.	i. g.	m.	w.	i. g.	m.	w.	i. g.	m.	w.	i. g.	m.	w.	i. g.	m.	w.	i. g.	m.	w.	i. g.	m.	w.	i. g.
Oberbayern .	225	273	498	31	20	51	10	5	15	17	17	34	12	10	22	5	14	19	3	2	5	14	20	34	317	361	678
Niederbayern .	3	10	13	187	155	342	—	—	—	5	6	11	—	1	1	1	—	1	—	—	—	—	—	—	196	172	368
Pfalz . . .	2	—	2	—	—	—	189	157	346	1	—	1	—	—	—	—	—	—	2	1	3	—	—	—	194	158	352
Oberpfalz . .	2	4	6	8	6	14	—	—	—	126	127	253	—	3	3	2	3	5	—	—	—	1	1	2	139	144	283
Oberfranken .	1	—	1	—	—	—	—	—	—	2	—	2	166	132	298	3	2	5	3	2	5	—	2	2	175	138	313
Mittelfranken .	1	3	4	—	1	1	1	—	1	1	6	7	28	22	50	158	166	324	7	7	14	2	5	7	198	210	408
Unterfranken .	—	—	—	—	1	1	—	—	—	—	1	1	7	4	11	3	1	4	170	164	334	—	—	—	180	171	351
Schwaben . .	14	21	35	5	9	14	2	1	3	6	8	14	5	3	8	4	8	12	5	3	8	216	169	385	257	222	479
Summe	248	311	559	231	192	423	202	163	365	158	165	323	218	175	393	176	194	370	190	179	369	233	197	430	1656	1576	3232

Der Vergleich mit der Gesamtgeburtsbevölkerung der einzelnen Regierungsbezirke kann nicht durchgeführt werden, da bei der Zählung vom 1. Dezember 1900 nach dem einschlägigen Bundesratsbeschlusse die Geburtsbevölkerung nur für Südbayern, Nordbayern und die Rheinpfalz festgestellt wurde.

Es wird aber durch eine Umrechnung der Ergebnisse für die Geburtsbevölkerung vom Jahre 1871 auf die im Jahre 1900 gemachte Abgrenzung dennoch eine Gegenüberstellung ermöglicht.

Auf diese Weise ergibt sich folgendes Resultat:

Tabelle 5.

(Südbayern umfaßt die Regierungsbezirke: Oberbayern, Niederbayern, Oberpfalz, Schwaben. Die fränkischen Kreise bilden Nordbayern.)

Zählbezirk	Zählergebnis vom Jahre 1871		Zählergebnis vom Jahre 1900	
	Grundzahlen	Auf 10000 Personen der Geburtsbevölkerung treffen Blinde:	Grundzahlen	Auf 10000 Personen der Geburtsbevölkerung treffen Blinde:
Südbayern	2 027	8,30	1 735	5,58
Nordbayern . . .	1 485	8,67	1 132	5,69
Rheinpfalz	381	6,35	365	4,73
Königreich	3 893	8,21	3 232	5,51

Nach Tabelle 3 wurden im Jahre 1871 die Gegensätze der Blindenhäufigkeit gebildet durch Schwaben, Oberbayern und Mittelfranken einerseits und die Pfalz sowie die Oberpfalz anderseits. Dieses Resultat ergab sich sowohl nach der Tabelle mit der Zählbevölkerung als auch nach der mit der Geburtsbevölkerung. Das neugewonnene Gruppenbild in Tabelle 5 bringt für 1871 nun allerdings eine Verschiebung, indem jetzt Nordbayern die größte relative Blindenziffer aufweist mit 8,67 Blinden auf 10000 Bewohner; dagegen tritt Südbayern mit 8,30 an zweite Stelle. Das etwas günstigere Resultat für Südbayern wird durch die Einreihung der Oberpfalz herbeigeführt (Blindenquote = 6,41). Die Verhältniszahlen, die für 1900 nach der Geburtsbevölkerung entfallen, stellen ebenfalls Nordbayern in den Vordergrund mit 5,69, dann reiht sich Südbayern mit 5,58 an.

Betrachten wir die gegenwärtigen Ergebnisse nach der Zählbevölkerung (obige Tabelle 2), so werden die äußeren Grenzen der Blindenhäufigkeit gebildet durch Schwaben (7,09) einerseits und durch die Pfalz (4,53) anderseits. Für Oberbayern ist das Resultat überraschend günstig (5,41 gegen 1871 mit 9,97; Abnahme — 4,56); dabei muß aber noch in Erinnerung gebracht werden, daß hier das Kgl. Zentralblindeninstitut seine Zöglinge aus dem ganzen Lande aufnimmt. Aber auch die Verhältniszahl für Schwaben muß dem Landesdurchschnitt näher kommen, wenn in der Versorgungsanstalt Pfaffenhausen jene Blinden, die anderen Regierungsbezirken angehören, ausgeschaltet werden. Somit gleicht sich der Gegensatz immer mehr aus, der im großzügigen Bild, das in Tabelle 5 bei dem Vergleich mit der Geburtsbevölkerung erscheint, bis auf 0,96 in seiner größten Differenz herabsinkt.

Doch auch diese Zahlen berechtigen zu keinem Rückschluß auf eine im Lande annähernd gleichmäßige Disposition zur Erblindung. Dazu genügen die Gesamtzahlen in Bausch und Bogen nicht; es müssen die Teilmassen, aus denen sie sich zusammensetzen, einer sorgfältigen Untersuchung unterzogen werden.

Um gewichtige Anhaltspunkte für die größere oder geringere Neigung einer Bevölkerung zur Erblindung zu bekommen, müssen jene Zahlen feiner gegliedert werden, und zwar nach Verwaltungsbezirken, nach dem Altersaufbau und nach den Ursachen der Blindheit ꝛc. Wenn dann diese Resultate wieder in gegenseitige Berücksichtigung gebracht werden, dann treten ganz neue Momente auf, die wieder in Parallele zu stellen sind.

Nehmen wir die Altersgruppe 1.—5. Lebensjahr! Einen bedeutenden Prozentsatz stellt hier die Augenentzündung der Neugeborenen. Nun gibt es Bezirke und Landstriche, in denen die Bevölkerung über diese Krankheit der Augen und ihre Folgen Kenntnis und Aufklärung hat; die Hebammen sind pflichttreu, die Mittel zur Beseitigung der Gefahr werden angewandt, und das Ergebnis ist, daß hier wenig oder gar keine Kinder durch Augenentzündung der Neugeborenen erblinden. Setzen wir demgegenüber eine Gegend mit zum größten Teil unaufgeklärtem oder gar indolentem Publikum, so wird der Prozentsatz für jene Augenkrankheit wohl beträchtlich in die Höhe gerückt werden.

Dann: je mehr alte Leute, desto mehr Blinde! Wird aber in einem größeren Gebiet durch eine Epidemie die Sterblichkeit unter den älteren Leuten erhöht, so muß das einen Einfluß auf die Blindenziffer jener Bezirke äußern, und das Resultat des Vergleiches mit anderen Gebieten wird mehr oder minder beeinträchtigt.

Bei der Beurteilung sowohl der absoluten als auch der relativen Zahlen, die sich für die Blinden ergaben, verlangen die aus der inneren Wanderung der Bevölkerung hervorgehenden Verschiebungen in der Bevölkerungssumme gleichfalls eine besondere Berücksichtigung. In die Großstädte kommen vorzugsweise junge, gesunde Leute (Studenten, Militär, Fabrikarbeiter, Lehrlinge, Gesellen ꝛc.), die wohl die Bevölkerungssumme, aber nicht in gleicher Weise die Blindenziffer erhöhen. Das wird zugunsten der relativen Blindenzahl wirken, auch dann, wenn die absoluten Werte sich erhöhen würden. Diese Verhältnisse dürfen also hauptsächlich für die Großstädte und die Industriebezirke nicht außer acht gelassen werden. Hierauf bezüglich sind die Ausführungen über die Bevölkerungszunahme in Bayern nach den Ergebnissen der Volkszählung vom 1. Dezember 1900 in Heft 63 der Beiträge zur Statistik des Königreichs Bayern besonders zu beachten: Die Bevölkerungszunahme ist während der letzten drei Zählungsperioden progressiv gestiegen; in den letzten 25 Jahren (1875—1900) hat die Bevölkerung um 1153667, sonach um rund 23% zugenommen. Die durchschnittliche Zunahme von 1895—1900 steht in Oberbayern, Mittelfranken und in der Pfalz über, in den übrigen Regierungsbezirken unter dem Landesdurchschnitt.

Am stärksten ist die Zunahme in Oberbayern und in Mittelfranken (11,5 und 10,6%), woselbst sich die beiden größten Städte (München und Nürnberg) befinden. Die geringste Zunahme haben Niederbayern und die Oberpfalz (0,7 bzw. 1,4%). Ferner ist nach den Zusammenstellungen, welche die Verteilung der Bevölkerung auf Stadt und Land und deren Wachstum seit der Zählung vom Jahre 1895 zeigte, die Tatsache zu betonen, daß die Landbevölkerung, mit

Ausnahme von Oberbayern, durchwegs nur in geringem Maß zugenommen, in der Oberpfalz sich sogar um 0,6% vermindert hat. Die Stadtbevölkerung aber zeigt in einzelnen Kreisen einen ganz gewaltigen Aufschwung. Das muß bei Beurteilung der Verhältniszahlen, die sich für die einzelnen Verwaltungsbezirke und die unmittelbaren Städte ergaben, gewürdigt werden.

Oberbayern hat nach der Zählbevölkerung 716 Blinde, nach der Geburtsbevölkerung dagegen 559. Die Blindenanstalt in München unterrichtet aus dem Regierungsbezirk Oberbayern 29 Kinder, aus den übrigen Kreisen 71; demnach sind in Oberbayern außer diesen 71 Zöglingen noch 86 Blinde, die ebenfalls nicht im Regierungsbezirk geboren sind. Wo sind diese 86 Blinde um das Sehvermögen gekommen? In Oberbayern oder in ihrem Geburtsort? Ein großer Teil davon ist sicher am gegenwärtigen Aufenthaltsort erblindet, und es wäre mit Rücksicht auf diese Frage notwendig, nach dem Erblindungsort zu fragen, denn der ist für die Blindengeographie wichtiger als der Geburtsort. Wenn ein Mann von Regensburg nach München verzieht und hier erblindet, so kommt doch bei der Einreihung dieses Falles in die Tabellen „Verbreitung der Blindheit" nur München in Betracht, denn hier sind die Verhältnisse entstanden, die für die Erblindung verantwortlich gemacht werden müssen.

Da nun die Differenz zwischen „Geburts"- und „Zählbevölkerung" für die Blinden nach den obigen Verhältniszahlen 5,51 — 5,48 = 0,03 beträgt, also ganz unbedeutend erscheint, so kann diese Störung fast ganz dadurch beseitig. werden, daß man die in Blindenanstalten oder Asylen lebenden Blinden ihrem Geburtsort zuteilt. Die anderen, aus den inneren Wanderungen der Bevölkerung noch verbleibenden minimalen Unterschiede zwischen Geburts- und Erblindungsort fallen nicht mehr ins Gewicht.

Tabelle 6.

In dieser Tabelle sind die im Jahre 1900 ermittelten 3384 Blinden auf unmittelbare Städte und Bezirksämter in den einzelnen Regierungsbezirken verteilt. Die in Blindeninstituten oder in Asylen lebenden Blinden sind ihrem Geburtsort zugeteilt.

Regierungsbezirk	Unmittelbare Städte		Bezirksämter		Regierungsbezirk	
	Gesamtzahl	Auf 10000 Personen der Gesamtbevölkerung treffen Blinde:	Gesamtzahl	Auf 10000 Personen der Gesamtbevölkerung treffen Blinde:	Gesamtzahl	Auf 10000 Personen der Gesamtbevölkerung treffen Blinde:
Oberbayern . .	186	3,33	471	6,16	657	4,96
Niederbayern .	36	5,62	369	6,01	405	5,97
Pfalz	95 (für die 13 größeren Städte)	3,61	295	5,19	390	4,69
Oberpfalz . . .	42	6,23	270	5,55	312	5,63
Oberfranken . .	69	5,70	299	6,14	368	6,05
Mittelfranken .	179	4,57	236	5,57	415	5,09
Unterfranken .	60	5,10	327	6,13	387	5,95
Schwaben . . .	89	5,12	361	6,69	450	6,31
Königreich	756	4,30	2 628	5,95	3 384	5,48

Geschlecht.

Wenn man die Gesamtblindenzahl des Königreichs auf die Geschlechter verteilt, so ergeben sich:

1730 Blinde männlichen Geschlechts und
1654 Blinde weiblichen Geschlechts.

Das Ergebnis vom 1. Dezember 1871 lautet:

1944 Blinde männlichen Geschlechts,
2050 Blinde weiblichen Geschlechts.

Demnach hat die Blindenziffer bei der männlichen Bevölkerung um 214 und bei der weiblichen Bevölkerung um 396 abgenommen.

Während 1871 die Zahl der weiblichen Blinden um 106 größer war als die Zahl der männlichen Blinden, wird 1900 eine größere Männererblindung nachgewiesen mit einem Überschuß von 76 Blinden.

Tabelle 7

gibt einen Überblick über die Verteilung der Blinden nach Geschlechtern in den einzelnen Regierungsbezirken. Die Zählergebnisse von 1871 sind zum Vergleich beigefügt.

Regierungsbezirk	Gesamtzahl der Blinden		Auf 10000 Personen der Gesamtbevölkerung treffen bei dem		Gesamtzahl der Blinden		Auf 10000 Personen der Gesamtbevölkerung treffen bei dem	
	männl.	weibl.	männl.	weibl.	männl.	weibl.	männl.	weibl.
	Geschlechts		Geschlecht		Geschlechts		Geschlecht	
	im Jahre 1871				im Jahre 1900			
Oberbayern	432	406	10,4	9,6	333	383	5,09	5,72
Niederbayern	209	232	7,1	7,7	199	175	6,03	5,03
Pfalz	215	181	7,2	5,7	205	172	4,97	4,11
Oberpfalz	153	159	6,4	6,1	142	147	5,29	5,15
Oberfranken	211	233	8,1	8,3	179	141	6,03	4,53
Mittelfranken	240	301	8,5	10,0	209	220	5,22	5,30
Unterfranken	236	253	8,4	8,4	194	179	6,15	5,34
Schwaben	248	285	8,9	9,4	269	237	7,69	6,51
Königreich	1 944	2 050	8,2	8,2	1 730	1 654	5,71	5,25

1871 treffen auf 100 männliche Blinde 105 weibliche; 1900 aber kommen auf 100 männliche Blinde 95 weibliche Blinde, obwohl in der Gesamtbevölkerung das weibliche Geschlecht mit einem Überschuß von 119 857 Personen die männliche Bevölkerungszahl übertrifft. — Die Zahl der männlichen Blinden ist seit 1871 um 11,0%, die Zahl der weiblichen Blinden aber um 19,3% zurückgegangen, und es beträgt die Abnahme der Blindenzahl für 10000 Bewohner bei der männlichen Gesamtbevölkerung 2,49, bei der weiblichen Bevölkerung 2,95.

Die Momente, welche uns den Grund über dieses Verhältnis aufschließen, sind zum großen Teil in den Erblindungsursachen zu suchen, da sich die Formen der Blindheit nicht gleichmäßig auf die beiden Geschlechter verteilen, eine Tatsache, die von Forschern der Augenheilkunde bekannt gegeben wurde. Nehmen wir z. B. nur die Verletzungserblindungen! Hier macht sich der Einfluß der männlichen Beschäftigungen geltend: Aufreibende Unternehmungen, gefährliche Gewerbe. Also auch der Beruf, der für die Frau außerdem noch ein regelmäßigeres Leben ermöglicht als für den Mann, erklärt uns teilweise den Gegensatz in den oben angeführten Blindenziffern.

Tabelle 8.

Wenn die in Blindenanstalten und Asylen untergebrachten Blinden ihrem Geburtsort zugeteilt werden, so entfallen für die Geschlechter folgende Verhältniszahlen:

Regierungsbezirk	(Gesamtbevölkerung) 1900 treffen auf 10 000 Personen		(Geburtsbevölkerung) 1871 treffen auf 10 000 Personen	
. . . .	männl. Blinde	weibl. Blinde	männl. Blinde	weibl. Blinde
Oberbayern . . .	4,58	5,33	10,21	9,14
Niederbayern . . .	6,51	5,45	7,19	7,41
Pfalz	5,13	4,24	7,10	5,65
Oberpfalz	5,61	5,60	6,25	6,57
Oberfranken . . .	6,97	5,16	8,13	8,49
Mittelfranken . . .	4,94	5,22	9,22	9,93
Unterfranken . . .	6,46	5,45	7,98	8,58
Schwaben	6,94	5,68	8,92	9,87
Königreich	5,71	5,25	8,19	8,23

Die Gegensätze der Blindenhäufigkeit bei den Männern bilden Schwaben (6,94) und Oberfranken (6,97) einerseits, Oberbayern (4,58) und Mittelfranken (4,94) anderseits. Die größte Differenz der Verhältniszahlen beträgt 2,4. Bei den Frauen werden die Grenzen der Blindenhäufigkeit durch Schwaben (5,6) einerseits, durch die Pfalz (4,2) anderseits gezogen mit einem Unterschied von 1,4.

Stellt man die Verhältniszahlen der Tabelle, welche die Blinden in Blindenanstalten und Asylen ihrem Geburtsort zuteilt, den Verhältniszahlen, welche ohne diesen Ausgleich entfallen, gegenüber, so findet man beim Vergleich keinen bedeutenden Unterschied. Oberbayern, Mittelfranken und Schwaben werden entlastet; jedoch differieren die Zahlen beim weitesten Abstand nur um 0,8. Nun vergleiche man noch die Verhältniszahlen, die im Jahre 1871 in bezug auf die Geburtsbevölkerung festgestellt wurden mit den Ergebnissen nach der Zählbevölkerung von 1871 (Tabelle 7). Auch hier ist der Unterschied zwischen den Resultaten so klein, daß man ganz gewiß berechtigt ist, den Vergleich zwischen den Zählergebnissen von 1871 und 1900 in der Weise durchzuführen, wie er in der Tabelle 8 ermöglicht wird.

1871 erscheint das weibliche Geschlecht in der Mehrzahl der Regierungsbezirke einer etwas stärkeren Erblindung ausgesetzt zu sein: nämlich in Niederbayern, in der Oberpfalz, in den fränkischen Kreisen und in Schwaben. In Oberbayern und in der Pfalz entfallen die höheren Zahlen auf das männliche Geschlecht. Wie wenig aber die Ergebnisse von 1871 zu Schlüssen auf die Blindenhäufigkeit unter den Geschlechtern in den einzelnen Regierungsbezirken berechtigen, das wird durch die neuen Nachweise gezeigt. Das jetzige Bild schafft einen ganz merkwürdigen Gegensatz, da wir nun in Niederbayern, in der Pfalz, der Oberpfalz, in Oberfranken, Unterfranken und Schwaben mehr männliche als weibliche Blinde haben; in Oberbayern und Mittelfranken wurde ein Überschuß von blinden Frauen gezählt.

Bei der männlichen Bevölkerung ist die relativ größte Abnahme in Oberbayern (— 5,63) und Mittelfranken (— 4,28) hervorzuheben, und bei der weiblichen Bevölkerung fällt dieser Rückgang der Blindenziffer besonders auf in Mittelfranken (— 4,71), in Schwaben (— 4,19), in Oberbayern (— 3,81) und in Oberfranken (— 3,33).

Am wenigsten sind die Verhältniszahlen in der Oberpfalz gesunken, dort macht der Rückschritt für die männliche Bevölkerung nur 0,64, für die weibliche Bevölkerung 0,97 aus.

Der große Unterschied, der sich in der Abnahme der Blindenverhältniszahlen zwischen einzelnen Regierungsbezirken ergeben hat, findet seine Erklärung in den Verhältnissen, die durch die innere Wanderung der Bevölkerung hervorgerufen werden. Dieses Moment wurde bereits zur Erklärung der Blindenziffer herangezogen, und zwar am Schlusse der Darstellungen, die sich mit den Hauptergebnissen der Blindenzählung beschäftigten. Die gleichen Betrachtungen dienen auch im gegenwärtigen Kapitel als Aufschluß.

Die niedrigste Blindenquote im Lande entfiel 1871 auf die weibliche Bevölkerung der Pfalz, nämlich auf 10000 = 5,65. Auch bei den Sondererhebungen von 1840 und 1858 wurde auf die geringe Frauenerblindung in diesem Kreise aufmerksam gemacht. Nun kommt bei der Erhebung von 1900 die gleiche Erscheinung; allerdings hat diesmal der Abstand in den Verhältniszahlen an und für sich nichts Auffallendes mehr, da die Gegensätze sehr klein geworden sind. Denn 1871 war der Unterschied bei den weiblichen Verhältniszahlen 9,93 und 5,65 = eine Differenz von 4,28, und jetzt sind diese äußeren Grenzzahlen nur mehr durch den Unterschied von 1,44 getrennt nach dem Verhältnis von 5,68 : 4,24.

Staatsangehörigkeit.

Nach der Zählung vom 1. Dezember 1900 besteht die gesamte Bevölkerung des Königreichs:

aus 5 887 753 Bayern, davon sind als blind nachgewiesen = 3296 Personen,
aus 181 548 Angehörigen der übrigen deutschen Staaten,
davon sind blind = 51 „
und aus 106 756 Ausländern, davon sind blind = 37 „

Auf 10000 Personen dieser 3 Kategorien treffen Blinde:

Bayerische Staatsangehörige = 5,59,
Übrige Reichsangehörige = 2,81,
Ausländer = 3,46.

Familienstand.

Tabelle 9.

Von den im Jahre 1900 gezählten 3384 Blinden waren											
ledig			verheiratet			verwitwet			geschieden		
männl.	weibl.	i. g.	männl.	weibl.	i. g.	männl.	weibl.	i. g.	männl.	weibl.	i. g.
844	805	1649	554	284	838	329	558	887	3	7	10
Ergebnis von 1871:											
948	1139	2087	576	306	882	418	603	1021	2	2	4

Die Zahl der ledigen Blinden ist fast doppelt so groß als die Gesamtzahl der Verheirateten, während die Zahl der verwitweten Blinden die Zahl der verheirateten um 49 übertrifft.

In den Spalten: ledig, verheiratet, verwitwet fällt sofort der Rückgang der Blindenziffer auf.

Bei dem Vergleich mit dem betreffenden Teile der Gesamtbevölkerung ergibt sich aus den relativen Zahlen folgende Übersicht, der die gleichnamigen Verhältniszahlen von 1871 beigegeben sind.

Tabelle 10.

Zählungsjahr	Von 10000 ledigen	verheirateten	verwitweten	geschiedenen
	Personen waren blind			
1900	4,37	4,07	25,23	16,77
1871	6,94	5,56	38,43	11,06

Die große Blindenhäufigkeit unter den Verwitweten, die in beiden Resultaten von 1900 und 1871 auffallend hervortritt, hängt mit dem höheren Lebensalter dieser Kategorie zusammen und den Konsequenzen, die sich mit dem zunehmenden Alter für den menschlichen Organismus und somit auch für die Augen einstellen.

Die relativen Zahlen lassen zwischen den Ständen „ledig" und „verheiratet" wenig Unterschied (0,30) übrig. 1871 betrug der Abstand 1,38.

Die gesonderte Darstellung der Berechnung für die Geschlechter ändert das Bild:

Tabelle 11.

	im Jahre 1900	im Jahre 1871
Von 10000 verheirateten Männern waren blind	5,38	7,26
„ 10000 „ Frauen „ „	2,76	3,86
Von 10000 ledigen Personen männl. Geschlechts waren blind	4,45	6,39
„ 10000 „ „ weibl. „ „ „	4,30	7,48

Die neuen Ergebnisse für die ledigen blinden Personen haben eine Verschiebung der Blindenquote zu ungunsten der Männer herbeigeführt, die wohl darin eine Erklärung findet, daß einmal die im allgemeinen nachgewiesene größere Erblindungshäufigkeit für die Männer hier wirksam ist, anderenteils aber dürfte auch das Zurückgehen des Frauenüberschusses an dieser Veränderung einigen Anteil haben. Damit erklären sich auch die beiden großen Zahlen, die sich für die Geschlechter ergeben haben.

Die absolute Zahl der verwitweten weiblichen Blinden beträgt 558, die Zahl der blinden Witwer 329. Dieser bedeutende Unterschied wird durch ein einschlägiges Ergebnis der Volkszählung von 1900 begründet: Dort fällt die Tatsache auf, daß durchwegs und ganz besonders in den höheren Altersklassen die Zahl der Witwen ganz bedeutend höher ist als die der Witwer; schon in der Altersgruppe 46—50 beträgt die erstere rund 13%, die letztere 5%, und in den Altersklassen 56—65 übersteigt die Zahl der verwitweten Frauen mehr als das Doppelte die Zahl der verwitweten Männer.

Es mag eigenartig erscheinen, daß sich die relative Zahl für die blinden verheirateten Männer größer ermißt, als die Verhältniszahl für die blinden ledigen Personen des gleichen Geschlechts, und wie im Gegensatz hierzu auf die Gesamtzahl der verheirateten Frauen weniger Blinde treffen als auf alle ledigen weiblichen Personen. — Es dürfte von Interesse sein, zu ermitteln, welche Ursache dieser Erscheinung zugrunde liegt. Zu diesem Zwecke wolle man die Schlußspalte aus der Tabelle 29 „Ausscheidung der Blinden nach dem Lebensalter, in welchem die Erblindung entstanden ist“, zu Rate ziehen. Fassen wir die jeder Altersgruppe innewohnende Erblindungsgefahr ins Auge, so ergibt sich bei den gleichen Altersgruppen für die beiden Geschlechter ein verschiedenes Resultat, und zwar besonders in jenem Alter, in dem die Verheirateten stehen.

Dr. Mayr hat in der bayerischen Blindenstatistik vom Jahre 1871 den arithmetischen Unterschied zwischen verheirateten und ledigen Blinden besprochen, und er sagt: „Obwohl die Verheirateten durchschnittlich erheblich älter sind als die Ledigen, unter welchen hier auch die gesamte Masse der Kinder jeden Alters begriffen ist, so sind doch von 10000 verheirateten Personen beider Geschlechter nur 5,56, von der gleichen Zahl lediger 6,94 blind. Hier überwiegt also die mit der Verheiratung verbundene Auslese den Einfluß des Alters. Aus der gesonderten Durchführung der Berechnung für beide Geschlechter ersieht man weiter, daß die Auslese namentlich von den Männern gegenüber den Weibern mit besonderer Strenge durchgeführt wird. Eine blinde Braut wird fast niemals zum Altare geführt, daher kommt es, daß die verheirateten Frauen die Kategorie der geringsten Blindenhäufigkeit darstellen. . . . . Anders liegt die Sache bezüglich der Auslese, welche die Frauen unter den Männern treffen; hier waltet offenbar mehr Nachsicht.“ Mayr glaubt also, daß ein großer Teil der blinden Ehemänner erst nach der Erblindung eine Vermählung einging. — Man kann sich kaum ohne weiteres dieser Annahme anschließen. Gewiß kommt es selten vor, daß eine blinde Braut zum Altare geführt wird. Mir persönlich ist nur ein solcher Fall bekannt, und zwar war der Bräutigam auch ein Blinder! — Aber wenn die entgegengesetzten Fälle (Verheiratung blinder Männer) summiert werden, so ergibt sich auch da eine so kleine Zahl, die an den Verhältniszahlen nichts ändert, wenn sie von der Gesamtmasse der verheirateten blinden Männer in Abzug kommt, denn es sind fast alle blinden Ehemänner wie die blinden Ehefrauen erst nach ihrer Verheiratung erblindet. Aus dem Vergleich zwischen Erblindungstermin und heiratsfähigem Alter können wir für das ganze Königreich bei den männlichen Blinden nur 5 Fälle registrieren, in denen die Erblindung vor der Eheschließung eingetreten ist. Daß aber trotzdem mehr verheiratete blinde Männer als blinde Ehefrauen nachgewiesen werden, das hängt mit der schon besprochenen Tatsache zusammen, daß dem männlichen Auge der Beruf allein viele Gefahren bringt, die für die weiblichen Augen nicht wirksam werden. Als Beweis hierfür dienen die Zahlen, die den Erblindungstermin angeben: zwischen dem 30. und 40. Lebensjahr sind 143 Männer und 96 Frauen blind geworden! Bei den Verwitweten gibt die numerische Auseinanderhaltung der Geschlechter für die männlichen Blinden 329, für die blinden Witwen 558 an, ein Gegensatz, der

Tabelle 12. Religions=

Religionsbekenntnis	Oberbayern			Niederbayern			Pfalz			Oberpfalz			Oberfranken		
	m.	w.	i. g.	m.	w.	i. g.	m.	w.	i. g	m.	w.	i. g.	m.	w.	i. g.
Katholiken . .	311	353	664	198	175	373	92	79	171	127	138	265	79	54	133
Protestanten .	19	26	45	1	—	1	111	87	198	14	7	21	97	85	182
Israeliten . .	3	1	4	—	—	—	—	5	5	1	1	2	2	2	4
Sonst. Glaubensbekenntnisses . .	—	3	3	—	—	—	2	1	3	—	1	1	1	—	1
Summe	333	383	716	199	175	374	205	172	377	142	147	289	179	141	320

[1]) Hierher sind noch zu zählen jene Gebrechlichen, die in erster Linie als blödsinnig oder irrsinnig angegeben

mit den Sterblichkeitsverhältnissen begründet wird. Die hier bereits angezogene Tabelle über den Erblindungstermin zeigt namentlich vom 65. Lebensjahr ab einen auffallenden Gegensatz.

Mit obigem Zweifel bezüglich der Verheiratung blinder Männer sei aber durchaus nicht behauptet, daß nicht in einem weiblichen Herzen wahre und vernünftige Liebe auch zu einem blinden Mann erstehen könnte, die zum glücklichen Ehebund wird. Es wäre nur freudig zu begrüßen, wenn einmal ein Blinder eine reiche Heirat machen würde! Mayr hebt hervor, daß von Seite der Frauen gegen blinde Männer mehr Nachsicht geübt wird, als es umgekehrt sich zeigt. Dafür sprechen auch die Zahlen in der Rubrik der Geschiedenen. Drei Frauen sind von ihren blinden Männern geschieden, während 7 Männer von ihren blinden Frauen getrennt sind. Allerdings ist hierbei kein Aufschluß darüber gegeben, ob die Scheidung der Ehegatten vor der Erblindung des einen Teiles vollzogen wurde, oder ob die Katastrophe für die Augen vor der Scheidung kam.

Religionsangehörigkeit.

In der obigen Tabelle 12 ist die Zahl der Blinden nach dem Religionsbekenntnisse auseinandergehalten, und zwar nach den Zählungen von 1900 und 1871.

Die Grundzahlen für das Königreich weisen seit dem Jahre 1871 bei den Katholiken, Protestanten und Juden eine Abnahme der Blindenziffer auf, und zwar: Katholiken — 458, Protestanten — 133, Juden — 31; dagegen entsteht für die Bevölkerung „sonstigen Glaubensbekenntnisses" ein Plus von 12. Die Blindenziffer hat bei den Katholiken um 16 %, bei den Protestanten um 12 %, bei den Juden um 44 % abgenommen.

Auf Grund der Volkszählung vom 1. Dezember 1900 wurde in Bezug auf die Religionsbekenntnisse folgendes Ergebnis ermittelt: Mehr als zwei Drittel (70,55 %) der Einwohner des Königreichs sind Katholiken; etwas über ein Viertel (28,17 %) gehören der protestantischen Konfession und den ihr zuzurechnenden evangelischen Bekenntnissen an; die Israeliten bilden nicht ganz ein Hundertstel (0,89 %) der Bevölkerung, und der Rest mit 0,39 % setzt sich zusammen aus Religionslosen und den Angehörigen aller oben nicht erwähnten christlichen und nichtchristlichen Religionsgenossenschaften.

angehörigkeit der Blinden.

Mittelfranken			Unterfranken			Schwaben			Königreich			1871 wurden im Königreich gezählt:		
m.	w.	i. g.	m.	w.	i. g.	m.	w.	i. g.	m.	w.	i. g.	m.	w	i. g.
33	49	82	154	146	300	221	199	420	1215	1193	2408	1421	1455	2866
168	164	332	33	27	60	45	36	81	488	432	920	494	559	1053
5	5	10	7	4	11	3	—	3	21	18	39	25	45	70
3	2	5	—	2	2	—	2	2	6	11	17	4	1	5
209	220	429	194	179	373	269	237	506	1730	1654	3384	1944	2050	3994 [1])

wurden, die aber zugleich auch blind sind. Es sind im ganzen 4 Personen.

Die Gesamtblindenzahlen der einzelnen Konfessionen verglichen mit den Gesamtzahlen der angeführten vier Religionsgruppen ergeben folgende Verhältniszahlen:

Tabelle 13.

Auf	10000	Einwohner	kathol. Konfession	treffen	Blinde	= 5,52,
„	10000	„	protest.	„	„	„ = 5,28,
„	10000	„	jüd.	„	„	„ = 7,10,
„	10000	„	sonst. Glaubensbek.	„	„	= 6,99.

Die geringste Blindenquote unter den Konfessionen entfällt auf die Protestanten; mit einem Plus von 0,24 reihen sich die Katholiken an, und der größte Anteil in bezug auf Blindenhäufigkeit trifft auf die Israeliten. Ein ähnliches Bild ergab die Erhebung vom Jahre 1871 mit dem Unterschied, daß dort die Gegensätze viel bedeutender waren, da die kleinste Verhältniszahl 7,84 auswies und die größte 13,81 betrug.

Die Erblindungshäufigkeit ist bei den Protestanten um 2,56, bei den Katholiken um 2,75 und bei den Juden um 6,71 zurückgegangen. Die Israeliten haben also den verhältnismäßig größten Schritt in der Herabsetzung der

Erblindungsfälle gemacht. Woher mag diese Wendung kommen? Es ist zwar nach der Volkszählung von 1900 eine geringe, aber konstante Abnahme der Katholiken und Israeliten und im allgemeinen eine Zunahme der Protestanten und der zur vierten Gruppe zählenden Bekenntnisse zu konstatieren, jedoch ist diese Verschiebung eine kaum nennenswerte und die Verteilung der Einwohner hinsichtlich des Religionsbekenntnisses ist in den letzten 25 Jahren nahezu gleich geblieben. Es müssen also hier andere Ursachen wirksam geworden sein, und zwar nur jene, welche den erfreulichen Rückgang der Blindenquote in allen Tabellen und unter allen Titeln hervorrufen.

Die Bemerkung Mayrs: „Ich will nicht unbemerkt lassen, daß mich die Reihenfolge der Konfessionen nach der Blindenhäufigkeit auf die bereits vorgebrachte Hypothese der größeren Erblindungsdisposition der Braunäugigen zurückführt; denn in den protestantischen Landesteilen wohnen die meisten Helläugigen, während umgekehrt die Israeliten die meisten Dunkeläugigen zählen."

Die Anregung, die in dieser Bemerkung liegt, dürfte durch die neuen Ergebnisse der Konfessionsblindenquoten nicht mehr den Nachdruck finden, der sich durch die Zahlen von 1871 aufdrängte. Es ist ja aufgefallen, daß die Juden verhältnismäßig häufig an gewissen Augenleiden, z. B. am grünen Star (Glaukom) erkranken, und nachdem sich die Blindenquoten für die Juden am höchsten unter den Konfessionen stellen, so läge allerdings die Vermutung nahe, ob es sich hier nicht um ein schlimmes Erbteil handle. War doch das jüdische Volk lange in Ägypten, in dem die Zahl der Blinden eine kolossale war und noch ist! Daß unter den Israeliten die Augenkrankheiten sehr verbreitet waren, das dürften auch die rabbinischen Schriften und der Talmud beweisen, denn der reichhaltigste Teil der rabbinischen Heilkunde handelt von den Augenkrankheiten.

Die Altersstufen der Blinden.

Teilt man die Gesamtzahl der Blinden in zwei große Altersklassen, in Blinde unter und über 50 Jahren, so ergeben sich zwei sehr verschiedene Zahlen:

Die Zahl der Blinden unter 50 Jahren = 1271,
„ „ „ „ über 50 „ = 2113.

Noch auffälliger wird das Resultat, wenn man das numerische Verhältnis der Blinden zur gleichalterigen übrigen Bevölkerung ermittelt. Es treffen nämlich

auf 10000 Einwohner unter 50 Jahren = 2,47 Blinde, und
„ 10000 „ über 50 „ = 20,14 Blinde.

Die folgende Übersicht bringt für diese beiden Altersgruppen die Ausscheidung nach dem Geschlecht:

Tabelle 14.

Auf 10000	Einwohner der	männl.	Bevölkerung	unter 50	Jahren	treffen	2,88	Blinde,
„ 10000	„ „	weibl.	„	„ 50	„	„	2,07	„
„ 10000	„ „	männl.	„	über 50	„	„	20,32	„
„ 10000	„ „	weibl.	„	„ 50	„	„	19,99	„ .

Damit wird zunächst der große Blindengehalt der älteren Jahrgänge nachgewiesen.

Dieses großzügige Bild soll in der nächsten Tabelle dadurch verfeinert werden, daß die Gliederung nach 5jährigen Altersgruppen erfolgt und die gewonnenen Zahlen in unmittelbare Beziehung zu dem Altersaufbau der Gesamt bevölkerung gebracht werden. Zum Vergleich sind die Grund- und Verhältniszahlen nach dem Ergebnis von 1871 beigegeben.

Tabelle 15.

Gruppen-Nr.	Lebensjahre	Zahl der Blinden in Bayern im Jahre		Auf je 10000 Personen der Gesamtbevölkerung des nebenbezeichneten Alters treffen Blinde		Gruppen-Nr.	Lebensjahre	Zahl der Blinden in Bayern im Jahre		Auf je 10000 Personen der Gesamtbevölkerung des nebenbezeichneten Alters treffen Blinde	
		1871	1900	1871	1900			1871	1900	1871	1900
1	1—5	64	64	1,11	0,82	12	56—60	292	233	13,53	9,56
2	6—10	115	128	2,34	1,88	13	61—65	360	285	18,95	14,38
3	11—15	96	132	2,14	2,15	14	66—70	434	287	33,44	19,29
4	16—20	107	106	2,58	1,83	15	71—75	549	329	66,87	33,51
5	21—25	126	123	3,13	2,20	16	76—80	444	392	117,90	68,71
6	26—30	127	103	3,35	2,08	17	81—85	274	295	184,59	125,47
7	31—35	119	141	3,46	3,25	18	86—90	100	98	228,83	176,67
8	36—40	133	142	4,15	3,95	19	91—95	27	31	354,33	361,73
9	41—45	164	142	5,73	4,26	20	96—100	2	3	392,16	394,74
10	46—50	215	190	7,94	6,51		unbekannt	3	1	22,56	—
11	51—55	243	159	9,44	5,83						

Aus der Reihe der Grundzahlen mit ihren relativen Ergebnissen (1900) fällt der Schritt von der Altersgruppe 51—55 zu der Gruppe 56—60 auf; hier springen die Grundzahlen von 159 auf 233, und das relative Verhältnis steigt von 5,83 auf 9,56. Ein solcher Gegensatz ist bei den früheren Altersstufen nicht aufzufinden, es erfolgt vielmehr der Anstieg, kleine Störungen abgerechnet, von der 1. Altersgruppe an konstant, aber im gemäßigten Tempo bis zum 56. Lebensjahr. Von hier ab stellt sich eine auffallende Blindenhäufigkeit ein, die das Maximum in den Grundzahlen bei dem 80. Lebensjahre erreicht mit einer Blindenzahl von 392. Die nächste Gruppe sinkt im absoluten Wert um fast 100 zurück, die folgende nahezu um 200, und die letzte Gruppe zählt nur mehr drei Blinde. Die relativen Zahlen dagegen erreichen erst bei der letzten Altersgruppe das Maximum mit 394,74.

Ein Blick auf die Ergebnisse von 1871 und die gegenwärtigen Resultate konstatiert:

Die Grundzahlen der 1. Altersgruppe (1—5) sind gleich geblieben, sie weisen in beiden Erhebungen 64 Blinde auf; während die 2. Gruppe jetzt um 13, die 3. sogar um 36 Blinde mehr ausweist, fallen die neuen Zahlen bis zur 7. und 8. Gruppe gegenüber den Zahlen, die sich für diese Gruppen 1871 ergaben. Die 7. Altersgruppe hat 1900 eine Mehrung mit 22, die 8. Gruppe eine solche mit 9 Blinden. Alle übrigen Gruppen zeigen eine Minderung der Blindenzahl mit Ausnahme der 17. und 19. Gruppe; für erstere beträgt die Mehrung 21, für letztere 4 Blinde. Die Verhältniszahlen dagegen konstatieren in allen Altersgruppen einen Rückgang der Blindenquote mit Ausnahme der 3. Gruppe (+ 0,01) und der 20. Gruppe (+ 2,58). Auffallend ist der Rückgang der Blindenziffer für die über dem 50. Lebensjahr stehenden Altersklassen. Der Grund hierfür dürfte ein zweifacher sein: 1. Die Gewinnung des Urmaterials ist diesmal von den Bezirksärzten überwacht worden, so daß Fälle, bei denen Sinnenmangel und Sinnenschwäche verwechselt werden könnten, überall dort, wo der Arzt die Aussagen kontrolliert hat, nicht registriert (bzw. gestrichen) wurden. 2. Größtenteils aber müssen wir diese Reduktion der Blindenzahl der Vermehrung des augenärztlichen Personals danken.

Die Journale der Augenkliniken und der Augenärzte können uns die Abnahme der Blindenziffer erklären helfen, indem sie uns den Nachweis bringen, wieviel gefährdete Augen die Augenheilkunde gerettet hat.

Tabelle 16.

Welchen Prozentanteil hat die Zahl der Blinden jeder einzelnen Altersgruppe an der Gesamtzahl der Blinden? In die Tabelle sind die Verhältniszahlen für die Gesamtbevölkerung aufgenommen.

Lebensjahre	Prozentanteil Gesamtbevölkerung		Prozentanteil Blinde	
1—5 6—10	12,65 11,00	23,65	1,89 3,78	5,67
11—15 16—20	9,92 9,38	19,30	3,90 3,13	7,03
21—25 26—30	9,07 8,04	17,11	3,63 3,04	6,67
31—35 36—40	7,02 5,82	12,84	4,17 4,20	8,37
41—45 46—50	5,39 4,72	10,11	4,20 5,61	9,81
51—55 56—60	4,42 3,95	8,37	4,70 6,89	11,59
61—65 66—70	3,21 2,41	5,62	8,42 8,48	16,90
71—75 76—80	1,59 0,92	2,51	9,72 11,58	21,30
81—85 86—90	0,38 0,09	0,47	8,72 2,90	11,62
91—95 96—100	0,02 0,001	0,02	0,92 0,09	1,01
unbekannt:	—	—	—	0,03
	100		100	

Dieser interessante Vergleich konstatiert ein sehr abweichendes Verhältnis zwischen den verschiedenen Altersklassen der Blinden und den Altersklassen der Gesamtbevölkerung.

Die Population des Landes ist naturgemäß in den ersten Altersgruppen am größten, vom 40. bis gegen das 50. Jahr hält sie die Mitte, und dann nimmt sie ziemlich rasch ab; sie beträgt vom 91.—100. Lebensjahr nur mehr $^1/_{50}$%.

Der größte Teil der Blinden aber lebt im Alter von 71—80 Jahren = 21,30%; die Klasse von 61 bis zu 70 Jahren ist 16,90% stark, und die Klassen von 51 bis zu 55 und von 81 bis zu 90 Jahren sind fast gleich, 11,59% und 11,62%. Die Altersgruppe 91—100 beträgt nur mehr 1,01%. Die Klasse von 31—40 Jahren zählt 8,37 und die von 21—30 Jahren 6,67%, und während die Klasse des 2. Dezenniums sich auf 7,03 % erhöht, zeigt die Klasse des 1. Dezenniums nur mehr 5,67 %.

Es ergibt sich also ein auffallender Gegensatz der Population der Blinden zu der Gesamtpopulation des Landes.

Während nun bei einem Prozentanteil der Gesamtbevölkerung in der Altersgruppe 1.—5. Lebensjahr der Prozentanteil der Blinden 0,149 ausmacht, stellt sich diese Proportion in der Gruppe 71.—75. Lebensjahr wie 1 : 6,113; es ergibt sich also für letztere Altersstufe die Wahrscheinlichkeit, daß hier relativ ungefähr 40 mal mehr Personen blind sein können als in dem ersten Lebensjahrfünft. Das wird bereits durch die Verhältniszahlen nachgewiesen, die sich bei der Berechnung der Blinden auf 10000 Personen der Gesamtbevölkerung ergaben: Da dort in der 1. Altersgruppe (1—5) = 0,82, in der 15. Gruppe (71—75) = 33,51 Blinde auf 10000 Einwohner dieser Altersgrenze treffen, so steht die 1. Gruppe zur 15. Gruppe im Verhältnis (rund) wie 1 : 40.

1871 ergibt sich bei der Gegenüberstellung der gleichen Altersstufen die Proportion = 1 : 60.

Folgende Übersicht ermöglicht die vollständige Vergleichung der Altersstatistik der Blinden für die Erhebungen aus den Jahren 1840, 1858, 1871 und 1900.

Tabelle 17.

Lebensjahre	Zahl der Blinden				Prozentanteil der einzelnen Altersgruppen			
	1840	1858	1871	1900	1840	1858	1871	1900
1—5	50	52	64	64	1,7	2,2	1,6	1,89
6—10	85	91	115	128	2,8	3,9	2,9	3,78
11—20	208	172	203	238	6,9	7,3	5,1	7,03
21—30	211	181	253	226	7,0	7,7	6,3	6,67
31—40	231	210	252	283	7,7	8,9	6,3	8,37
41—50	344	258	379	332	11,5	10,9	9,5	9,81
51—60	448	345	535	392	15,0	14,6	13,4	11,59
61—70	585	454	794	572	19,5	19,3	19,9	16,90
71—80	586	422	993	721	19,6	17,9	24,9	21,30
81—90	222	162	374	393	7,4	6,9	9,4	11,62
91—100	26	9	29	34	0,9	0,4	0,7	1,01
Alter nicht ermittelt	24	6	3	1	—	—	—	0,03
Summe	3020	2362	3994	3384	100	100	100	100

Die Verteilung der Blinden auf die einzelnen Altersgruppen ergibt für 1900 ein wesentlich anderes Bild als es sich 1871 darstellte.

Zunächst ist auffallend, daß sämtliche Gruppen unter 50 Jahren mit den neuen Verhältnissen im Prozentsatz gestiegen sind, während bei den Gruppen über dem 50. Lebensjahr der Prozentanteil der einzelnen Altersgruppen mit Ausnahme der 9. und 10. Gruppe gesunken ist. Der Unterschied ist besonders in der 3. Gruppe (11—20) und in der 5. Gruppe (31—40) auffallend. Über dem 50. Lebensjahr zeigt die 7. Gruppe jetzt einen geringeren Prozentanteil, ebenso die beiden nächsten Altersstufen, und es tritt die größte Differenz bei den

Gruppen 71—80 ein mit einem Unterschiede von 3,6%. Die Hauptgründe für die Verschiebung dieser Prozentsätze fallen mit der Erklärung der Tabelle 15 zusammen.

Eine vergleichende Studie über die Blindenhäufigkeit in den einzelnen Regierungsbezirken.

1871 hatte Oberbayern auf die gleiche Volkszahl die meisten, die Pfalz die wenigsten Blinden. In folgender Darstellung treten für diese Regierungsbezirke die neuen Zahlen mit den Ergebnissen von 1871 in Vergleich.

Tabelle 18.

Lebensjahre	Auf 10 000 Personen der Gesamtbevölkerung des nebenbezeichneten Alters treffen Blinde in			
	Oberbayern		der Pfalz	
	1871	1900	1871	1900
1—5	1,70	0,86	0,84	0,60
6—10	4,13	2,41	1,53	2,24
11—15	3,65	4,67	1,20	0,57
16—20	5,00	2,97	3,05	0,73
21—25	3,12	1,40	3,75	3,46
26—30	3,41	1,43	4,10	3,21
31—35	2,93	1,72	4,33	3,38
36—40	2,70	3,19	5,46	3,28
41—45	5,80	3,42	4,42	4,92
46—50	6,01	6,08	10,45	5,48
51—55	6,53	4,52	14,51	8,24
56—60	13,02	5,37	11,85	11,28
61—65	15,34	13,67	17,34	15,23
66—70	32,43	17,11	30,54	21,35
71—75	93,78	39,92	42,82	26,37
76—80	179,93	82,40	86,90	49,48
81—85	257,33	150,42	72,93	66,82
86—90	445,61	152,16	119,33	163,13
91—95	511,36	310,88	563,38	531,91
96—100	1000,00	1000,00	—	—

Wie 1871, so zeigt sich auch jetzt, daß nur bis zum 20. Lebensjahr die Blindenhäufigkeit in der Pfalz geringer ist als in Oberbayern (besonders beachtenswert ist der Rückgang in der Pfalz bei den Zahlen der 3. und 4. Gruppe); aber in den Gruppen vom 20.—70. Lebensjahr ist die Blindenquote in der Pfalz durchgehends höher geworden als in Oberbayern, die Klasse 46.—50. Lebensjahr ausgenommen. In den Stufen 71.—85. Lebensjahr treten jedoch die Verhältniszahlen der Pfalz bedeutend zurück gegenüber jenen, die auf Oberbayern entfallen. In der folgenden Gruppe weist dann wieder die Pfalz den größeren Anteil aus.

Man beachte nun die Grundzahlen, die sich für die Gesamtbevölkerung der Pfalz und Oberbayerns für die Lebensalter von 71—95 bei der Zählung ergeben haben!

Tabelle 19.

Lebensjahre	Oberbayern	Pfalz
71—75	20542	9482
76—80	11893	5457
81—85	4720	2544
86—90	1183	613
91—95	193	94

Hiermit wird für Oberbayern ein erheblicher Greisenvorrat konstatiert, der die hohen Blindenquoten begreiflich erscheinen läßt. Auffallend sind bei den zwei letzten Stufen die hohen relativen Zahlen, die sich in der Pfalz ergeben, obwohl dieser Regierungsbezirk in den absoluten Zahlen der Gesamtbevölkerung weit hinter Oberbayern zurücksteht.

Tabelle 20 (S. 28) ermöglicht den Vergleich über die Altersstatistik der Blinden in sämtlichen Regierungsbezirken.

Nach dem Zählergebnis vom 1. Dezember 1900 bilden die Regierungsbezirke Schwaben und Pfalz die Gegensätze der Blindenhäufigkeit in Bayern; hier tritt aber innerhalb der einzelnen Altersgruppen nicht jene Verschiedenheit auf, wie es bei den Gegensätzen der Blindenhäufigkeit im Jahre 1871 der Fall war. Auffallend ist die hohe Beteiligung der 6—10 jährigen in Schwaben; daß auf die Lebensjahre 11—15 in Oberbayern 4,67 entfallen, wird durch die Unterbringung von Blinden aus dem ganzen Lande in das Kgl. Zentralblindeninstitut hervorgerufen.

Wie sehr man irren würde, wenn die Blindenhäufigkeit, die sich im ganzen für einen Landesteil ergibt, als Maßstab in Betracht käme für eine Disposition der Bevölkerung zur Erblindung, das beweist ein Vergleich der Verhältniszahlen für gleiche Altersgruppen in sämtlichen Regierungsbezirken.

Die folgende Darstellung ermöglicht eine rasche Orientierung über Maximum und Minimum der Blindenhäufigkeit in den Regierungsbezirken innerhalb der einzelnen Altersgruppen. Die Reihenfolge der Regierungsbezirke ist geordnet nach der Gruppierung: Nordbayern, Südbayern, Pfalz.

(Siehe Tabelle 21, S. 29.)

I. Für die ersten 20 Lebensjahre fällt das Maximum der Blindenhäufigkeit auf Südbayern (je 1 mal auf Niederbayern und Oberbayern, 2 mal auf Schwaben). Das Minimum trifft 2 mal auf Südbayern (jedesmal auf die Oberpfalz = 1—5; 11—15); dann kommt die geringste Blindenquote 1 mal auf Nordbayern (Unterfranken = 6—10) und 1 mal auf die Pfalz (16—20).

II. 21—40 Lebensjahre: 2 mal entfällt das Maximum auf Südbayern (jedesmal auf Schwaben = 21—25; 31—35); 2 mal auf Nordbayern (jedesmal auf Unterfranken = 26—30; 36—40). Das Minimum kommt 3 mal auf Südbayern (Niederbayern = 21—25; Oberbayern 31—35; Oberpfalz = 36—40), 1 mal auf Nordbayern (Mittelfranken = 26—30).

Tabelle 20.

Ausscheidung der Blinden nach Altersgruppen von 5 Jahren in den einzelnen Regierungsbezirken und Berechnung der Verhältnisse der Blinden zur Gesamtbevölkerung.

Altersgruppen	Zahl der Blinden									Auf 10 000 Personen der Gesamtbevölkerung des nebenbezeichneten Alters treffen Blinde								
	Oberbayern	Niederb.	Pfalz	Oberpfalz	Oberfrank.	Mittelfrank.	Unterfrank.	Schwaben	Königreich	Oberbayern	Niederbayern	Pfalz	Oberpfalz	Oberfranken	Mittelfranken	Unterfranken	Schwaben	Königreich
1. bis 5. Lebensjahr	13	10	7	4	5	9	8	8	64	0,86	1,14	0,60	0,55	0,63	0,90	0,98	0,92	0,82
6. „ 10. „	32	9	22	9	8	16	8	24	128	2,41	1,15	2,24	1,38	1,15	1,87	1,10	3,14	1,88
11. „ 15. „	54	9	5	2	11	21	9	21	132	4,67	1,24	0,57	0,34	1,79	2,67	1,37	2,96	2,15
16. „ 20. „	36	5	6	5	5	12	13	24	106	2,97	0,78	0,73	0,79	0,90	1,56	2,18	3,57	1,83
21. „ 25. „	19	7	27	8	9	19	11	23	123	1,40	1,37	3,46	1,78	1,75	2,35	1,99	3,63	2,20
26. „ 30. „	17	6	22	5	10	9	17	17	103	1,43	1,27	3,21	1,27	2,13	1,25	3,45	3,15	2,08
31. „ 35. „	18	13	19	14	11	19	14	33	141	1,72	3,00	3,38	3,94	2,66	3,16	3,20	6,82	3,25
36. „ 40. „	27	14	15	9	13	21	21	22	142	3,19	3,82	3,28	3,08	3,72	4,25	5,55	5,36	3,95
41. „ 45. „	26	11	20	9	11	11	24	30	142	3,42	3,04	4,92	3,08	3,38	2,49	6,83	5,62	4,26
46. „ 50. „	39	24	19	17	18	20	23	30	190	6,08	7,42	5,48	6,38	6,40	5,22	7,25	8,42	6,51
51. „ 55. „	26	14	28	12	14	24	22	19	159	4,52	4,65	8,24	4,79	5,03	6,88	7,32	5,69	5,83
56. „ 60. „	26	20	34	22	31	37	28	35	233	5,37	7,18	11,28	9,43	12,15	11,86	10,14	11,77	9,56
61. „ 65. „	54	30	36	30	34	29	35	37	285	13,67	12,87	15,23	15,63	16,26	11,95	15,18	15,23	14,38
66. „ 70. „	52	39	33	24	27	43	35	34	287	17,11	19,93	21,35	16,53	17,81	23,68	20,72	18,23	19,29
71. „ 75. „	82	41	25	27	36	52	25	41	329	39,92	29,39	26,37	28,21	38,00	45,34	23,70	31,18	33,51
76. „ 80. „	98	56	27	43	32	39	44	53	392	82,40	66,28	49,48	72,43	59,12	60,49	72,19	71,97	68,71
81. „ 85. „	71	49	17	35	33	31	25	34	295	150,42	133,22	66,82	145,11	160,90	118,50	101,75	112,10	125,47
86. „ 90. „	18	12	10	11	8	13	10	16	98	152,16	141,34	163,13	204,84	185,61	204,40	184,16	211,92	176,67
91. „ 95. „	6	4	5	3	4	4	1	4	31	310,88	266,67	531,91	357,14	645,16	421,05	131,58	330,58	361,73
96. „ 100. „	2	1	—	—	—	—	—	—	3	1000,00	454,55	—	—	—	—	—	—	394,74
Unbekannt	—	—	—	—	—	—	—	1	1	—	—	—	—	—	—	—	—	—
Summe	716	374	377	289	320	429	373	506	3384	5,41	5,51	4,53	5,22	5,26	5,26	5,73	7,09	5,48

Tabelle 21.

Maximum und Minimum der Blindenhäufigkeit in den Regierungsbezirken innerhalb der einzelnen Altersgruppen.

Lebensjahre		1–5	6–10	11–15	16–20	21–25	26–30	31–35	36–40	41–45	46–50	51–55	56–60	61–65	66–70	71–75	76–80	81–85	86–90	91–95	96–100
Auf 10000 Personen der Gesamtbevölkerung des obenbezeichneten Alters treffen Blinde:																					
Über dem Mittel des Landes bis zum Maximum.																					
Schwaben	Südbayern	—	3,14	—	3,57	3,63	—	6,82	—	—	8,42	—	—	—	—	—	—	—	211,92	—	—
Oberbayern	Südbayern	—	—	4,67	—	—	—	—	—	—	—	—	—	—	—	—	82,40	—	—	—	1000,00
Niederbayern	Südbayern	1,14	—	—	—	—	—	—	—	—	—	—	—	—	—	—	—	—	—	—	—
Oberpfalz	Südbayern	—	—	—	—	—	—	—	—	—	—	—	—	—	—	—	—	—	—	—	—
Oberfranken	Nordbayern	—	—	—	—	—	—	—	—	—	—	—	12,15	16,26	—	—	—	160,90	—	645,16	—
Mittelfranken	Nordbayern	—	—	—	—	—	—	—	—	—	—	—	—	—	23,68	45,34	—	—	—	—	—
Unterfranken	Nordbayern	—	—	—	—	—	3,45	—	5,55	6,83	—	—	—	—	—	—	—	—	—	—	—
Pfalz		—	—	—	—	—	—	—	—	—	—	8,24	—	—	—	—	—	—	—	—	—
Mittel des Landes		0,82	1,88	2,15	1,83	2,20	2,08	3,25	3,95	4,26	6,51	5,83	9,56	14,38	19,29	33,51	68,71	125,47	176,67	361,73	394,74
Unter dem Mittel des Landes bis zum Minimum.																					
Schwaben	Südbayern	—	—	—	—	—	—	—	—	—	—	—	—	—	—	—	—	—	—	—	—
Oberbayern	Südbayern	—	—	—	—	—	—	1,72	—	—	—	4,52	5,37	—	—	—	—	—	—	—	—
Niederbayern	Südbayern	—	—	—	—	1,37	—	—	—	—	—	—	—	—	—	—	—	—	141,34	—	454,55
Oberpfalz	Südbayern	0,55	—	0,34	—	—	—	—	3,08	—	—	—	—	—	16,53	—	—	—	—	—	—
Oberfranken	Nordbayern	—	—	—	—	—	—	—	—	—	—	—	—	—	—	—	—	—	—	—	—
Mittelfranken	Nordbayern	—	—	—	—	—	1,25	—	—	2,49	5,22	—	—	11,95	—	—	—	—	—	—	—
Unterfranken	Nordbayern	—	1,10	—	—	—	—	—	—	—	—	—	—	—	—	23,70	—	—	—	131,58	—
Pfalz		—	—	—	0,73	—	—	—	—	—	—	—	—	—	—	—	49,48	66,82	—	—	—

III. 41—60 Lebensjahre: das Maximum springt hier von Nordbayern (Unterfranken = 41—45) auf Südbayern (Schwaben = 46—50), dann auf die Pfalz (51—55) und endlich wieder auf Nordbayern (Oberfranken = 56—60). Das Minimum entfällt für die beiden ersten Jahrfünfte dieser Gruppe auf Nordbayern (Mittelfranken = 41—45; 46—50), für die beiden anderen Jahrfünfte auf Südbayern (Oberbayern = 51—55; 56—60).

IV. 61—80 Lebensjahre: Nordbayern hat 3 mal das Maximum (Oberfranken = 61—65; Mittelfranken = 66—70; 71—75), einmal kommt es auf Südbayern (Oberbayern = 76—80).

Das Minimum wechselt von Nordbayern (Mittelfranken = 61—65) auf Südbayern (Oberpfalz = 66—70), dann wieder auf Nordbayern (Unterfranken = 71—75) und schließlich auf die Pfalz (76—80).

V. 81—100 Lebensjahre: das Maximum berechnet sich zuerst für Nordbayern (Oberfranken = 81—85), dann für Südbayern (Schwaben = 86—90), dann wieder für Nordbayern (Oberfranken = 91—95) und für die letzte Gruppe auf Südbayern (Oberbayern = 96—100).

Das Minimum zeigt sich zunächst in der Pfalz (81—85), dann in Südbayern (Niederbayern = 86—90), dann in Nordbayern (Unterfranken 91—95) und endlich noch einmal in Südbayern (Niederbayern = 96—100). (Für die Altersgruppe 96—100 wurden nur in Oberbayern und in Niederbayern Blinde gezählt.)

Tabelle 22.

Wie oft entfällt nach der Blindenhäufigkeit innerhalb der einzelnen Lebensjahrfünfte das Minimum und Maximum auf den einzelnen Regierungsbezirk?

	Südbayern				Nordbayern			Pfalz
	Schwaben	Oberb.	Niederb.	Oberpfalz	Oberfrk.	Mittelfrk.	Unterfrk.	
Maximum:	6	3	1	0	4	2	3	1
Minimum:	0	3	3	4	0	4	3	3

Auffallend ist der Gegensatz, der sich besonders vom 1.—50. Lebensjahr zwischen Schwaben und Oberbayern zeigt. Mit Ausnahme der Gruppe der 11—15 jährigen entfallen auf Schwaben durchweg höhere Verhältniszahlen als auf Oberbayern. Bei der genannten Gruppe ist aber wieder daran zu erinnern, daß in Oberbayern das Kgl. Zentralblindeninstitut mit den Kindern aus anderen Kreisen belastend wirkt; denn bei den verhältnismäßig kleinen absoluten Zahlen dieser Gruppe wird diese Belastung fühlbarer als die kleinen Störungen, die sich durch Pfaffenhausen für Schwaben ergeben, wobei es sich fast ausschließlich um Blinde in höheren Lebensaltern handelt; hier aber sind die absoluten Zahlen so groß, daß, wenn auch eine Ausschaltung jener Blinden, die dem Kreise nicht angehören, erfolgen würde, an den Verhältniszahlen sich doch nichts Wesentliches ändert.

Dürfen die vorgeführten Blindenquoten der einzelnen Altersgruppen als Ausdruck der Erblindungsgefahr für die einzelnen Lebensdekaden angesehen werden?

Die Blindenhäufigkeit nimmt mit dem Alter konstant zu und, wie die Tabellen 20 und 28 zeigen, verdoppeln sich in den höheren Lebensaltern die Verhältniszahlen von Jahrfünft zu Jahrfünft. Aber da ist zu beachten, daß beispielsweise die im 71. Lebensjahre stehenden 65 Blinden nicht alle im 71. Lebensjahre erblindet sind. Von diesen haben das Augenlicht verloren: im 71. Lebensjahr = 2; im 70. = 4; 69. = 4; 68. = 6; 67. = 5; 66. = 5; 65. = 3; 64. = 4; 63. = 4; 62. = 2; 61. = 2; 60. = 6; 58. = 1; 57. = 2; 56. = 2; 55. = 1; 52. = 1; 51. = 1; 50. = 2; 45. = 1; 44. = 1; 40. = 1; 33. = 1; 18. = 1; 15. = 1; 1. = 2. — In jedem Alter kann die Erblindung eintreten, es hat jedes Lebensalter eine ihm zukommende Erblindungsgefahr, und darum summieren sich die Blinden für die einzelnen Altersgruppen aus den in diesem Zeitraum erblindeten Personen und aus Personen, die in früheren Lebensdekaden in Nacht gesunken sind.

Diese kurzen Betrachtungen genügen als Beweis dafür, daß die Altersstatistik der Blinden für sich allein wohl keinen zweifellosen Rückschluß auf die Erblindungsgefahr für die einzelnen Altersgruppen zulassen kann, und es wird deshalb notwendig, neben der Statistik über das Lebensalter den Nachweis über den Erblindungstermin in Betracht zu ziehen. Allerdings können diese Termine nicht mit der Altersstatistik der Bevölkerung in Vergleich treten, weil das Erblindungsalter nicht die Angehörigen einer einzigen Generation zusammenfaßt; die Zahlen hierfür summieren sich aus mehreren Generationen.

1871 wurde das Alter der Erblindung nicht erhoben, wohl aber in den Jahren 1840 und 1858.

In folgender Tabelle sollen zunächst die Ergebnisse der Erhebung des Erblindungstermins bei den im Jahre 1900 ermittelten Blinden (nach der Haupttabelle 29) auf die Gruppen reduziert werden, die 1840 und 1858 gemacht wurden.

Tabelle 23.

Zeit der Erblindung:	Zahl der Blinden im Jahre		
	1840	1858	1900
Blindgeboren . . .	353	160	259
Von Geburt bis			
5. Lebensjahr	418	451	526
6—10	173	119	132
11—20	145	141	180
21—30	156	.177	189
31—40	167	162	239
41—50	251	237	284
51—60	390	286	345
61—70	488	337	490
71—80	354	216	447
81—90	71	24	86
91—100	2	—	2
Nicht angegeben . .	52	52	205

Bei den 205 Fällen unter „nicht angegeben" muß ergänzend bemerkt werden, daß sich diese Summe nur aus den zwischen der ersten Erhebung und den Erhebungen durch den Ergänzungsfragebogen verstorbenen Blinden zusammensetzt; doch sind hier, wenn auch der genaue Erblindungstermin nicht mit Bestimmtheit angegeben werden konnte, die ungefähren Lebensalter, in denen die Erblindung eintrat, angedeutet worden. „Vor einigen Jahren." „Ungefähr anfangs der 60er Jahre." „Vielleicht vor 10 Jahren." Diese Angaben glaube ich berechtigen dazu, die 205 Fälle in der Weise auf die höheren Lebensalter zu verteilen, wie es aus den Schlußspalten der Haupttabelle über den Erblindungstermin ersichtlich ist.

Wenn auch die Ergebnisse des Erblindungstermins mit dem Altersaufbau der Gesamtbevölkerung nicht in Parallele gebracht werden können, so ist dennoch ein Vergleich mit dem Altersaufbau der Blinden sehr lehrreich. Wohl ist von der Stufe 6.—10. Lebensjahr an gerechnet eine Zunahme der Blindenhäufigkeit zu ersehen, die bis zum 60. Lebensjahr in mäßigem Tempo ansteigt, dann plötzlich zum Maximum emporschnellt, eine Erscheinung, die im allgemeinen auch die Tabelle des Altersaufbaues zeigt. Aber durch die Zahlen des ersten Lebensjahrfünftes wird ein Gegensatz gebracht, der ganz entschieden Berücksichtigung verlangt: Im Lebensalter von 1—5 Jahren stehen 64 Blinde; im gleichen Lebensalter erblindeten 526! — Alle weiteren Zahlen, die den Erblindungstermin angeben, werden von dieser einen Zahl übertroffen. Die Ergebnisse von 1840 und 1858 weisen ein gleiches Verhältnis nach. Auch dort wird das Maximum der Erblindungsfälle auf den Anfang der Beobachtungsreihe verlegt. Diese Tatsachen sind ausschlaggebend, und sie deuten uns sofort den Fehler an, der sich einschleicht, wenn die Erblindungsgefahr für die einzelnen Altersgruppen einzig und allein aus den Verhältniszahlen des Altersaufbaues abgelesen wird.

Als „blindgeboren" haben sich 259 Blinde summiert. Der Arzt wird wohl hinter diese Zahl ein Fragezeichen setzen!

Es ist nachgewiesen worden, daß verhältnismäßig wenig Menschen blind zur Welt kommen, bei denen sich also die Blindheit schon im Mutterleib entwickelt hat. Alle diejenigen aber, welche auch nur einen Tag gesehen haben, gehören nicht mehr zu den Blindgebornen. Nun werden aber sehr häufig solche Personen, die in den ersten Lebenstagen erblindet sind, als blindgeboren bezeichnet, während diese doch blind geworden sind. — Bedeutende Fachmänner der Augenheilkunde sagen, daß 80% aller als „blindgeboren" Bezeichneten durch Augenentzündung der Neugebornen das Augenlicht verloren haben. Damit wäre auch ein Zweifel über unsere Zahl der Blindgebornen begründet. Und die Folge davon ist, daß wir uns die Summe für die innerhalb des 1.—5. Lebensjahres Erblindeten höher denken müssen, als der ziffermäßige Ausweis sie angibt.

In den statistischen Erläuterungen von 1871 wurde bezüglich des Erblindungstermins, der damals nicht erhoben wurde, folgendes ausgeführt:

„Solche Nachweise sind von Bedeutung, weil daraus der Einfluß der Blindengeburten auf die Blindenhäufigkeit zu entnehmen ist . . . . Zu einer exakten Berechnung der Erblindungsgefahr sind die Nachweise über die Erblindungszeit unbrauchbar. Da nämlich die dem gleichen Erblindungsalter Angehörigen in den verschiedensten Lebensaltern stehen, fehlen alle Vergleichungszahlen zur Ermittlung der mit dem Alter steigenden Erblindungswahrscheinlichkeit. Diese ist vielmehr ausschließlich aus der oben zuerst in Betracht gezogenen Altersstatistik der Blinden zu berechnen, soferne gleichzeitig eine allgemeine Altersstatistik der Bevölkerung aufgestellt ist. Diese Voraussetzungen sind bei der Erhebung von 1871 gegeben. Indem dort für die einzelnen Altersstufen die Gesamtzahl der Lebenden mit der Gesamtzahl der Blinden verglichen ist, wird die Blindenhäufigkeit jeder Altersstufe und aus der Steigerung dieser Blindenhäufigkeit von Altersstufe zu Altersstufe die Zunahme der Erblindungsgefahr dargelegt." — „Eines ist zur richtigen Beurteilung dieser Berechnungsweise allerdings nicht zu vergessen. Es wird nicht eine Generation von Altersstufe zu Altersstufe auf den Eintritt von Erblindungen untersucht, sondern es werden Beobachtungen an allen gleichzeitig lebenden Generationen auf ihren Erblindungsgrad in der Art angestellt, daß für jede Generation ein Augenblicksbild auf einer anderen Altersstufe gewonnen wird."

Tabelle 24.

Altersgruppen	Prozentanteil nach dem Lebensalter, in welchem die Blinden bei der Zählung standen		Prozentanteil nach dem Lebensalter, in welchem die Erblindung eingetreten ist	
Lebensjahr:				
			7,65	blindgeboren
1— 5	1,89	5,67	15,54	27,09
6— 10	3,78		3,90	
11— 15	3,90	7,03	2,31	5,32
16— 20	3,13		3,01	
21— 25	3,63	6,67	2,69	5,59
26— 30	3,04		2,90	
31— 35	4,17	8,37	3,04	7,41
36— 40	4,20		4,37	
41— 45	4,20	9,81	3,84	9,07
46— 50	5,61		5,23	
51— 55	4,70	11,59	4,58	11,14
56— 60	6,89		6,56	
61— 65	8,42	16,90	7,39	16,55
66— 70	8,48		9,16	
71— 75	9,72	21,30	7,80	14,48
76— 80	11,58		6,68	
81— 85	8,72	11,62	2,10	3,14
86— 90	2,90		1,04	
91— 95	0,92	1,04	0,21	0,21
96—100	0,12		—	
	100		100	

Dieses Augenblicksbild einer Generation läßt aber keinen Rückschluß zu auf die Erblindungsgefahr für die Altersstufe, auf der das Bild sich zeigt; denn das Resultat der Erblindungsfälle ist hier sehr kompliziert: es besteht nicht nur aus der Summe jener Personen dieser Generation, die in der in Frage stehenden gegenwärtigen Altersklasse erblindeten, sondern es sind auch Erblindungsfälle enthalten, welche für die Generation auf früheren Altersstufen eingetreten sind. Dieses Bild leidet also an Mängeln, die gegenüber jenen Fehlern, die sich aus einem Vergleich des Erblindungstermins mit dem Altersaufbau der Bevölkerung ergeben, auf der einen und anderen Beobachtungsstufe auch sehr empfindlich werden. — Es ist deshalb von Forschern der Augenheilkunde bei der Berechnung der Erblindungsgefahr das Material in der Weise verarbeitet worden, daß tatsächlich die Zahl der Blinden nach dem Erblindungsjahr verteilt und so mit dem Altersaufbau der Gesamtbevölkerung in Beziehung gebracht wurde. Die Fehler aber, die sich hierbei ergeben müssen, hat man als die geringeren vorgezogen gegenüber jenen, die sich bei der Berechnung der Erblindungsgefahr aus der Altersstatistik ergeben. Im obigen Zitat wird von Mayr der Einfluß der Blindengeburten auf die Blindenhäufigkeit besonders betont; aber nicht nur das ist aus der Tabelle des Erblindungsalters zu ersehen, sondern in noch viel auffallenderer Weise tritt das 1. Lebensjahrfünft mit seiner großen Zahl in den Vordergrund und beansprucht eine Berücksichtigung bei den anderen Altersstufen.

Die Tabelle 24, S. 33 vergleicht die relativen Zahlen der Altersstatistik der Blinden mit den Verhältniszahlen über das Alter der Erblindung.

Professor Dr. Magnus sagt in seinem Buche „Blindheit“:

„Die Mayr'sche Berechnung der Erblindungsgefahr ist von den größten Bedenken nicht freizusprechen. Ja wir sind sogar der Überzeugung, daß die Mayr'sche Berechnung an viel größeren Fehlerquellen leidet, als diejenige Berechnung, welche die Angaben des Erblindungstermins mit dem Altersaufbau der Bevölkerung in Verbindung setzt.“

Magnus hat den Zeitpunkt der Erblindung mit dem Altersaufbau der schlesischen Bevölkerung in Beziehung gebracht und darüber folgende Tabelle veröffentlicht.

Tabelle 25.

Von Professor Dr. Magnus.

„Die den einzelnen Altersklassen innewohnende Erblindungsgefahr. (Berechnet nach meinem eigenen Material von 646 Blinden unter Bezugnahme auf die schlesische Bevölkerungsstatistik“.)

Altersklassen	Absolute Zahl	Von 10000 Pers. erblinden
1.— 5. Jahr	182	3,57
6.—10. „	39	0,88
11.—15. „	34	0,85
16.—20. „	32	0,85
21.—25. „	35	1,18
26.—30. „	36	1,28
31.—40. „	71	1,41
41.—50. „	71	1,75
51.—60. „	73	2,18
61.—70. „	54	2,86
71.—80. „	19	2,38

In der Besprechung dieser Tabelle führt Magnus (S. 238) aus:

„Im allgemeinen ist also der Beginn und der Abschluß des Lebens mit den größten Erblindungsgefahren belastet. Natürlich sind die absoluten Zahlen unserer Tabellen nur für unser Material von 646 Blinden maßgebend; aber wir glauben, daß das relative Verhältnis, welches sich bei der Berechnung auf 10000 Personen der Bevölkerung ergeben hat, das nämliche bleiben dürfte, auch wenn bei einer Vergrößerung der der Berechnung zugrunde gelegten Blindenmenge die absoluten Zahlen wüchsen. Und da das relative Verhältnis, in welchem die einzelnen Altersklassen zueinander bezüglich ihrer Erblindungsgefahr stehen, ja der Kernpunkt der ganzen Frage ist, so glauben wir auch mit unseren Tabellen die Erblindungsgefahr, welche den verschiedenen Lebensstufen droht, in genügender Weise klargelegt zu haben."

Wenn wir nun die Methode von Dr. Magnus auf unser Material zur Anwendung bringen, so erblinden: 1.—5. Lebensjahr 6,72 (Magnus = 3,57); 61.—70. Lebensjahr 14,12 (Magnus = 2,86). Die eben gefundenen Resultate, welche die Erblindungsgefahr für die angeführten Altersgruppen darstellen sollen, gehen doch etwas sehr weit auseinander mit den relativen Werten, die Magnus berechnet hat, und es dürften sich gegen jenen Rechnungsmodus auch Bedenken erheben.

Das erste Lebensjahrfünft wird auf diese Weise sicher zu sehr belastet, da die Zahl der vom 1.—5. Lebensjahr Erblindeten unter allen übrigen Altersstufen zerstreut liegt, während die vom 61.—70. Jahr blind Gewordenen in bedeutend weniger Altersgruppen enthalten sind. Dazu kommen aber hier auch noch die Verhältnisse, die durch die Sterblichkeit herbeigeführt werden, in fühlbarerer Weise zur Geltung, als das bei der untersten Altersgruppe der Fall ist.

Vergleicht man die relativen Zahlen, die sich für die Altersgruppen der Blinden durch Beziehung zur Gesamtbevölkerung ergeben mit der prozentualen Berechnung, die den Anteil der einzelnen Altersgruppen an der Gesamtzahl der Blinden zeichnet und mit den Werten, welche die Prozentberechnung nach dem Erblindungstermin für die Altersgruppen darstellt, so kann daraus sowohl über die den einzelnen Lebensaltern innewohnende Erblindungsgefahr als auch für die von Altersstufe zu Altersstufe zunehmende Blindenhäufigkeit ein befriedigender Aufschluß gewonnen werden; denn zu einer exakten Berechnung der Erblindungsgefahr reicht, wie wir erfahren haben, der Altersaufbau der Blinden in seinem Verhältnis zur Gesamtbevölkerung nicht aus, und die Schlüsse, welche der Zeitpunkt der Erblindung resultiert, genügen für sich allein auch nicht. Deshalb müssen sich die beiden Resultate ergänzen.

Zur bequemeren Beherrschung des Stoffes sei die graphische Darstellung (S. 37) gewählt. Die Stäbe zeichnen den Prozentanteil der einzelnen Altersstufen der Blinden an der Gesamtblindenzahl. Die roten Stäbe sind berechnet nach dem Lebensalter, in welchem die Blinden stehen, die braunen Stäbe beziehen sich auf das Alter, in welchem die Erblindung eintrat. — Die ganze Länge der einzelnen Stäbe ist für eine Lebensdekade gesetzt, die punktierte Linie, welche diese Stäbe teilt, gliedert nach Fünfergruppen. Unter der graphischen Darstellung sind außer den zwei Reihen für die Altersgruppen (A) noch Verhältniszahlen notiert (B). Sie drücken aus: B I Wie viel Blinde auf 10000 Personen der Gesamtbevölkerung der einzelnen Altersgruppen treffen, B II Die prozentuale Besetzung der Altersgruppen der Gesamtbevölkerung.

An dieser Darstellung können die in Frage stehenden Verhältnisse leicht und genügend studiert werden.

Nehmen wir die Lebensdekade 1—10 heraus. Der rote Stab veranschaulicht uns die Zahl der Blinden, die zur Zeit im Lebensalter von 1—10 Jahren stehen. Der Prozentanteil in bezug auf die Gesamtzahl der Blinden beträgt 5,67; davon entfallen auf die Altersgruppe 1—5 = 1,89% und auf die Altersgruppe 6.—10. Lebensjahr = 3,78%; auf 10000 Personen der Gesamtbevölkerung aber entfallen auf das erste Lebensjahrfünft 0,82 Blinde und auf das zweite 1,88 Blinde, und die prozentuale Besetzung dieser Altersgruppen beträgt bei der Gesamtbevölkerung für die Gruppe 1.—5. Lebensjahr = 12,65 und für die Gruppe 6.—10. Lebensjahr = 11,00%.

Der rote Stab für die Lebensdekade 71 — 80 berechnet sich nach dem Prozentsatz 21,30, den die Blinden dieser Altersgruppe an der Gesamtzahl der Blinden nehmen. Davon treffen auf die Altersgruppe 71—75 = 9,72% und auf die Gruppe 76—80 = 11,58%. Die prozentuale Besetzung bei der Gesamtbevölkerung macht für die Lebensalter 71—75 aber nur 1,59% und für die Lebensalter 76—80 nur 0,92%. Jedoch auf 10000 Personen dieser Altersgruppen treffen 33,51 bzw. 68,71 Blinde.

Es kann also einesteils im allgemeinen die den einzelnen Lebensaltern innewohnende Blindenhäufigkeit abgelesen werden, andernteils erfolgt durch den Vergleich mit der prozentualen Besetzung der Altersgruppen der Gesamtbevölkerung eine unmittelbare Begründung der relativen Werte, die sich aus der Gegenüberstellung der Blindenziffern und der Ziffern der Gesamtbevölkerung innerhalb der einzelnen Altersgruppen ergeben.

Die braunen Stäbe illustrieren die Blindenzahl nach dem Erblindungsalter. Hier fällt in der ersten Altersgruppe sofort der lange Stab auf. Das erste Lebensjahrzehnt hat die meisten Erblindungsfälle, es sind 27,09%. Davon treffen auf Blindgeborne 7,65%, auf Blinde, die innerhalb des 1.—5. Lebensjahres das Augenlicht verloren haben = 15,54% und auf jene, die zwischen dem 6. und 10. Lebensjahr blind wurden = 3,90%.

Die Höhe der Erblindungsfälle, wie sie uns im ersten Lebensjahrfünft entgegentritt, wird, es wurde das schon an einer anderen Stelle hervorgehoben, von keinem Anteil irgend einer anderen Fünfergruppe übertroffen, selbst die Jahre 66—70 haben nur 9,16% aufzuweisen. — Aus dem hohen Prozentsatz, den der große braune Stab am Anfang der Beobachtungsreihe notiert, erklärt sich der Einfluß, den die Erblindungsfälle dieses Lebensalters auf alle anderen Lebensdekaden ausüben, bei welchen die Blinden nach ihrem Lebensalter (rote Stäbe) gruppiert sind.

Wenn aber in der bayerischen Blindenstatistik von 1871 die Erblindungsgefahr, die den einzelnen Altersgruppen innewohnt, aus den Beziehungen, die sich zwischen den Altersstufen der Blinden zu den Altersstufen der ganzen Population ergaben, abgelesen wurde, so dürften die Bedenken dagegen sich doch hauptsächlich nur auf die erste Altersstufe konzentrieren; hier aber handelt es sich wohl nur um eine Nichtbeachtung jener Erblindungsfälle, die uns die Augenentzündung der Neugebornen bringen. Wenn wir uns aber noch einmal daran erinnern, daß 80% aller jener, die als „blindgeboren" bezeichnet werden, durch Blennorrhöe ihr Augenlicht einbüßen mußten, so wird diese Zahl immer bedeutender und darf nicht unberücksichtigt bleiben. (Fortsetzung des Textes auf Seite 38.)

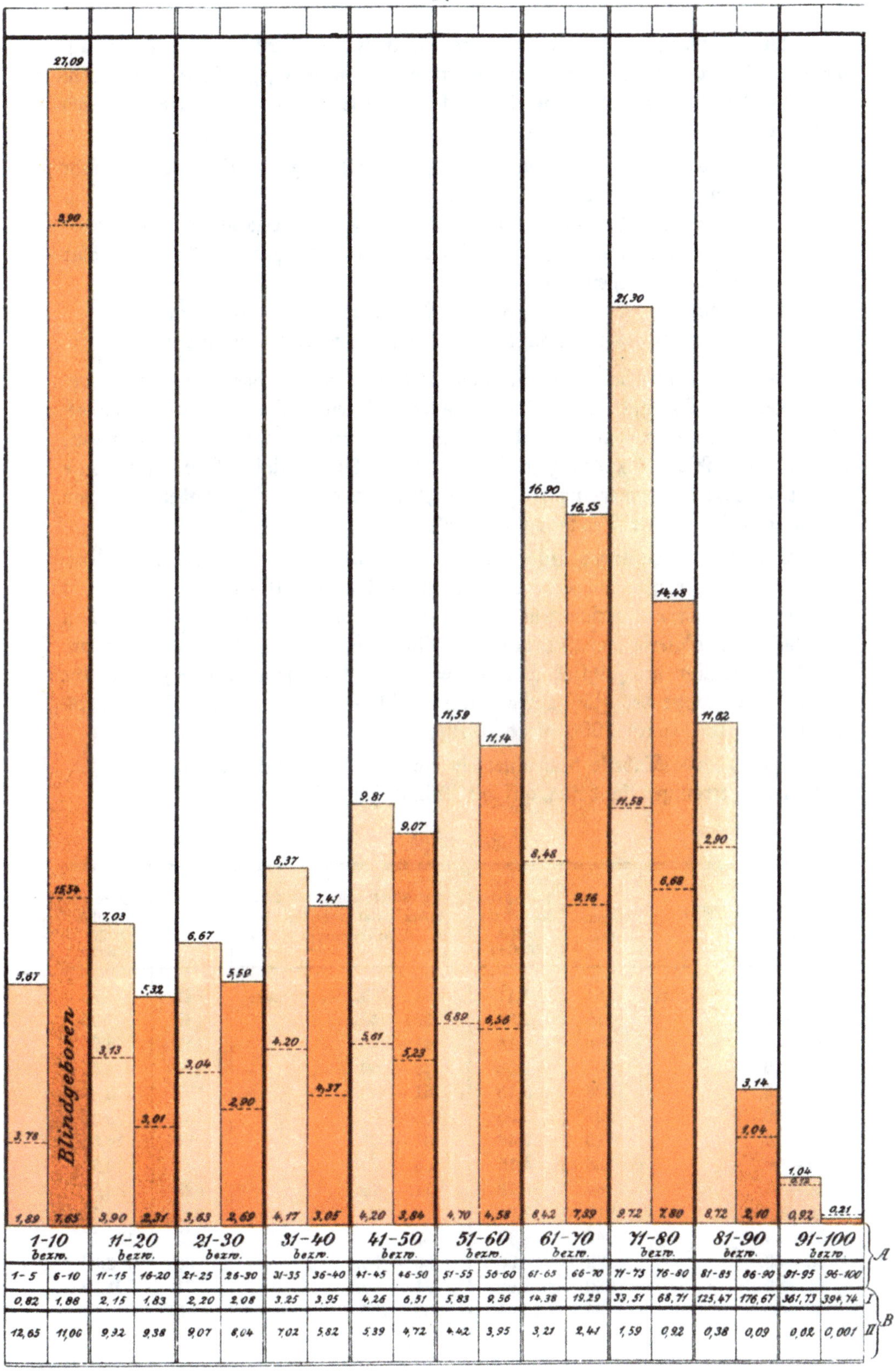
Blindgeboren
1-10 bezw.
11-20 bezw.
21-30 bezw.
31-40 bezw.
41-50 bezw.
51-60 bezw.
61-70 bezw.
71-80 bezw.
81-90 bezw.
91-100 bezw.
1-5 6-10 11-15 16-20 21-25 26-30 31-35 36-40 41-45 46-50 51-55 56-60 61-65 66-70 71-75 76-80 81-85 86-90 91-95 96-100
0,82 1,88 2,15 1,83 2,20 2,08 3,25 3,95 4,26 6,51 5,83 9,56 14,38 19,29 33,51 68,71 125,47 176,67 361,73 394,74
12,65 11,06 9,32 9,38 9,07 8,04 7,02 5,82 5,39 4,72 4,42 3,95 3,21 2,41 1,59 0,92 0,38 0,09 0,02 0,001
A
I
II
B

Wir gewinnen an der Hand unserer graphischen Darstellung in bezug auf die den einzelnen Lebensklassen eigentümlichen Erblindungsgefahren das gleiche Ergebnis, das Professor Magnus aus seinen Betrachtungen über dieses Thema resultiert:

1. Das erste Lebenslustrum besitzt (zur Zeit!) die größte Erblindungsgefahr (durch Blennorrhöe).
2. Vom 5.—20. Jahr ist die Erblindungsgefahr relativ am geringsten.
3. Vom 20.—50. Lebensjahr steigt die Erblindungsgefahr konstant, aber nicht in beschleunigter Weise.
4. Vom 50.—70. Jahr steigt die Erblindungsgefahr rasch an.
5. Vom 70. Jahr an scheint die Erblindungsgefahr zu sinken.

Von Wert für das eben behandelte Thema dürfte das am Schluß des II. Teiles der Statistik eingereihte Tabellenwerk sein. Hier ist genau ausgeschieden, wieviel Personen von der Gesamtzahl der Blinden in den einzelnen Jahren von 1900 bis zurück zum Jahre 1871 erblindet sind. Dazu sind diese ermittelten Zahlen immer nach Altersgruppen abgeteilt. Die Tabelle sei von diesem Kapitel aus der Beachtung empfohlen!

Ein recht anschauliches Bild darüber, wie innerhalb der einzelnen Generation die Blindenziffer mit dem Lebensalter wächst, erhält man, wenn ein und dieselbe Generation auf verschiedenen Altersstufen beobachtet wird. Das ist mit dem gegenwärtigen Material möglich von der Altersgruppe 31.—35. Lebensjahr an. Die 1. Generation des Zähljahres 1871 = 1.—5. Lebensjahr entspricht ungefähr der 7. Altersgruppe des Zähljahres 1900 = 31.—35. Lebensjahr, die 2. Altersgruppe von 1871 wird 1900 die 8. Gruppe 2c.

Die folgende Tabelle beobachtet ein und dieselbe Generation auf zwei verschiedenen Altersstufen in bezug auf die Blindenhäufigkeit.

Tabelle 26.

Altersgruppen 1871	Blinde: Gesamtzahl	Blinde: Auf 10000 Nichtblinde treffen Blinde:	Die Altersgruppen von 1871 bilden 1900 ungefähr die Altersgruppen	Blinde: Gesamtzahl	Blinde: Auf 10000 Nichtblinde treffen Blinde:
1.— 5. Lebensjahre	64	1,11	31.— 35. Lebensjahre	141	3,25
6.—10. „	115	2,34	36.— 40. „	142	3,95
11.—15. „	96	2,14	41.— 45. „	142	4,26
16.—20. „	107	2,58	46.— 50. „	190	6,51
21.—25. „	126	3,13	51.— 55. „	159	5,83
26.—30. „	127	3,35	56.— 60. „	233	9,56
31.—35. „	119	3,46	61.— 65. „	285	14,38
36.—40. „	133	4,15	66.— 70. „	287	19,29
41.—45. „	164	5,73	71.— 75. „	329	33,51
46.—50. „	215	7,94	76.— 80. „	392	68,71
51.—55. „	243	9,44	81.— 85. „	295	125,47
56.—60. „	292	13,53	86.— 90. „	98	176,67
61.—65. „	360	18,95	91.— 95. „	31	361,73
66.—70. „	434	33,44	96.—100. „	3	394,74

Für die Generation des ersten Lebensjahrfünfts ist in einem Zeitraum von 30 Jahren die Blindenhäufigkeit von 1,11 auf 3,25 gestiegen, also dreimal größer geworden; bei der Generation der 8. Gruppe hat sich die Verhältniszahl mehr als vervierfacht; bei der nächsten Stufen beträgt die Steigerung das 6fache; bei der 10. Gruppe fast das 9fache; bei der 11. weist die Mehrung das 14fache aus, und das 20fache der Blindenquote hat die 13. Gruppe erreicht.

Zunächst sind die Verhältnisse zu erwägen, die durch die Sterblichkeit für die einzelnen Altersgruppen geschaffen werden. Der Vergleich aber zeigt sehr deutlich einesteils die Blindenbewegung in ein und derselben Generation, andernteils wird hiermit wieder der Beweis erbracht, daß aus dem Altersaufbau allein die Erblindungsgefahr für die einzelnen Altersgruppen nicht ohne bedeutende Fehler berechnet werden kann, da jede Generation schon im Jahre 1871 ihre Blindenquote ausweist.

Ausscheidung der seit der Volkszählung vom 1. Dezember 1900 bis 1. Juni 1903 gestorbenen Blinden.

Nach den standesamtlichen Mitteilungen starben innerhalb $2^1/_2$ Jahren von der Gesamtzahl der am 1. Dezember 1900 ermittelten Blinden 623. Ein Sterblichkeitsverhältnis, das ausdrückt, wieviel Gestorbene in einem Jahre auf 100 gleichzeitig Lebende kommen, würde die Sterblichkeitsgefahr für die Blinden viel größer erscheinen lassen, als sie für Nichtblinde besteht. In unserm Fall würden von 100 Blinden jährlich 7 sterben. Diese hohe Ziffer berechnet sich aber für die Blinden deshalb, weil von der Gesamtzahl derselben der größte Teil auf die Altersklassen von hoher Sterblichkeit trifft. Die große Differenz, die in der Besetzung der Altersklassen zwischen Blinden und Nichtblinden besteht, wurde bereits durch die Tabelle 16 nachgewiesen: im 1. Dezennium beträgt die prozentuale Besetzung der Altersgruppen der Gesamtbevölkerung 23,65 %, der Prozentanteil der Blinden aber berechnet sich auf 5,67 %; im 8. Dezennium dagegen finden wir den Anteil der Bevölkerung auf 2,51 %, den Anteil der Blinden aber auf 21,30 % berechnet.*)

Aus dem Prozentsatz, der sich für die einzelnen Altersgruppen ergibt, ersieht man, daß die relative Sterblichkeitsziffer bei den Blinden durchaus nichts Auffälliges zeigt. Professor Katz bespricht in seinem Aufsatz: „Beitrag zur Blindenstatistik", Berliner klin. Wochenschrift 1874, Nr. 24, die Sterblichkeitsverhältnisse bei den Blinden, und seine Forschungen decken sich mit unserem Ergebnis ganz genau. Die Schwankungen der Sterblichkeitsverhältnisse in den einzelnen Altersklassen verhalten sich durchaus normal. Wir finden zwar eine bedeutende Kindersterblichkeit, aber dann steigt die Gefahr zu sterben nur langsam an und jenseits des 60. Lebensjahres nimmt sie in rascher Progression zu.

---

*) Von den im Jahre 1871 gezählten Blinden = 3998 waren bei der Zählung von 1900 nur noch 469 am Leben. Dabei ist jedoch nicht berücksichtigt, wie viele Blinde von 1871—1900 weg- und zugezogen sind; bedeutend sind aber diese Zahlen sicher nicht.

Tabelle

Lebensjahre:	Zahl der am 1. Dezbr. 1900 gezählten Blinden des nebenbezeichneten Alters	Hiervon (Spalte 2) sind in der Zeit vom 1. Dezember 1900 bis 1. Juni 1903,											
		Oberbayern			Niederbayern			Pfalz			Oberpfalz		
		m.	w.	i. g.	m.	w.	i. g.	m.	w.	i. g.	m.	w.	i. g.
1— 10	192	3	4	7	1	—	1	2	2	4	—	3	3
11— 20	238	2	3	5	—	1	1	—	—	—	1	—	1
21— 30	226	—	1	1	1	1	2	—	—	—	1	—	1
31— 40	283	1	1	2	—	2	2	—	1	1	1	—	1
41— 50	332	4	2	6	4	2	6	2	—	2	1	1	2
51— 60	392	3	1	4	4	1	5	5	1	6	—	1	1
61— 70	572	7	11	18	8	4	12	5	9	14	5	3	8
71— 80	721	17	27	44	9	17	26	6	7	13	12	14	26
81— 90	393	11	23	34	6	17	23	4	7	11	11	7	18
91—100	35	1	3	4	2	2	4	—	2	2	—	2	2
Summe:	3384	49	76	125	35	47	82	24	29	53	32	31	63

Geographische Verbreitung der Blindheit.

Die Haupttabellen C Seite 50 geben Aufschluß über die Blindenziffer in den einzelnen Verwaltungsbezirken und über den Befund an Blinden in den unmittelbaren Städten. Da aber durch die ortsanwesenden Blinden diejenigen Orte, welche Blindenanstalten oder Asyle für Blinde haben, zu hoch belastet würden, dagegen andere Bezirke, welche ihre Blinden in Anstalten untergebracht haben, zu niedrig veranschlagt würden, so sind in den Tabellen für jeden Verwaltungsbezirk zwei Ergebnisse aufgezeichnet worden. Das eine bringt das Zählergebnis nach der ortsanwesenden Bevölkerung zum Ausdruck, die anderen Zahlen zeigen den Ausgleich, der herbeigeführt wird, wenn man die in Blindenanstalten oder in Asylen untergebrachten Blinden ihrem Geburtsort zuteilt. Es wurde schon erwähnt, daß die Geburtsbevölkerung bei der allgemeinen Zählung nicht erhoben wurde, und es kam dabei auch im allgemeinen das zur Besprechung, daß die Blindenquoten nach der Geburtsbevölkerung eine wohl zu beachtende Ungenauigkeit in sich tragen, da der Erblindungsort gegenüber dem Geburtsort eine gewichtige Bedeutung hat. Im Hinblick auf diese Tatsache wurde für die einzelnen Bezirke auch der Nachweis über den Familienstand der Blinden angefügt, weil hier Rückschlüsse nach den Titeln „verheiratet", „verwitwet", „geschieden" oft aufklärend wirken können.

Verheiratete und Verwitwete können zwar außerhalb des Regierungsbezirks geboren sein, aber durch den Familienstand haben sie sich an einem andern Ort dauernd niedergelassen, an dem dann die Erblindung eintrat, weshalb auch dieser Ort in seinem Blindenkonto gerechterweise mit diesen Blinden belastet werden darf.

Im Kartogramm, das auf Grund jener Verhältniszahlen hergestellt ist, die sich nach der Zuteilung der Blindenanstaltszöglinge und der Asylpfleglinge zu ihrem Geburtsort ergeben, sind Abstufungen der Blindenquoten von 0,0—3,0, 3,1—6,0, 6,1—9,0, 9,1—12,0 gewählt. Es kommen also geographische Unter-

27.

also innerhalb 2½ Jahren, gestorben im Regierungsbezirk:															Prozent-anteil
Oberfranken			Mittelfranken			Unterfranken			Schwaben			Königreich			
m.	w.	i. g.	m.	w.	i. g.	m.	w.	i. g.	m.	w.	i. g.	m.	w.	i. g.	i. g.
2	—	2	1	2	3	1	—	1	1	1	2	11	12	23	11,97
—	—	—	—	—	—	2	—	2	1	2	3	6	6	12	5,04
—	1	1	—	—	—	1	1	2	1	—	1	4	4	8	3,54
1	—	1	—	2	2	3	—	3	2	4	6	8	10	18	6,36
3	1	4	1	2	3	—	5	5	4	1	5	19	14	33	9,94
3	—	3	8	2	10	4	—	4	—	8	8	27	14	41	10,46
8	1	9	4	9	13	4	10	14	5	7	12	46	54	100	17,48
9	6	15	11	11	22	13	21	34	9	14	23	86	117	203	28,15
7	12	19	9	13	22	9	6	15	12	8	20	69	93	162	41,22
1	1	2	—	4	4	—	1	1	1	3	4	5	18	23	67,64
34	22	56	34	45	79	37	44	81	36	48	84	281	342	623	18,41

schiede zur Darstellung in Gruppen mit einer Steigerung um je 3 Blinde auf 10000 Personen der Gesamtbevölkerung.

Die hellgrüne Farbe weist einen Bestand von nur 3 und weniger Blinden auf 10000 Personen, die dunkelgrüne Farbe einen solchen von 3,1—6,0 nach; die hellrote Farbe konstatiert in ihren Bezirken 6,1—9,0 Blinde, die dunkelrote Farbe 9,1—12,0 Blinde. Nur Dinkelsbühl (unmittelbare Stadt) geht über dieses Verhältnis hinaus bis zu 15,31. Von einer besonderen Zeichnung dieses einzigen Falles wird Umgang genommen.

Die Blindenquote des Landes beträgt 5,48; die Gegensätze der Verhältniszahlen für die Regierungsbezirke verhalten sich wie 4,53 : 7,09. Es kommen also mit den relativen Zahlen, die sich für die Blinden der Verwaltungsbezirke berechnen, weit größere Unterschiede zur Darstellung, als sie die Verhältnisse für die einzelnen Regierungsbezirke aufweisen.

Das großzügige Bild der Karte ist dreiteilig.

I. Ein Komplex geringer Blindenhäufigkeit deckt fast die ganze westliche Hälfte Oberbayerns; von Garmisch und Tölz als schmaler Streifen ausgehend, erweitert sich die grüne Schraffierung gegen Norden, sie setzt sich fort zunächst nach Niederbayern und nimmt den westlichen Vorsprung dieses Kreises auf; dann geht sie in die Oberpfalz über, im Süden mäßig ausgebreitet, im nördlichen Teil aber beherrscht sie den ganzen Kreis. Von hier aus geht die grüne Farbe auf den Linien des Böhmerwaldes und des Bayerischen Waldes nach Südosten. Im Norden der Oberpfalz reiht sich ein fränkisches Gebiet mit gleicher Blindenhäufigkeit in Südwestrichtung an, unterbrochen durch das Bezirksamt Pegnitz. Dieser fränkische Komplex entsendet Ausläufer gegen Norden und Nordwesten.

II. Der ganze Westen wird durch die rote Farbe charakterisiert; sie umfaßt Blindenquoten, die eine stärkere Blindenhäufigkeit zum Ausdruck bringen. Die Basis im Süden bilden die Bezirksämter Sonthofen, Füssen, Schongau, Weilheim; gegen Norden schiebt sich ein Gebiet mit geringen Blindenquoten ein: die Bezirksämter Oberdorf und Kaufbeuren. Nun deckt die rote Farbe den ganzen Teil Nordschwabens, tritt in die Juragegenden ein und zieht sich, nur wenig unterbrochen, bis gegen Hof. — Der Westen Unterfrankens bildet ein geschlossenes Gebiet mit geringer Blindenhäufigkeit (Obernburg, Aschaffenburg, Lohr, Karlstadt, Hammelburg).

III. Ein bedeutender Komplex größerer Blindenhäufigkeit fällt im Südosten Bayerns auf. Er umfaßt das ganze Inngebiet und hat als Basis die Bezirksämter Miesbach, Rosenheim, Traunstein, Berchtesgaden; er nimmt die ganze Osthälfte Oberbayerns ein und entsendet nach Nordosten Ausläufer durch Niederbayern und nach Norden bis in die Oberpfalz.

IV. Der größte Teil der Pfalz fällt in das Gebiet der geringeren Erblindung. Nur die Südostspitze, der Nordwesten und ein kleines Gebiet im Norden haben Blindenquoten, die über dem Mittel des Landes stehen.

Die Statistik von 1871 bringt durch keine Karte die Verbreitung der Blindheit zur unmittelbaren Anschauung. Ein Kartenbild nach den damaligen Ergebnissen würde aber die gleichen Grundzüge ergeben, wie sie diesmal zutage treten. Das ist beachtenswert!

Wohl kann auch der Laie Betrachtungen anstellen, die über die Verbreitung der Blindheit einigen Aufschluß durch ursächliche Momente zu geben vermögen; doch endgültig entscheidet hier nur der Fachmann, der Arzt. — Zieht man den Altersaufbau der Bevölkerung zu Rate, so läßt sich damit für manche Bezirke mit hohen Blindenquoten eine Erklärung der Blindenziffer gewinnen. Verfolgen wir die Tabelle, die das Maximum und Minimum der Blindenhäufigkeit für die einzelnen Lebensjahrfünfte fixiert, so finden wir z. B. für die Gruppen 61. bis 100. Lebensjahr im Maximum ausschließlich die fränkischen Kreise, Oberbayern und Schwaben beteiligt, und damit hätte man eine Erklärung der starken Blindenquoten dieser Kreise: es ist der Anteil, den die starke Vertretung der hohen Altersklassen bewirkt. Daß die Krankenbewegung des Landes ihren Einfluß auf die Blindenziffer geltend macht, das beweist einigermaßen der zweite Teil der Statistik. Dort wird der Nachweis über Erblindungsursachen gegeben: Masern, Scharlach, Pocken, Hirnhautentzündungen haben Augen zerstört. — Für die Erblindung durch Verletzungen ist die berufliche Tätigkeit für das Verständnis der Blindenquoten heranzuziehen. Im Bezirksamt Bogen sind 32 Blinde gezählt. Unter den Erblindungsursachen ist angegeben: 8 Altersstar, 4 Hirnhautentzündung, 2 Scharlach, 1 Masern, 1 Influenza. Dann sind 9 Personen durch Verletzung erblindet. Für die Art der Verletzung sind die Erwerbsverhältnisse der Gegend von Bedeutung: hier wurden in den Steinbrüchen die meisten Augenverletzungen veranlaßt. Dieses letzte Beispiel deutet auf die Beziehungen hin, die zwischen Erblindung und Beruf herrschen. — Gewisse Gewerbe stellen eine besonders große Anzahl von Blinden. Dazu gehören die Steinarbeiter, die Bergleute, Schmiede, Schlosser, alle Metallarbeiter. Dann hat man nachgewiesen, daß eine anhaltende Beschäftigung mit dem Auge nahegerückten Gegenständen einen für die Gesundheit des Sehorgans nachteiligen Einfluß ausübt. Es stellt sich Kurzsichtigkeit ein, die sich oft zur Blindheit entwickelt.

Auf dieses wichtige Thema der Wechselbeziehungen zwischen Beruf und Erblindung kann aber diesmal leider nicht eingegangen werden, da das Material in dieser Hinsicht mangelhaft ist. Die Aufzeichnungen haben nur die effektiven Nahrungsquellen berücksichtigt, der Beruf vor der Erblindung blieb außer acht.

Zur Erklärung der Blindenziffer wurde auch die Bodenbeschaffenheit und Blindenhäufigkeit in Beziehung gebracht. Lachmann fand bei seinen Untersuchungen einen auffallenden Gegensatz in der Häufigkeit der Blinden und der Taubstummen in bezug auf Gebirge und Ebenen.

In den Erläuterungen zur Blindenstatistik von 1871 zieht Dr. Mayr bei den Betrachtungen, die er über die Verbreitung der Blindheit in Bayern anstellt, die Ethnographie zu Rate: „Der letzte Grund einer erhöhten Anlage zur Erblindung könnte wohl in vererbten anatomischen Verhältnissen des Sehapparates gesucht werden.“ Diese Vermutung drängt den Autor zu dem Versuch, die Blindenzahl in Beziehung zu bringen zu den Ergebnissen einer damals vor kurzem durchgeführten Erhebung über die Augenfarbe der Jugend. Da aber der Nachweis über die Augenfarbe der Blinden fehlte, so war der Vergleich unmöglich und ein sicheres Urteil konnte nicht gewonnen werden. Trotzdem aber macht Dr. Mayr, allerdings mit größter Reserve, den Ansatz zu folgender Hypothese: „Die erhöhte Disposition zur Erblindung in Südbayern scheint auf eine geringere Zähigkeit der braunen Augen hinzudeuten.“ Diese Hypothese wird in der Statistik mit einem gewissen Nachdruck wiederholt vorgebracht und der Erprobung durch die geographische Methode angelegentlichst empfohlen. Zur Aufklärung dieses Gegenstandes wurde die Hoffnung auf eine Sondererhebung gesetzt. Die Sondererhebung hätte sich demnach auch mit der Augenfarbe der Blinden zu befassen. Hierauf aber ging die jetzige Erhebung nicht ein, und das Für oder Wider kann durch das Gewicht der Zahl keine Stellung zur Hypothese nehmen. Doch schon durch die allgemeinen Schlüsse nach der Spezialgeographie der Erblindungsquoten von 1871 fand die Hypothese keine vollgültige Bestätigung: das Isargebiet und das Donaugebiet schienen mit der Hypothese übereinzustimmen; aber eine sehr starke Erschütterung bewirkten die hohen Erblindungsquoten im helläugigen Norden von Mittelfranken und Oberfranken und die geringe Blindenhäufigkeit in dem dunkeläugigeren Bayerischen Wald. Die größten Bedenken aber brachte die starke Blindenquote in dem helläugigen Südostwinkel des Landes. Nun aber zeigt ein Blick auf unsere Karte die ganz gleichen Einwände gegen die Hypothese und sie hätte demnach sicher auch dann keine Aussicht auf Befestigung, wenn wirklich Erhebungen in bezug auf die Augenfarbe in den Vergleich kommen würden.

Erläuternd zu jenen Ergebnissen fügt Mayr bei: „Die Helläugigkeit dieses Winkels (Südostwinkels) ist nicht wie jene des bayerischen Nordens mit Blondhaarigkeit, sondern mit Dunkelhaarigkeit verbunden, und auch insofern weicht sie von dem klassischen germanischen Typus ab, als sie vielmehr auf Grauäugigkeit als auf Blauäugigkeit beruht. Es wäre also immerhin möglich, daß im Südosten in Bayern ein ähnlicher Fall vorliegt, wie er im großen für den Nordosten des Deutschen Reiches nachgewiesen wurde, wo nämlich gleichfalls Helläugigkeit mit starker Erblindungsquote auftritt, wo aber auch nicht das „germanische" Auge, sondern das mit „sarmatoslavischen" Elementen gemischte helle Auge verbreitet ist."

Der Verfasser kann sich kein Urteil über dieses wissenschaftliche Thema erlauben, es ist für den Gelehrten bestimmt. Von den Schriften, die sich mit der bayerischen Blindenstatistik von 1871 befassen, hat nachgenanntes Werk die obige Hypothese ausgiebig behandelt.

Professor Dr. Magnus sagt in seinem Buche „Blindheit" hierüber folgendes:

„Dr. Mayr glaubt aus den eigentümlichen Verbreitungsbezirken der Blindheit in Bayern und Deutschland den Schluß ziehen zu können: daß das dunkelfarbige germanische Auge einer größeren Erblindungsgefahr ausgesetzt sei als das hellfarbige. Mit dieser Behauptung Mayrs ist eine Hypothese wieder ins Leben gerufen worden, die bereits in früheren Perioden unserer Wissenschaft von den beredtesten Vertretern derselben verteidigt worden war, aber allmählich wieder an Bedeutung verloren hatte. Besonders war es Beer („Lehre von den Augenkrankheiten", als Leitfaden zu seinen öffentlichen Vorlesungen entworfen, Wien 1817, Band 2, S. 442), der die Behauptung verfocht: daß unabhängig von ethnologischen Einflüssen das dunkle Auge unter allen Verhältnissen eine größere Neigung zur Amaurose besitze als wie das hellgefärbte. Numerisch schätzte er diese Neigung derartig, daß er meinte: auf 1 graues oder blaues amaurotisches Auge kämen immer 25—30 dunkle amaurotische. Übrigens dachte Beer durchaus nicht daran, mit dieser seiner Ansicht dem dunklen Auge eine größere Neigung zur Erblindung überhaupt zuerkennen zu wollen, vielmehr beschränkte er diese Neigung lediglich nur auf eine gewisse, der vorophthalmoskopischen Augenheilkunde eigentümliche Krankheitsform, nämlich den schwarzen Star. Beer definierte also, wenn ich so sagen darf, die von ihm dem dunklen Auge zugeteilte Erblindungsanlage pathologisch, und darin besteht der bedeutende Unterschied zwischen dem alten Gewand, in welchem die fragliche Hypothese in der früheren Augenheilkunde aufgetreten ist, und dem neuen Kleide, welches ihr Mayr umgetan hat" . . . — „Ich muß nun offen gestehen, daß mir die Hypothese Mayrs, wenigstens in ihrer allgemeinen Form, denn doch recht zweifelhaft erscheinen will. In erster Linie scheint es mir von meinem Standpunkt als Mediziner schon vollständig unerlaubt, einen so unbestimmten und vielgliedrigen Begriff, wie der der Erblindungsgefahr, ophthalmologisch betrachtet nun doch einmal ist, mit einer einzigen bestimmten Eigenschaft unseres Körpers in ursächliche Beziehungen setzen zu wollen. Der Begriff der Erblindung resp. der Erblindungsgefahr ist ja pathologisch nichts weniger als ein einheitlicher, homogener, vielmehr setzt er sich aus den verschiedensten pathologischen Bedingungen zusammen: Verletzungen des Auges, Erkrankungen seiner Schleimhäute, destruktive Prozesse der intrabulbären Teile, Erkrankungen gewisser Körperorgane, als Gehirn, Rückenmark, allgemeine dyskrasische Affektionen wie Syphilis, senile Veränderungen usw., sie alle repräsentieren Erblindungsgefahren." — ... „Es bedarf überhaupt gar keines besonderen Beweises dafür, daß eine große Menge von Erblindungsursachen mit der Farbe des Auges auch nicht in der allerentferntesten Beziehung stehen können. So sind die Erblindungen durch Verletzungen, Blennorrhöe, Trachom, Syphilis, akute Exantheme, Erkrankungen des Gehirns und Rückenmarks Prozesse, die erworben werden können, ganz gleich, ob das Auge dunkel oder hell ist. Ihnen gegenüber erweist sich also die Mayr'sche Hypothese von Haus aus als gänzlich verfehlt. Etwas günstiger liegen für die Mayr'sche Auffassung die Verhältnisse bei einzelnen anderen Erkrankungs- resp. Erblindungsformen; hier scheint es sogar, als ob die genannte Theorie in den ophthalmologischen Anschauungen selbst einen gewissen Rückhalt gewinnen könnte. So gilt dies besonders vom Glaukom; ist ja doch von einzelnen Augenärzten wiederholt die Meinung geltend gemacht worden, daß dunkelgefärbte Augen häufiger an Glaukom erkrankten als wie die hellen. Wenn also Mayr dem Glaukom gegenüber seine Hypothese aufrecht erhalten will, so werden wir sonderliche Gegengründe nicht vorzubringen haben, ja sogar zugestehen können, daß hier gewisse Beobachtungen für dieselbe zu sprechen scheinen. Soll also die Mayr'sche Theorie für einen Arzt überhaupt diskutierbar werden, so muß dieselbe vor allen Dingen eine pathologische Definition dessen geben, was sie unter Erblindungsgefahr verstanden wissen will."

Hiermit hat Magnus die Hypothese und ihre Berechtigung klargelegt.

Derartige Forschungen beanspruchen viel Zeit und wiederholten Vergleich, dann aber auch ein bedeutenderes Material als es hier zur Verfügung steht. Die Ergebnisse sind zwar für die Wissenschaft von Interesse, aber die Praxis wird davon wenig berührt. Hier stehen zunächst andere, drängendere Fragen im Vordergrund und die wichtigste bei einem Gebrechen wird wohl die sein: Kann geholfen werden? Was kann die Zukunft vermeiden? Und wenn die Statistik solche Fragen bejahen kann, dann hat sie etwas Tröstliches in sich, da sie auf segensreiche Aufgaben hinweisen kann, zu deren Lösung die Menschenfreunde freudig die Hand bieten werden.

Im Brennpunkt der Blindenfrage steht: Schutz und Hilfe! Blicken wir noch einmal zurück auf jene Kapitel dieses Teiles, die uns die Abnahme der Blindenquoten gezeigt haben, so gehen Freude und Hoffnung durch unser Inneres: Die Zukunft muß noch weniger Blinde haben! Daß das möglich sein kann, das soll der zweite Teil der Statistik einigermaßen beweisen.

Wo aber ist die Ursache für die bereits nachgewiesene Abnahme der Blindenziffer zu suchen? Ich glaube, man braucht nach dem ausschlaggebenden Grund nicht lange zu studieren: **Danken wir unseren Ärzten!**

Tabelle 28.

Ausscheidung der Blinden nach ihrem Lebensalter

Berechnung des Prozentsatzes

Von den Blinden standen am 1. Dezember 1900	Oberbay.			Niederb.			Pfalz			Oberpfalz			Oberfrkn.			Mittelfrkn.			Unterfrkn.			Schwaben			Königreich			Altersgruppen v. 5 Jahren	
	m.	w.	Sa.	m.	w.	Sa.	m.	w.	Sa.	m.	w.	Sa.	m.	w.	Sa.	m.	w.	Sa.	m.	w.	Sa.	m.	w.	Sa.	m.	w.	Sa.	Ges.-Zahl	Proz.-Anteil
im																													
1. Lebensj.	—	1	1	1	—	1	—	1	1	1	1	2	—	2	2	—	1	1	—	—	—	1	1	2	3	7	10		
2. „	2	2	4	2	—	2	2	—	2	—	—	—	1	—	1	—	3	3	1	—	1	1	—	1	9	5	14		
3. „	1	2	3	3	—	3	1	2	3	—	1	1	—	—	—	2	—	2	1	2	3	—	1	1	8	8	16		
4. „	2	1	3	2	—	2	—	1	1	—	—	—	1	—	1	2	—	2	2	—	2	3	—	3	12	2	14		
5. „	1	1	2	1	1	2	—	—	—	—	1	1	1	—	1	1	—	1	—	2	2	1	—	1	5	5	10	64	1,89
6. „	3	2	5	1	—	1	3	2	5	1	2	3	2	—	2	1	2	3	—	1	1	2	3	5	13	12	25		
7. „	3	3	6	—	5	5	2	4	6	—	1	1	2	—	2	1	—	1	3	1	4	2	2	4	13	16	29		
8. „	1	3	4	1	1	2	5	1	6	1	2	3	1	—	1	1	1	2	—	—	—	3	2	5	13	10	23		
9. „	5	3	8	1	—	1	1	1	2	—	2	2	2	—	2	3	3	6	1	1	2	6	2	8	19	12	31		
10. „	3	6	9	—	—	—	3	—	3	—	—	—	—	1	1	1	3	4	1	—	1	2	—	2	10	10	20	128	3,78
11. „	9	5	14	1	1	2	—	1	1	—	—	—	1	—	1	1	2	3	1	1	2	6	2	8	19	12	31		
12. „	1	2	3	—	—	—	—	—	—	—	1	1	1	1	2	2	2	4	1	—	1	2	—	2	7	6	13		
13. „	7	5	12	2	—	2	1	1	2	—	—	—	2	2	4	1	4	5	—	1	1	2	1	3	15	14	29		
14. „	7	2	9	1	2	3	—	1	1	1	—	1	1	—	1	5	1	6	2	1	3	4	1	5	21	8	29		
15. „	12	4	16	1	1	2	1	—	1	—	—	—	1	2	3	1	2	3	—	2	2	2	1	3	18	12	30	132	3,90
16. „	3	5	8	—	1	1	2	—	2	2	—	2	—	—	—	1	—	1	2	1	3	2	—	2	12	7	19		
17. „	1	1	2	—	—	—	—	—	—	—	—	—	2	—	2	1	—	1	1	—	1	5	2	7	10	3	13		
18. „	4	5	9	—	1	1	—	—	—	—	—	—	—	2	2	1	1	2	4	—	4	2	3	5	11	12	23		
19. „	7	6	13	2	—	2	—	2	2	1	—	1	—	—	—	2	1	3	—	1	1	4	1	5	16	11	27		
20. „	3	1	4	—	1	1	1	1	2	1	1	2	1	—	1	4	1	5	3	1	4	2	3	5	15	9	24	106	3,13
21. „	—	2	2	—	1	1	5	2	7	1	3	4	—	1	1	1	1	2	—	—	—	3	3	6	10	13	23		
22. „	4	1	5	1	—	1	3	2	5	—	—	—	—	1	1	2	1	3	2	—	2	3	1	4	15	6	21		
23. „	4	—	4	—	2	2	4	2	6	1	—	1	2	1	3	2	3	5	2	1	3	4	2	6	19	11	30		
24. „	2	1	3	—	—	—	3	2	5	2	—	2	1	1	2	5	1	6	3	1	4	4	–	4	20	6	26		
25. „	2	3	5	1	2	3	3	1	4	1	—	1	1	1	2	2	1	3	—	2	2	2	1	3	12	11	23	123	3,63
26. „	2	1	3	—	—	—	2	3	5	—	—	—	—	1	1	—	1	1	—	1	1	3	3	6	7	10	17		
27. „	—	2	2	2	—	2	2	2	4	2	—	2	2	1	3	1	—	1	5	—	5	1	1	2	15	6	21		
28. „	—	4	4	1	1	2	1	1	2	—	1	1	2	—	2	1	—	1	1	4	5	2	—	2	8	11	19		
29. „	1	1	2	1	—	1	5	—	5	2	—	2	—	1	1	2	—	2	3	1	4	3	–	3	17	3	20		
30. „	4	2	6	1	–	1	4	2	6	—	—	—	2	1	3	—	4	4	—	2	2	2	2	4	13	13	26	103	3,04
31. „	3	2	5	2	1	3	1	2	3	1	1	2	2	—	2	3	3	6	—	1	1	2	2	4	14	12	26		
32. „	1	—	1	3	—	3	4	3	7	2	1	3	3	2	5	1	3	4	1	2	3	4	5	9	19	16	35		
33. „	1	1	2	1	—	1	2	2	4	—	2	2	1	—	1	2	2	4	2	1	3	6	7	13	15	15	30		
34. „	3	1	4	—	2	2	—	2	2	3	—	3	1	—	1	2	1	3	2	4	6	1	1	2	12	11	23		
35. „	2	4	6	3	1	4	2	1	3	1	3	4	1	1	2	1	1	2	—	1	1	3	2	5	13	14	27	141	4,17
36. „	4	7	11	1	—	1	4	–	4	—	1	1	—	1	1	1	3	4	3	1	4	4	1	5	17	14	31		
37. „	4	3	7	4	1	5	1	1	2	1	1	2	—	2	2	2	2	4	3	1	4	—	4	4	15	15	30		
38. „	1	1	2	1	2	3	1	—	1	1	1	2	1	2	3	2	1	3	4	—	4	2	1	3	13	8	21		
39. „	1	—	1	1	1	2	5	—	5	1	2	3	2	2	4	1	6	7	5	2	7	4	3	7	20	16	36		
40. „	3	3	6	3	—	3	1	2	3	—	1	1	1	2	3	2	1	3	1	1	2	1	2	3	12	12	24	142	4,20
41. „	2	2	4	3	1	4	2	2	4	3	1	4	1	—	1	—	—	—	3	2	5	10	3	13	24	11	35		
42. „	3	1	4	2	—	2	3	1	4	1	—	1	3	—	3	4	1	5	2	4	6	1	2	3	19	9	28		
43. „	5	1	6	1	—	1	3	2	5	—	1	1	—	—	—	3	—	3	1	1	2	—	2	2	13	7	20		
44. „	1	4	5	—	1	1	2	—	2	—	—	—	2	3	5	—	1	1	1	4	5	3	5	8	9	18	27		
45. „	5	2	7	2	1	3	4	1	5	—	3	3	1	1	2	1	1	2	4	2	6	2	2	4	19	13	32	142	4,20
46. „	5	2	7	2	2	4	1	2	3	1	2	3	3	—	3	—	3	3	1	1	2	2	3	5	15	15	30		
47. „	5	5	10	4	1	5	—	2	2	5	1	6	—	1	1	—	2	2	3	2	5	4	3	7	21	17	38		
48. „	4	3	7	2	2	4	6	1	7	1	—	1	3	1	4	3	1	4	2	—	2	4	4	8	25	12	37		
49. „	6	3	9	1	2	3	2	2	4	1	—	1	3	2	5	1	2	3	4	1	5	4	2	6	22	14	36		
50. „	3	3	6	7	1	8	1	2	3	2	4	6	3	2	5	6	2	8	6	3	9	3	1	4	31	18	49	190	5,61

Haupttabelle A.

am 1. Dezember 1900 und nach Altersgruppen von 5 Jahren.

der einzelnen Altersgruppen.

Von den Blinden standen am 1. Dezember 1900	Oberbay.			Niederb.			Pfalz			Oberpfalz			Oberfrkn.			Mittelfrkn.			Unterfrkn.			Schwaben			Königreich			Altersgruppen v. 5 Jahren	
	m.	w.	Sa.	m.	w.	Sa.	m.	w.	Sa.	m.	w.	Sa.	m.	w.	Sa.	m	w.	Sa	m.	w.	Sa.	m.	w.	Sa.	m.	w.	Sa.	Ges.-Zahl	Proz.-Anteil
im 51. Lebensj.	—	4	4	1	1	2	3	2	5	1	1	2	2	—	2	2	2	4	3	2	5	4	2	6	16	14	30		
52. "	3	1	4	2	1	3	7	1	8	1	1	2	3	—	3	2	1	3	3	1	4	—	1	1	21	7	28		
53. "	1	3	4	2	2	4	4	2	6	1	2	3	2	2	4	2	2	4	5	—	5	2	—	2	19	13	32		
54. "	3	4	7	—	2	2	4	2	6	—	2	2	—	2	2	3	3	6	4	—	4	4	1	5	18	16	34		
55. "	4	3	7	2	1	3	3	—	3	2	1	3	3	—	3	4	3	7	4	—	4	1	4	5	23	12	35	159	4,70
56. "	2	3	5	5	—	5	5	2	7	4	1	5	5	1	6	2	1	3	1	6	7	2	1	3	26	15	41		
57. "	2	2	4	2	1	3	8	4	12	3	4	7	6	3	9	5	2	7	1	1	2	3	3	6	30	20	50		
58. "	6	2	8	3	—	3	1	4	5	1	2	3	1	—	1	8	3	11	2	1	3	5	2	7	27	14	41		
59. "	2	1	3	1	1	2	2	6	8	1	5	6	3	7	10	4	8	12	2	4	6	3	11	14	18	43	61		
60. "	2	4	6	3	4	7	1	1	2	1	—	1	5	—	5	2	2	4	9	1	10	3	2	5	26	14	40	233	6,89
61. "	1	9	10	2	2	4	2	3	5	5	2	7	2	5	7	3	5	8	2	5	7	2	1	3	19	32	51		
62. "	5	6	11	6	—	6	3	2	5	2	4	6	3	1	4	1	2	3	2	1	3	6	5	11	28	21	49		
63. "	6	6	12	4	5	9	4	4	8	4	4	8	5	3	8	6	4	10	5	6	11	1	5	6	35	37	72		
64. "	6	3	9	5	2	7	7	4	11	4	2	6	5	2	7	2	—	2	3	4	7	4	8	12	36	25	61		
65. "	4	8	12	3	1	4	3	4	7	—	3	3	6	2	8	—	6	6	1	6	7	3	2	5	20	32	52	285	8,42
66. "	6	3	9	3	2	5	3	4	7	5	1	6	3	6	9	5	–	5	5	5	10	2	3	5	32	24	56		
67. "	3	4	7	11	3	14	5	7	12	6	2	8	5	1	6	6	2	8	2	8	10	6	3	9	44	30	74		
68. "	3	6	9	2	2	4	4	–	4	1	2	3	3	1	4	5	6	11	1	2	3	2	4	6	21	23	44		
69. "	5	6	11	4	4	8	3	3	6	5	2	7	4	—	4	4	7	11	4	4	8	2	5	7	31	31	62		
70. "	8	8	16	4	4	8	3	1	4	—	—	—	4	—	4	4	4	8	2	2	4	4	3	7	29	22	51	287	8,48
71. "	5	4	9	4	5	9	2	3	5	2	3	5	5	7	12	4	6	10	1	6	7	3	5	8	26	39	65		
72. "	7	11	18	5	5	10	3	1	4	2	2	4	1	2	3	3	5	8	—	2	2	5	4	9	26	32	58		
73. "	7	10	17	2	5	7	–	4	4	5	1	6	5	1	6	8	4	12	4	2	6	9	2	11	40	29	69		
74. "	6	13	19	2	3	5	—	3	3	5	1	6	5	4	9	6	5	11	4	2	6	3	4	7	31	35	66		
75. "	5	14	19	6	4	10	6	3	9	5	1	6	3	3	6	4	7	11	2	2	4	3	3	6	34	37	71	329	9,72
76. "	6	11	17	3	10	13	1	4	5	2	4	6	5	6	11	2	3	5	3	3	6	4	4	8	26	45	71		
77. "	10	14	24	2	6	8	5	6	11	1	4	5	1	4	5	4	6	10	2	1	3	2	8	10	27	49	76		
78. "	6	8	14	4	7	11	2	3	5	6	5	11	2	3	5	4	4	8	8	8	16	1	7	8	33	45	78		
79. "	7	9	16	3	4	7	2	1	3	4	10	14	3	1	4	2	9	11	1	7	8	12	6	18	34	47	81		
80. "	14	13	27	10	7	17	2	1	3	3	4	7	3	4	7	2	3	5	5	6	11	3	6	9	42	44	86	392	11,58
81. "	5	9	14	5	7	12	—	1	1	2	7	9	3	10	13	5	3	8	2	5	7	3	6	9	25	48	73		
82. "	6	10	16	4	8	12	4	4	8	4	5	9	3	2	5	4	6	10	2	3	5	1	8	9	28	46	74		
83. "	3	10	13	3	7	10	1	4	5	2	4	6	3	3	6	1	1	2	3	4	7	1	2	3	17	35	52		
84. "	4	8	12	3	4	7	-	3	3	2	4	6	1	2	3	1	4	5	1	3	4	3	1	4	15	29	44		
85. "	9	7	16	3	5	8	—	–	—	3	2	5	2	4	6	2	4	6	1	1	2	6	3	9	26	26	52	295	8,72
86. "	1	5	6	1	2	3	2	2	4	2	1	3	2	1	3	—	3	3	2	—	2	2	2	4	12	16	28		
87. "	—	2	2	1	2	3	1	2	3	2	1	3	—	1	1	4	3	7	2	1	3	2	1	3	12	13	25		
88. "	—	4	4	—	2	2	—	3	3	—	2	2	–	1	1	1	—	1	2	—	2	1	1	2	4	13	17		
89. "	3	2	5	—	1	1	—	—	—	2	—	2	—	1	1	—	1	1	1	1	2	2	1	3	8	7	15		
90. "	—	1	1	2	1	3	—	—	—	—	1	1	1	1	2	—	1	1	—	1	1	3	1	4	6	7	13	98	2,90
91. "	1	1	2	1	1	2	—	2	2	—	—	—	1	1	2	—	2	2	—	—	—	—	—	—	3	7	10		
92. "	—	—	—	1	1	2	—	3	3	—	—	—	—	—	—	—	—	—	—	1	1	—	3	3	1	8	9		
93. "	—	1	1	—	—	—	—	—	—	—	1	1	—	2	2	—	1	1	—	—	—	1	—	1	1	5	6		
94. "	—	2	2	—	—	—	—	—	—	—	1	1	—	—	—	—	1	1	—	—	—	—	—	—	—	4	4		
95. "	—	1	1	—	—	—	—	—	—	—	1	1	—	—	—	—	—	—	—	—	—	—	—	—	—	2	2	31	0,92
96. "	—	—	—	—	—	—	—	—	—	—	—	—	—	—	—	—	—	—	—	—	—	—	—	—	—	—	—		
97. "	—	1	1	—	1	1	—	—	—	—	—	—	—	—	—	—	—	—	—	—	—	—	—	—	—	2	2		
98. "	—	1	1	—	—	—	—	—	—	—	—	—	—	—	—	—	—	—	—	—	—	—	—	—	—	1	1	3	0,09
Das Lebensalter war nicht mehr zu ermitteln	—	—	—	—	—	—	—	—	—	—	—	—	—	—	—	—	—	—	—	—	—	1	—	1	1	—	1	1	0,03
																												3384	100

Tabelle 29.

Ausscheidung der Blinden nach dem Lebensalter,

Vortrag	Oberbay.			Niederb.			Pfalz			Oberpfalz			Oberfrkn.			Mittelfrkn.			Unterfrkn.			Schwaben			Königreich			Altersgruppen v. 5 Jahren	
	m.	w.	Sa.	m.	w.	Sa.	m.	w.	Sa.	m.	w.	Sa.	m.	w.	Sa.	m.	w.	Sa.	m.	w.	Sa.	m.	w.	Sa.	m.	w.	Sa.	Ges.-Zahl	Proz.-Anteil
Blindgeb.	22	22	44	10	7	17	23	14	37	7	9	16	13	10	23	22	20	42	18	14	32	34	14	48	149	110	259		
Erbl. sind im																												259	7,65
1. Lebensj.	46	38	84	17	7	24	12	15	27	6	7	13	16	9	25	24	32	56	14	17	31	39	33	72	174	158	332		
2. "	8	9	17	—	—	—	5	6	11	—	3	3	5	1	6	4	4	8	3	6	9	3	5	8	28	34	62		
3. "	6	1	7	3	3	6	3	3	6	6	2	8	3	—	3	2	—	2	3	4	7	7	4	11	33	17	50		
4. "	5	5	10	2	—	2	8	2	10	1	—	1	3	2	5	4	4	8	1	4	5	2	3	5	26	20	46		
5. "	7	4	11	2	4	6	1	2	3	1	1	2	2	3	5	3	—	3	3	—	3	2	1	3	21	15	36	526	15,54
6. "	5	1	6	2	1	3	3	1	4	2	1	3	3	—	3	2	1	3	1	1	2	3	—	3	21	6	27		
7. "	4	2	6	1	1	2	2	1	3	—	1	1	3	—	3	1	1	2	—	1	1	2	2	4	13	9	22		
8. "	4	2	6	3	1	4	6	3	9	1	—	1	1	1	2	2	—	2	3	1	4	1	2	3	21	10	31		
9. "	2	2	4	2	—	2	1	2	3	1	—	1	1	5	6	—	1	1	3	2	5	1	2	3	11	14	25		
10. "	4	2	6	1	2	3	—	4	4	—	2	2	2	—	2	2	—	2	6	1	7	—	1	1	15	12	27	132	3,90
11. "	2	—	2	—	—	—	2	1	3	1	1	2	—	—	—	—	—	—	3	1	4	2	—	2	10	3	13		
12. "	1	1	2	—	3	3	2	1	3	3	1	4	1	1	2	—	—	—	1	1	2	4	1	5	12	9	21		
13. "	2	1	3	—	—	—	4	—	4	1	1	2	1	2	3	1	—	1	3	1	4	—	1	1	12	6	18		
14. "	2	3	5	1	—	1	4	—	4	—	—	—	—	1	1	—	—	—	2	1	3	1	3	4	10	8	18		
15. "	—	—	—	1	—	1	—	1	1	—	—	—	1	1	2	1	1	2	—	—	—	2	—	2	5	3	8	78	2,31
16. "	—	3	3	—	1	1	2	1	3	1	—	1	—	—	—	1	2	3	2	—	2	4	2	6	10	9	19		
17. "	—	—	—	2	2	4	6	—	6	2	1	3	1	1	2	4	—	4	1	—	1	1	2	3	17	6	23		
18. "	2	1	3	3	1	4	3	2	5	2	1	3	1	1	2	–	2	2	2	1	3	1	5	6	14	14	28		
19. "	1	2	3	2	—	2	1	—	1	—	2	2	—	—	—	—	—	—	—	—	—	1	—	1	5	4	9		
20. "	1	2	3	—	3	3	—	1	1	1	—	1	4	1	5	—	1	1	2	1	3	2	4	6	10	13	23	102	3,01
21. "	1	2	3	1	—	1	—	2	2	1	—	1	1	—	1	—	1	1	2	-	2	2	1	3	8	6	14		
22. "	—	—	—	1	1	2	1	1	2	2	1	3	3	1	4	1	—	1	3	1	4	3	—	3	14	5	19		
23. "	—	—	—	1	—	1	—	2	2	1	2	3	2	—	2	1	–	1	1	2	3	2	1	3	8	7	15		
24. "	2	1	3	1	3	4	2	—	2	1	2	3	1	—	1	—	1	1	1	2	3	1	1	2	9	10	19		
25. "	2	1	3	—	—	—	3	1	4	1	1	2	1	2	3	1	3	4	2	2	4	2	2	4	12	12	24	91	2,69
26. "	—	1	1	1	2	3	—	2	2	—	1	1	1	—	1	—	—	—	3	1	4	2	2	4	7	9	16		
27. "	1	2	3	1	1	2	—	1	1	—	1	1	2	—	2	2	—	2	1	–	1	1	1	2	8	6	14		
28. "	1	—	1	2	—	2	2	—	2	—	1	1	2	—	2	—	5	5	—	1	1	1	1	2	8	8	16		
29. "	—	1	1	1	—	1	2	—	2	1	2	3	1	—	1	1	—	1	—	1	1	3	—	3	9	4	13		
30. "	3	—	3	3	2	5	3	3	6	4	2	6	2	—	2	7	1	8	1	4	5	2	2	4	25	14	39	98	2,90
31. "	—	1	1	1	—	1	2	—	2	2	1	3	—	1	1	1	—	1	1	1	2	—	4	4	7	8	15	*)	
32. "	—	3	3	1	1	2	3	1	4	1	2	3	1	—	1	1	—	1	3	1	4	1	2	3	11	10	21	98	
33. "	1	-	1	—	—	—	5	4	9	2	—	2	1	2	3	2	1	3	1	2	3	2	—	2	14	9	23	+	
34. "	2	3	5	2	—	2	1	1	2	1	—	1	1	1	2	1	1	2	1	—	1	2	1	3	11	7	18	5	
35. "	3	2	5	1	2	3	4	1	5	2	1	3	—	1	1	1	—	1	1	—	1	1	1	2	13	8	21	103	3,04
36. "	1	2	3	4	1	5	1	2	3	–	1	1	2	1	3	—	—	—	3	1	4	3	2	5	14	10	24	*)	
37. "	2	3	5	1	—	1	1	1	2	–	2	2	2	—	2	–	2	2	—	4	4	2	—	2	8	12	20	141	
38. "	1	2	3	5	—	5	3	2	5	2	—	2	1	1	2	3	1	4	6	1	7	–	1	1	21	8	29	+	
39. "	3	1	4	—	1	1	1	1	2	1	—	1	1	2	3	1	2	3	2	1	3	3	—	3	12	8	20	7	
40. "	7	5	12	6	—	6	9	3	12	1	—	1	3	—	3	3	4	7	2	2	4	1	2	3	32	16	48	148	4.37
41. "	1	2	3	—	3	3	2	1	3	—	1	1	—	—	—	—	—	—	3	1	4	3	—	3	9	8	17	*)	
42. "	1	5	6	2	1	3	2	1	3	2	—	2	—	—	—	1	1	2	3	–	3	2	4	6	13	12	25	122	
43. "	3	—	3	1	—	1	—	1	1	1	1	2	1	—	1	—	1	1	4	—	4	2	2	4	12	5	17	+	
44. "	3	8	11	1	1	2	5	1	6	—	—	—	3	1	4	1	1	2	—	—	—	1	1	2	14	13	27	8	
45. "	1	5	6	2	1	3	3	4	7	1	1	2	3	—	3	2	5	7	1	1	2	3	3	6	16	20	36	130	3.84
46. "	1	2	3	1	1	2	2	—	2	2	3	5	3	1	4	—	4	4	—	2	2	—	2	2	9	15	24	*)	
47. "	3	3	6	1	3	4	2	1	3	1	2	3	3	—	3	4	1	5	—	—	—	2	2	4	16	12	28	162	
48. "	1	2	3	1	1	2	2	1	3	2	—	2	2	3	5	3	4	7	1	2	3	3	3	6	15	16	31	+	
49. "	6	4	10	1	2	3	3	—	3	2	3	5	1	1	2	1	—	1	3	2	5	2	2	4	19	14	33	15	
50. "	1	6	7	4	1	5	3	1	4	3	1	4	4	2	6	2	5	7	2	4	6	3	4	7	22	24	46	177	5.23

*) Siehe Anmerkung auf Seite 49.

Haupttabelle B.
in welchem die Erblindung entstanden ist.

Vortrag	Oberbay.			Niederbay.			Pfalz			Oberpfalz			Oberfrkn.			Mittelfrkn.			Unterfrkn.			Schwaben			Königreich			Altersgruppen v. 5 Jahren	
	m.	w.	Sa.	m.	w.	Sa.	m.	w.	Sa.	m.	w.	Sa.	m.	w.	Sa.	m.	w.	Sa.	m.	w.	Sa.	m.	w.	Sa.	m.	w.	Sa.	Ges.-Zahl	Proz.-Anteil
51. Lebensj.	—	3	3	2	1	3	—	—	—	1	1	2	—	3	3	5	2	7	2	—	2	3	—	3	13	10	23	*)	
52. "	7	3	10	2	1	3	—	1	1	—	4	4	2	2	4	4	2	6	3	2	5	1	—	1	19	15	34	*138*	
53. "	—	3	3	1	3	4	1	5	6	—	1	1	1	2	3	3	1	4	2	—	2	2	2	4	10	17	27	+	
54. "	3	1	4	—	1	1	—	—	—	1	1	2	1	—	1	2	—	2	1	3	4	1	5	6	9	11	20	*17*	
55. "	1	4	5	4	1	5	—	4	4	2	2	4	—	3	3	3	1	4	—	1	1	4	4	8	14	20	34	155	4,58
56. "	6	1	7	3	2	5	4	5	9	2	3	5	4	—	4	2	4	6	5	1	6	1	6	7	27	22	49	*)	
57. "	1	7	8	4	—	4	—	2	2	1	2	3	—	6	6	—	2	2	1	3	4	3	2	5	10	24	34	*207*	
58. "	3	3	6	1	3	4	1	—	1	1	—	1	1	1	2	—	5	5	3	2	5	6	1	7	16	15	31	+	
59. "	1	6	7	4	1	5	2	—	2	3	2	5	3	2	5	—	2	2	1	2	3	3	2	5	17	17	34	*15*	
60. "	6	6	12	6	7	13	2	3	5	3	4	7	4	3	7	2	3	5	1	4	5	3	2	5	27	32	59	222	6,56
61. "	1	4	5	1	—	1	2	2	4	5	2	7	4	1	5	4	2	6	3	1	4	3	1	4	23	13	36	*)	
62. "	5	3	8	3	2	5	6	3	9	2	1	3	2	2	4	3	2	5	3	1	4	6	3	9	30	17	47	*217*	
63. "	6	4	10	1	—	1	1	4	5	—	—	—	4	1	5	3	1	4	1	2	3	5	6	11	21	18	39	+	
64. "	7	6	13	3	4	7	1	1	2	3	—	3	4	2	6	3	2	5	4	3	7	2	2	4	27	20	47	*33*	
65. "	5	8	13	3	2	5	4	2	6	3	3	6	2	4	6	3	3	6	1	2	3	1	2	3	22	26	48	250	7,39
66. "	6	2	8	4	2	6	4	—	4	1	3	4	2	3	5	3	2	5	2	1	3	2	2	4	24	15	39	*)	
67. "	2	4	6	5	3	8	1	3	4	1	2	3	5	4	9	4	1	5	1	3	4	3	5	8	22	25	47	*273*	
68. "	10	6	16	3	4	7	1	4	5	2	2	4	—	1	1	3	6	9	2	6	8	3	4	7	24	33	57	+	
69. "	4	4	8	3	4	7	—	1	1	1	2	3	2	2	4	3	3	6	3	5	8	—	1	1	16	22	38	*37*	
70. "	11	11	22	5	7	12	2	5	7	3	9	12	1	4	5	4	6	10	3	7	10	5	9	14	34	58	92	310	9,16
71. "	3	10	13	—	5	5	3	3	6	2	—	2	4	1	5	3	3	6	3	1	4	4	1	5	22	24	46	*)	
72. "	2	7	9	3	6	9	1	3	4	3	2	5	3	4	7	1	2	3	4	1	5	3	1	4	20	26	46	*241*	
73. "	2	7	9	2	5	7	1	1	2	4	5	9	1	1	2	2	3	5	1	2	3	1	3	4	14	27	41	+	
74. "	5	9	14	3	5	8	2	2	4	3	4	7	1	1	2	2	6	8	3	3	6	3	3	6	22	33	55	*23*	
75. "	4	7	11	2	6	8	—	1	1	2	4	6	3	3	6	1	7	8	3	1	4	1	8	9	16	37	53	264	7,80
76. "	3	5	8	4	4	8	2	2	4	2	1	3	1	—	1	3	4	7	—	2	2	4	4	8	19	22	41	*)	
77. "	7	5	12	3	1	4	—	—	—	2	3	5	2	1	3	—	2	2	3	2	5	2	5	7	19	19	38	*206*	
78. "	2	12	14	4	4	8	1	4	5	2	6	8	2	4	6	5	1	6	2	2	4	3	3	6	21	36	57	+	
79. "	5	4	9	1	2	3	—	—	—	1	4	5	2	3	5	2	1	3	—	2	2	2	3	5	13	19	32	*20*	
80. "	3	4	7	2	4	6	—	2	2	—	2	2	2	3	5	1	5	6	1	4	5	1	4	5	10	28	38	226	6,68
81. "	—	4	4	—	3	3	—	1	1	—	1	1	1	1	2	—	1	1	—	1	1	1	—	1	2	12	14	*)	
82. "	1	5	6	2	1	3	—	2	2	2	1	3	2	—	2	—	—	—	—	1	1	2	—	2	9	10	19	*61*	
83. "	1	1	2	2	2	4	—	—	—	—	—	—	—	—	—	—	—	—	—	—	—	1	—	1	4	3	7	+	
84. "	1	3	4	—	—	—	—	1	1	—	—	—	—	1	1	—	—	—	2	—	2	1	3	4	4	8	12	*10*	
85. "	—	—	—	—	2	2	—	1	1	1	—	1	—	—	—	1	1	2	1	—	1	1	1	2	4	5	9	71	2,10
86. "	—	—	—	—	1	1	—	—	—	—	—	—	—	1	1	—	1	1	—	—	—	3	—	3	3	3	6	*)	
87. "	1	2	3	1	1	2	—	—	—	1	—	1	—	—	—	—	—	—	—	1	1	—	1	1	3	5	8	*25*	
88. "	—	1	1	—	—	—	—	1	1	—	1	1	—	—	—	—	1	1	1	—	1	—	—	—	1	4	5	+	
89. "	1	1	2	1	—	1	—	—	—	—	—	—	—	—	—	—	1	1	—	—	—	—	—	—	2	2	4	*10*	
90. "	—	—	—	—	—	—	—	—	—	—	—	—	—	2	2	—	—	—	—	—	—	—	—	—	—	2	2	35	1,04
91. "	—	—	—	—	—	—	—	—	—	—	—	—	—	—	—	—	—	—	—	—	—	—	—	—	—	—	—	*)	
92. "	—	—	—	—	—	—	—	—	—	—	—	—	—	—	—	—	—	—	—	—	—	—	—	—	—	—	—	*2*	
93. "	—	—	—	—	—	—	—	—	—	—	—	—	—	—	—	—	1	1	—	—	—	—	—	—	—	1	1	+	
94. "	—	1	1	—	—	—	—	—	—	—	—	—	—	—	—	—	—	—	—	—	—	—	—	—	—	1	1	*5*	
95—100.	—	—	—	—	—	—	—	—	—	—	—	—	—	—	—	—	—	—	—	—	—	—	—	—	—	—	—	7	0,21
Das Lebensjahr, in dem die Erbl. eintrat, ist nicht angegeben.	32	38	70	12	11	23	8	4	12	9	4	13	4	10	14	21	17	38	6	11	17	12	6	18	104	101	205		

Vom 35. Lebensjahr ab können die 205 Fälle verteilt werden, bei denen eine genaue Angabe fehlt; die allgemeinen Angaben hierüber berechtigen zu dieser Einreihung. (Vgl. S. 31.)

Tabelle 30.

Zahl der Blinden nach

I. Oberbayern.

Unmittelbare Städte Bezirksämter	Im ganzen	Ortsanwesende Blinde																					Dem Geburtsort sind zugeteilt die in Anstalten oder Asylen untergebracht. Blinden			Auf 10 000 Bewohner der Gesamtbevölkerung treffen Blinde
		nach dem Geschlecht		nach dem Familienstand								nach dem Lebensalter								nach der Staatsangehörigkeit						
				ledig		verheiratet		verwitwet		geschied.		1—6		7—12		13—15		über 15 Jahre								
		m.	w.	m.	w.	m.	w.	m.	w.	m.	w.	m.	w.	m.	w.	m.	w.	m.	w.	Bayern	übrige Reichsangeh.	Ausländer	m.	w.	i. g.	
Unmitt. Städte:																										
Freising	1	1	—	—	—	—	—	1	—	—	—	—	—	—	—	—	—	1	—	1	—	—	1	—	1	0,99
Ingolstadt	10	5	5	2	1	—	3	3	1	—	—	—	—	1	—	—	—	4	5	10	—	—	5	5	10	4,54
Landsberg	6	—	6	—	1	—	—	—	5	—	—	—	—	—	—	—	—	—	6	6	—	—	—	5	5	8,37
München	264	120	144	80	90	20	19	20	33	—	2	2	4	18	18	25	11	75	111	251	3	10	66	92	158	3,16
Rosenheim	6	2	4	—	1	2	—	—	3	—	—	—	—	—	—	—	—	2	4	6	—	—	3	4	7	4,91
Traunstein	5	4	1	2	—	2	—	—	1	—	—	—	—	—	—	—	—	4	1	5	—	—	4	1	5	7,30
Unmitt. Städte Sa.	292	132	160	84	93	24	22	24	43	—	2	2	4	19	18	25	11	86	127	279	3	10	79	107	186	3,33
Bezirksämter:																										
Aibling	21	11	10	1	5	8	2	2	3	—	—	—	—	—	—	—	—	11	10	20	—	1	11	10	21	9,57
Aichach	9	7	2	4	—	3	1	—	1	—	—	1	—	—	—	—	—	6	2	9	—	-	10	2	12	4,46
Altötting	23	10	13	6	4	1	4	3	5	—	—	2	—	—	—	—	—	8	13	22	—	1	10	15	25	7,32
Berchtesgaden	14	10	4	8	3	2	1	—	—	—	—	—	2	—	—	—	—	10	2	12	2	—	12	5	17	8,15
Bruck	11	5	6	1	1	2	5	2	—	—	—	—	—	1	—	—	—	4	6	11	—	—	5	9	14	5,59
Dachau	9	4	5	2	4	1	—	1	1	—	—	—	—	—	—	—	—	4	5	9	—	—	2	8	10	3,85
Ebersberg	13	5	8	3	2	2	—	—	6	—	—	—	—	—	—	—	—	5	8	13	—	—	5	8	13	5,14
Erding	28	15	13	6	4	7	3	2	6	—	—	—	—	1	—	—	—	14	13	28	—	—	17	13	30	7,30
Freising	15	9	6	4	3	5	3	—	—	—	—	1	—	—	—	—	—	8	6	15	—	—	9	10	19	5,61
Friedberg	12	3	9	—	2	2	2	1	5	—	—	—	—	—	1	—	—	3	8	12	—	—	5	11	16	4,91
Garmisch	2	1	1	—	—	1	—	—	—	—	1	—	—	—	—	—	—	1	1	2	—	—	1	1	2	1,53
Ingolstadt	10	3	7	—	1	—	3	3	3	—	—	—	—	—	—	—	—	3	7	10	—	—	4	7	11	4,54
Landsberg	14	7	7	—	3	3	2	4	2	—	—	—	—	—	—	—	—	7	7	14	—	—	8	8	16	6,59
Laufen	22	6	16	3	3	2	7	1	6	—	—	—	—	—	—	—	—	6	16	22	—	—	6	17	23	7,21
Miesbach	28	14	14	4	11	9	—	1	3	—	—	—	1	—	1	—	—	14	12	27	—	1	15	16	31	9,39
Mühldorf	29	19	10	4	3	9	2	6	5	—	—	—	—	1	1	—	—	18	9	29	—	—	18	10	28	7,61
München I	15	8	7	4	2	3	1	1	4	—	—	1	—	—	—	—	—	7	7	15	—	—	9	8	17	4,01
München II	12	3	9	2	2	1	3	—	4	—	—	1	—	—	—	—	—	2	9	12	—	-	6	9	15	4,35
Pfaffenhofen	11	6	5	1	3	4	1	1	1	—	—	—	1	—	—	—	—	6	4	11	—	—	8	6	14	4,04
Rosenheim	26	11	15	4	3	6	5	1	7	—	—	—	—	—	—	—	—	11	15	26	—	—	14	15	29	7,60
Schongau	13	8	5	3	2	2	—	3	3	—	—	—	—	—	1	—	—	8	4	13	—	—	10	6	16	7,99
Schrobenhausen	4	1	3	1	1	—	—	—	2	—	—	—	—	—	—	—	—	1	3	4	—	—	3	4	7	3,52
Tölz	4	—	4	—	1	—	—	—	3	—	—	—	—	—	—	—	—	—	4	4	—	—	—	6	6	3,67
Traunstein	28	12	16	7	7	4	3	1	6	—	—	—	—	—	—	1	—	11	16	27	—	1	12	17	29	7,07
Wasserburg	29	14	15	6	7	6	2	2	6	—	—	—	1	—	—	—	—	14	14	29	—	—	11	16	27	7,47
Weilheim	22	9	13	4	4	5	3	—	6	—	—	1	—	—	—	—	—	8	13	21	1	—	10	13	23	7,58
Bezirksämter Sa.	424	201	223	78	81	88	53	35	88	—	1	7	5	3	4	1	—	190	214	417	3	4	221	250	471	6,16
Oberbayern Sa.	716	333	383	162	174	112	75	59	131	—	3	9	9	22	22	26	11	276	341	696	6	14	300	357	657	4,96

Haupttabelle C.
einzelnen Verwaltungsbezirken.

II. Niederbayern.

Unmittelbare Städte Bezirksämter	Im ganzen	Ortsanwesende Blinde: nach dem Geschlecht m.	w.	nach dem Familienstand: ledig m.	w.	verheirat. m.	w.	verwitwet m.	w.	geschied. m.	w.	nach dem Lebensalter: 1—6 m.	w.	7—12 m.	w.	13—15 m	w.	über 15 Jahre m.	w.	nach der Staatsangehörigkeit: Bayern	übrige Reichsangeh	Ausländer	Dem Geburtsort sind zugeteilt die in Anstalten oder Asylen untergebrachten Blinden: m.	w.	i. g.	Auf 10000 Bewohner der Gesamtbevölkerung treffen Blinde
Unmitt. Städte:																										
Deggendorf	7	3	4	—	1	3	1	—	2	—	—	—	—	—	—	—	—	3	4	6	—	1	3	3	6	8,81
Landshut	11	3	8	3	3	—	1	—	4	—	—	—	—	—	—	—	—	3	8	11	—	—	4	8	12	5,52
Passau	11	6	5	2	2	3	1	1	2	—	—	—	—	—	—	—	—	6	5	11	—	—	5	5	10	5,55
Straubing	10	5	5	2	2	3	1	—	2	—	—	—	—	—	—	—	—	5	5	10	—	—	3	5	8	4,56
Unmitt. Städte Sa.	39	17	22	7	8	9	4	1	10	—	—	—	—	—	—	—	—	17	22	38	—	1	15	21	36	5,62
Bezirksämter:																										
Bogen	31	16	15	9	8	3	3	4	4	—	—	2	—	1	1	1	—	12	14	31	—	—	16	16	32	10,14
Deggendorf	18	11	7	4	2	4	2	3	3	—	—	—	—	—	—	—	—	11	7	18	—	—	11	9	20	5,31
Dingolfing	25	15	10	4	4	9	3	2	3	—	—	—	—	—	—	—	—	15	10	25	—	—	16	10	26	11,77
Eggenfelden	22	16	6	7	3	5	1	4	2	—	—	1	1	1	—	—	—	14	5	22	—	—	18	7	25	6,87
Grafenau	8	4	4	2	2	2	1	—	1	—	—	1	—	—	—	—	—	3	4	8	—	—	6	5	11	5,92
Griesbach	12	6	6	3	3	1	2	2	1	—	—	—	—	—	—	—	—	6	6	12	—	—	8	8	16	4,83
Kelheim	13	6	7	1	3	2	2	3	2	—	—	—	—	—	1	—	—	6	6	13	—	—	7	8	15	4,53
Kötzting	12	4	8	2	6	1	1	1	1	—	—	—	—	—	1	1	—	3	7	12	—	—	6	8	14	5,49
Landau a. J.	11	9	2	3	1	3	1	3	—	—	—	1	—	—		—	—	8	2	11	—	—	11	2	13	5,75
Landshut	11	5	6	1	1	1	1	3	4	—	—	—	—	—	—	—	—	5	6	11	—	—	4	9	13	4,53
Mallersdorf	11	3	8	2	4	—	—	1	4	—	—	—	—	1	—	—	—	2	8	11	—	—	3	7	10	4,36
Passau	22	11	11	4	7	7	1	—	3	—	—	1	—	—	—	—	-	10	11	21	—	1	12	10	22	5,29
Pfarrkirchen	13	6	7	3	4	—	1	3	2	—	—	—	—	—	—	—	1	6	6	13	—	—	6	8	14	3,91
Regen	14	9	5	2	2	5	—	2	3	—	—	1	—	—	—	—	—	8	5	13	—	1	10	5	15	5,54
Rottenburg	11	6	5	4	2	—	1	2	2	—	—	1	—	—	—	1	1	4	4	11	—	—	7	5	12	3,55
Straubing	16	6	10	1	5	4	1	1	4	—	—	—	—	—	2	—	—	6	8	16	—	—	7	11	18	8,21
Viechtach	6	2	4	1	3	—	—	1	1	—	—	—	—	—	—	—	—	2	4	6	—	—	2	6	8	3,62
Vilsbiburg	22	12	10	7	4	2	2	3	4	—	—	1	—	—	1	1	—	10	9	22	—	—	12	10	22	7,31
Vilshofen	27	17	10	7	5	9	1	1	4	—	—	1	—	—	1	—	—	16	9	26	—	1	17	13	30	7,05
Wegscheid	9	4	5	2	3	1	1	1	1	—	—	—	—	—	—	—	—	4	5	9	—	—	5	5	10	5,91
Wolfstein	21	14	7	7	1	5	1	2	5	—	—	—	—	—	—	—	1	14	6	20	—	1	16	7	23	7,73
Bezirksämter Sa.	335	182	153	76	73	64	26	42	54	—	—	10	1	3	7	4	3	165	142	331	—	4	200	169	369	6,01
Niederbayern Sa.	374	199	175	83	81	73	30	43	64	—	-	10	1	3	7	4	3	182	164	369	—	5	215	190	405	5,97

Tabelle 30. (Fortsetzung.)

III. Pfalz.

Größere Städte Bezirksämter	Im ganzen	Ortsanwesende Blinde: nach dem Geschlecht		nach dem Familienstand: ledig		verheiratet		verwitwet		geschieden		nach dem Lebensalter: 1—6		7—12		13—15		über 15 Jahre		nach der Staatsangehörigkeit: Bayern	übrige Reichsangeh.	Ausländer	Dem Geburtsort sind zugeteilt die in Anstalten oder Asylen untergebracht. Blinden			Auf 10 000 Bewohner der Gesamtbevölkerung treffen Blinde
		m.	w.	m.	w.	m.	w.	m.	w.	m.	w.	m.	w.	m.	w.	m.	w.	m.	w.				m.	w.	i. g.	
13 größ. Städte:																										
Dürkheim	1	1	—	—	—	—	—	1	—	—	—	—	—	—	—	—	—	1	—	1	—	—	1	—	1	1,61
Edenkoben . . .	2	1	1	—	—	1	—	—	1	—	—	—	—	—	—	—	—	1	1	2	—	—	1	1	2	3,82
Frankenthal . .	49	25	24	19	18	3	1	3	5	—	—	1	—	—	—	—	—	24	24	49	—	—	5	6	11	6,52
Germersheim . .	3	1	2	—	1	—	1	1	—	—	—	—	—	—	—	—	—	1	2	3	—	—	1	2	3	5,11
St. Ingbert . .	7	6	1	4	—	1	—	1	1	—	—	—	—	—	—	—	—	6	1	7	—	—	6	1	7	4,98
Kaiserslautern .	19	11	8	3	3	5	—	3	5	—	—	—	—	1	—	—	—	10	8	18	1	—	13	8	21	4,35
Landau	4	2	2	1	1	1	—	—	1	—	—	—	—	—	—	—	—	2	2	4	—	—	2	2	4	2,51
Ludwigshafen a. Rhein . . .	9	5	4	4	3	1	—	—	1	—	—	—	—	2	1	—	—	3	3	6	3	—	6	5	11	1,78
Neustadt a. H. .	13	8	5	5	1	2	2	1	2	—	—	—	—	1	—	—	—	7	5	12	1	—	8	6	14	7,86
Oggersheim . .	1	—	1	—	—	—	—	—	1	—	—	—	—	—	—	—	—	—	1	1	—	—	—	1	1	1,63
Pirmasens . . .	3	1	2	1	1	—	—	—	1	—	—	—	1	—	—	—	—	1	1	3	—	—	3	3	6	1,99
Speyer	3	—	3	—	3	—	—	—	—	—	—	—	—	—	—	—	—	—	3	3	—	—	1	3	4	1,91
Zweibrücken . .	9	4	5	2	2	2	3	—	—	—	—	—	—	—	1	—	—	4	4	7	2	—	4	6	10	7,29
13größ.Städte Sa.	123	65	58	39	33	16	7	10	18	—	—	1	1	4	2	—	—	60	55	116	7	—	51	44	95	3,61
Bezirksämter:																										
Bergzabern . . .	22	13	9	3	2	6	3	4	4	—	—	—	—	1	—	—	—	12	9	22	—	—	13	10	23	6,06
Frankenthal . .	10	6	4	2	3	4	—	—	1	—	—	—	1	—	—	—	—	6	3	10	—	—	6	4	10	2,28
Germersheim . .	24	13	11	7	3	6	2	—	6	—	—	—	—	1	—	—	—	12	11	24	—	—	18	13	31	6,61
Homburg	19	15	4	10	3	4	1	1	—	—	—	1	—	1	—	1	—	12	4	19	—	—	17	8	25	4,00
Kaiserslautern .	12	7	5	1	2	4	2	2	1	—	—	—	—	1	—	—	—	6	5	12	—	—	9	7	16	4,69
Kirchheimbolanden . .	16	10	6	7	4	2	1	1	1	—	—	1	1	1	1	—	—	8	4	16	—	—	11	8	19	7,37
Kusel	32	20	12	8	5	5	4	7	3	—	—	—	—	1	1	1	1	18	10	32	—	—	22	15	37	8,49
Landau	26	10	16	8	11	1	2	1	3	—	—	—	—	—	3	—	—	10	13	26	—	—	8	16	24	4,91
Ludwigshafen a. Rhein . .	7	7	—	4	—	1	—	2	—	—	—	1	—	—	—	—	—	6	—	5	2	—	7	1	8	3,57
Neustadt a. H. .	24	8	16	4	11	2	1	2	4	—	—	—	—	—	—	—	—	8	16	23	1	—	9	19	28	5,05
Pirmasens . . .	18	7	11	3	6	3	1	1	4	—	—	—	1	—	—	—	1	7	9	18	—	—	10	11	21	5,14
Rockenhausen . .	16	5	11	5	5	—	3	—	3	—	—	—	1	—	—	—	—	5	10	15	1	—	6	11	17	4,40
Speyer	7	5	2	5	2	—	—	—	—	—	—	2	—	—	—	—	—	3	2	7	—	—	6	3	9	5,29
Zweibrücken . . .	21	14	7	5	3	8	1	1	3	—	—	—	1	1	—	—	—	13	6	20	1	—	19	8	27	5,33
Bezirksämter Sa.	254	140	114	72	60	46	21	22	33	—	—	5	5	7	5	2	2	126	102	249	5	—	161	134	295	5,19
Pfalz Sa.	377	205	172	111	93	62	28	32	51	—	—	6	6	11	7	2	2	186	157	365	12	—	212	178	390	4,69

Tabelle 80. (Fortsetzung.

IV. Oberpfalz.

Unmittelbare Städte / Bezirksämter	Im ganzen	Ortsanwesende Blinde: nach dem Geschlecht m.	w.	nach dem Familienstand: ledig m.	w.	verheiratet m.	w.	verwitwet m.	w.	geschied. m.	w.	nach dem Lebensalter: 1–6 m.	w.	7–12 m.	w.	13–15 m.	w.	über 15 Jahre m.	w.	nach der Staatsangehörigkeit: Bayern	übrige Reichsangeh.	Ausländer	Dem Geburtsort sind zugeteilt die in Anstalten oder Asylen untergebracht. Blinden m.	w.	i. g.	Auf 10000 Bewohner der Gesamtbevölkerung treffen Blinde
Unmitt. Städte:																										
Amberg	10	3	7	2	7	1	—	—	—	—	—	—	—	—	—	—	—	3	7	10	—	—	4	6	10	3,95
Regensburg	32	12	20	6	6	4	4	2	10	—	—	—	1	—	—	—	—	12	19	31	1	—	12	20	32	7,04
Unmitt. Städte Sa.	42	15	27	8	13	5	4	2	10	—	—	—	1	—	—	—	—	15	26	41	1	—	16	26	42	6,23
Bezirksämter:																										
Amberg	14	6	8	5	4	1	2	—	2	—	—	1	—	—	—	—	—	5	8	14	—	—	6	9	15	5,92
Beilngries	13	6	7	3	4	3	1	—	2	—	—	—	—	—	—	—	—	6	7	13	—	—	7	8	15	5,27
Burglengenfeld	13	5	8	1	2	1	1	3	5	—	—	—	—	—	—	—	—	5	8	12	—	1	5	9	14	5,20
Cham	15	5	10	2	7	2	1	1	2	—	—	—	2	—	1	—	—	5	7	15	—	—	6	9	15	5,26
Eschenbach	11	2	9	2	5	—	3	—	1	—	—	—	1	—	—	—	—	2	8	11	—	—	3	9	12	5,44
Kemnath	6	3	3	2	3	—	—	1	—	—	—	—	—	—	1	—	—	3	2	6	—	—	3	3	6	2,65
Nabburg	8	5	3	3	1	2	—	—	2	—	—	—	—	—	—	—	—	5	3	8	—	—	5	4	9	4,94
Neumarkt	17	12	5	5	2	4	—	3	3	—	—	—	1	—	—	—	—	12	4	17	—	—	14	7	21	6,70
Neunburg v. W.	8	4	4	1	1	2	1	1	2	—	—	1	—	—	—	—	—	3	4	8	—	—	5	4	9	5,91
Neustadt a. W.-N.	17	12	5	4	2	5	1	3	2	—	—	—	—	1	—	—	—	11	5	15	—	2	14	6	20	5,74
Oberviechtach	10	6	4	—	4	3	—	3	—	—	—	—	—	—	—	—	—	6	4	10	—	—	7	4	11	6,98
Parsberg	13	5	8	4	2	—	4	1	2	—	—	—	—	—	—	—	—	5	8	13	—	—	4	8	12	4,16
Regensburg	21	11	10	4	6	2	2	5	2	—	—	—	—	—	—	—	—	11	10	21	—	—	11	14	25	8,42
Roding	7	4	3	2	1	2	1	—	1	—	—	—	—	—	—	—	—	4	3	7	—	—	3	3	6	2,53
Stadtamhof	28	16	12	7	6	5	2	4	4	—	—	—	—	—	3	1	—	15	9	28	—	—	16	14	30	7,26
Sulzbach	14	11	3	2	1	6	2	3	—	—	—	—	—	—	—	—	—	11	3	14	—	—	11	3	14	6,96
Tirschenreuth	12	2	10	—	4	2	3	—	3	—	—	—	—	—	—	—	—	2	10	11	—	1	2	10	12	3,54
Vohenstrauß	10	7	3	2	1	3	1	2	1	—	—	—	—	—	—	—	—	7	3	10	—	—	8	5	13	5,52
Waldmünchen	10	5	5	1	3	1	—	3	2	—	—	—	—	—	1	—	—	5	4	9	—	1	5	6	11	6,96
Bezirksämter Sa.	247	127	120	50	59	44	25	33	36	—	—	2	4	1	6	1	—	123	110	242	—	5	135	135	270	5,55
Oberpfalz Sa.	289	142	147	58	72	49	29	35	46	—	—	2	5	1	6	1	—	138	136	283	1	5	151	161	312	5,63

Tabelle 80. (Fortsetzung.)

V. Oberfranken.

Unmittelbare Städte Bezirksämter	Im ganzen	Ortsanwesende Blinde																					Dem Geburtsort sind zugeteilt die in Anstalten oder Asylen untergebracht. Blinden			Auf 10000 Bewohner der Gesamtbevölkerung treffen Blinde
		nach dem Geschlecht		nach dem Familienstand								nach dem Lebensalter								nach der Staatsangehörigkeit						
				ledig		verheiratet		verwitwet		geschied.		1–6		7–12		13–15		über 15 Jahre								
		m.	w.	m.	w.	m.	w.	m.	w.	m.	w.	m.	w.	m.	w.	m.	w.	m.	w.	Bayern	übrige Reichsangeh.	Ausländer	m.	w.	i. g.	
Unmitt. Städte:																										
Bamberg	21	10	11	3	5	3	2	4	4	–	—	1	—	—	—	—	—	9	11	20	—	1	13	13	26	6,22
Bayreuth	14	8	6	3	3	4	1	1	2	—	—	—	—	—	—	—	—	8	6	13	1	—	9	7	16	5,44
Forchheim	1	—	1	—	—	—	1	—	—	—	—	—	—	—	—	—	—	—	1	1	—	—	—	1	1	1,32
Hof	17	13	4	5	2	6	1	2	1	—	—	—	—	2	—	—	—	11	4	17	—	—	14	7	21	6,40
Kulmbach	5	3	2	1	2	1	—	1	—	—	—	1	1	—	—	—	—	2	1	5	—	—	3	2	5	5,30
Unmitt. Städte Sa.	58	34	24	12	12	14	5	8	7	—	—	2	1	2	—	—	—	30	23	56	1	1	39	30	69	5,70
Bezirksämter:																										
Bamberg I	12	7	5	3	2	2	—	2	3	—	—	—	—	—	—	—	1	7	4	12	—	—	8	8	16	6,41
Bamberg II	12	8	4	6	3	2	—	—	1	—	—	—	—	—	1	1	—	7	3	12	—	—	10	4	14	4,89
Bayreuth	14	7	7	4	3	2	—	1	4	—	—	—	—	—	—	—	—	7	7	14	—	—	7	7	14	5,11
Berneck	9	5	4	3	3	2	1	—	—	—	—	—	—	—	—	—	—	5	4	9	—	—	6	1	7	4,63
Ebermannstadt	8	6	2	2	—	—	1	4	1	—	—	—	—	—	—	—	—	6	2	8	—	—	8	2	10	4,52
Forchheim	10	4	6	2	4	1	1	1	1	—	—	—	—	—	—	—	—	4	6	10	—	—	5	10	15	5,37
Höchstadt a. A.	17	9	8	3	3	5	3	1	2	—	—	—	—	—	—	1	1	8	7	17	—	—	11	8	19	6,99
Hof	21	10	11	7	5	3	1	—	5	—	—	—	—	—	—	—	—	10	11	21	—	—	12	13	25	9,87
Kronach	17	8	9	4	5	3	—	1	4	—	—	—	—	—	1	—	—	8	8	17	—	—	10	9	19	6,17
Kulmbach	15	6	9	2	5	1	—	3	4	—	—	—	1	—	—	—	—	6	8	15	—	—	8	10	18	6,68
Lichtenfels	19	6	13	3	6	3	1	—	6	—	—	—	—	—	—	—	1	6	12	19	—	—	9	11	20	6,07
Münchberg	17	10	7	6	2	3	1	1	4	—	—	—	—	—	—	—	—	10	7	17	—	—	10	9	19	6,95
Naila	13	8	5	4	3	3	1	1	1	—	—	1	—	1	—	—	—	6	5	13	—	—	9	6	15	6,61
Pegnitz	20	14	6	7	3	3	—	4	3	—	—	2	—	2	—	1	1	9	5	20	—	—	14	9	23	8,79
Rehau	12	5	7	2	3	—	1	3	3	—	—	—	—	—	—	—	—	5	7	12	—	—	7	8	15	6,26
Stadtsteinach	6	6	—	3	—	1	—	2	—	—	—	—	—	1	—	1	—	4	—	6	—	—	7	1	8	4,62
Staffelstein	8	6	2	2	1	3	1	1	—	—	—	—	—	—	—	—	—	6	2	8	—	—	6	3	9	4,78
Teuschnitz	7	4	3	1	—	—	1	3	2	—	—	—	—	—	—	—	—	4	3	7	—	—	4	3	7	3,88
Wunsiedel	25	16	9	9	5	6	2	1	2	–	—	—	—	1	—	—	—	15	9	25	—	—	17	9	26	6,00
Bezirksämter Sa.	262	145	117	73	56	43	15	29	46	—	–	3	1	5	2	4	4	133	110	262	–	–	168	131	299	6,14
Oberfranken Sa.	320	179	141	85	68	57	20	37	53	—	—	5	2	7	2	4	4	163	133	318	1	1	207	161	368	6,05

Tabelle 30. (Fortsetzung.)

VI. Mittelfranken.

Unmittelbare Städte Bezirksämter	Im ganzen	Ortsanwesende Blinde nach dem Geschlecht m.	w.	nach dem Familienstand ledig m.	w.	verheiratet m.	w.	verwitwet m.	w.	geschied. m.	w.	nach dem Lebensalter 1–6 m.	w.	7–12 m.	w.	13–15 m.	w.	über 15 Jahre m.	w.	nach der Staatsangehörigkeit Bayern	übrige Reichsangeh.	Ausländer	Dem Geburtsort sind zugeteilt die in Anstalten oder Asylen untergebracht. Blinden m.	w.	i. g.	Auf 10000 Bewohner der Gesamtbevölkerung treffen Blinde
Unmitt. Städte:																										
Ansbach	7	5	2	2	2	2	—	1	—	—	—	—	—	—	—	—	1	5	1	7	—	—	5	—	5	2,85
Dinkelsbühl	7	1	6	—	2	1	1	—	3	—	—	—	—	—	—	—	—	1	6	6	1	—	1	6	7	15,31
Eichstätt	6	1	5	1	1	—	2	—	2	—	—	—	—	—	—	—	—	1	5	6	—	—	1	6	7	9,09
Erlangen	4	1	3	1	—	—	—	—	3	—	—	—	—	—	—	—	—	1	3	4	—	—	1	4	5	2,18
Fürth	19	10	9	5	3	3	1	2	5	—	—	—	1	—	—	1	—	9	8	17	1	1	10	8	18	3,82
Nürnberg	161	79	82	46	48	23	10	9	23	1	1	5	4	7	11	6	6	61	61	148	10	3	61	60	121	4,63
Rothenburg o. T.	8	6	2	1	2	2	—	3	—	—	—	—	—	—	—	—	—	6	2	8	—	—	6	2	8	10,10
Schwabach	3	1	2	—	—	—	1	1	1	—	—	—	—	—	—	—	—	1	2	3	—	—	1	2	3	3,20
Weißenburg i. B.	5	2	3	2	1	—	1	—	1	—	—	—	—	—	—	—	—	2	3	5	—	—	2	3	5	7,63
Unmitt. Städte Sa.	220	106	114	58	59	31	16	16	38	1	1	5	5	7	11	7	7	87	91	204	12	4	88	91	179	4,57
Bezirksämter:																										
Ansbach	34	14	20	5	15	3	2	6	3	—	—	—	—	—	—	—	—	14	20	33	1	—	9	18	27	8,19
Dinkelsbühl	13	7	6	2	2	2	1	3	3	—	—	—	—	—	—	—	—	7	6	13	—	—	8	7	15	6,23
Eichstätt	17	7	10	2	2	3	3	2	5	—	—	—	—	1	—	—	—	6	10	17	—	—	9	11	20	8,52
Erlangen	4	3	1	—	—	2	1	1	—	—	—	—	—	—	—	—	—	3	1	4	—	—	5	1	6	4,60
Feuchtwangen	7	5	2	3	—	1	—	1	2	—	—	—	—	—	—	—	—	5	2	7	—	—	5	4	9	3,48
Fürth	6	3	3	1	1	1	1	1	1	—	—	—	—	—	—	—	—	3	3	6	—	—	4	4	8	2,81
Gunzenhausen	20	16	4	8	1	6	—	2	3	—	—	—	—	—	—	—	—	16	4	19	1	—	14	7	21	7,38
Hersbruck	14	8	6	3	2	4	—	1	4	—	—	—	—	1	—	—	—	7	6	14	—	—	8	6	14	3,46
Hilpoltstein	7	2	5	—	—	2	1	—	4	—	—	—	—	—	—	—	—	2	5	7	—	—	3	6	9	3,84
Neustadt a. A.	17	7	10	2	1	5	5	—	4	—	—	—	—	—	—	—	—	7	10	17	—	—	9	11	20	6,73
Nürnberg	4	2	2	2	1	—	—	—	1	—	—	—	—	—	—	—	—	2	2	4	—	—	3	6	9	4,41
Rothenburg o. T.	8	4	4	2	1	1	1	1	2	—	—	—	—	—	—	—	—	4	4	8	—	—	4	6	10	5,10
Scheinfeld	5	1	4	—	1	1	—	—	3	—	—	—	—	—	—	—	—	1	4	5	—	—	1	4	5	2,62
Schwabach	15	4	11	1	3	2	2	1	5	—	1	—	1	—	—	—	—	4	10	15	—	—	6	16	22	6,53
Uffenheim	23	13	10	4	3	7	3	2	4	—	—	—	—	—	—	—	—	13	10	23	—	—	14	11	25	8,25
Weißenburg i. B.	15	7	8	2	4	3	2	2	2	—	—	1	—	—	—	—	—	6	8	15	—	—	8	8	16	5,80
Bezirksämter Sa.	209	103	106	37	37	43	22	23	46	—	1	1	1	2	—	—	—	100	105	207	2	—	110	126	236	5,57
Mittelfranken Sa.	429	209	220	95	96	74	38	39	84	1	2	6	6	9	11	7	7	187	196	411	14	4	198	217	415	5,09

Tabelle 30. (Fortsetzung.)

VII. Unterfranken.

Unmittelbare Städte Bezirksämter	Im ganzen	Ortsanwesende Blinde: nach dem Geschlecht		nach dem Familienstand: ledig		verheiratet		verwitwet		geschied.		nach dem Lebensalter: 1—6		7—12		13—15		über 15 Jahre		nach der Staatsangehörigkeit: Bayern	übrige Reichsangeh.	Ausländer	Dem Geburtsort sind zugeteilt die in Anstalten oder Asylen untergebracht. Blinden			Auf 10000 Bewohner der Gesamtbevölkerung treffen Blinde
		m.	w.	m.	w.	m.	w.	m.	w.	m.	w.	m.	w.	m.	w.	m.	w.	m.	w.				m.	w.	i. g.	
Unmitt. Städte:																										
Aschaffenburg	16	11	5	4	1	6	1	1	3	—	—	—	—	1	—	—	—	10	5	12	4	—	11	5	16	8,84
Kitzingen	4	2	2	—	—	2	1	—	1	—	—	—	—	—	—	—	—	2	2	3	—	1	2	2	4	4,71
Schweinfurt	8	5	3	2	—	3	1	—	2	-	—	—	—	—	—	—	—	5	3	8	—	—	5	3	8	5,23
Würzburg	78	41	37	29	32	7	1	5	4	—	—	—	1	3	1	1	1	37	34	77	1	—	18	14	32	4,24
Unmitt. Städte Sa.	106	59	47	35	33	18	4	6	10	—	—	—	1	4	1	1	1	54	44	100	5	1	36	24	60	5,10
Bezirksämter:																										
Alzenau	16	8	8	5	4	1	2	2	2	—	—	1	—	1	—	—	1	6	7	15	1	—	9	8	17	7,97
Aschaffenburg	15	5	10	2	4	3	1	—	5	—	—	—	—	—	—	—	1	5	9	14	1	—	5	10	15	4,32
Brückenau	11	5	6	2	2	3	2	—	2	—	—	—	—	1	—	—	—	4	6	11	—	—	5	5	10	7,87
Ebern	15	9	6	5	4	1	2	3	—	—	—	1	1	—	—	—	—	8	5	15	—	—	9	7	16	8,60
Gerolzhofen	18	4	14	1	6	2	1	1	7	—	—	—	—	—	—	—	—	4	14	18	—	—	8	17	25	8,20
Hammelburg	5	3	2	1	1	2	—	—	1	—	—	—	—	—	—	—	—	3	2	5	—	—	5	2	7	3,60
Haßfurt	6	5	1	—	—	1	—	4	1	—	—	—	—	—	—	—	—	5	1	6	—	—	6	1	7	2,52
Hofheim	6	2	4	1	1	1	1	—	2	—	—	—	—	—	—		—	2	4	6	—	—	2	4	6	4,31
Karlstadt	14	5	9	1	4	3	3	1	2	—	—	—	1	—	—	—	—	5	8	14	—	—	6	11	17	5,66
Kissingen	24	16	8	7	8	6	—	3	—	—	—	—	—	—	—	1	—	15	8	24	—	—	17	10	27	7,98
Kitzingen	11	6	5	1	2	4	3	1	—	—	—	—	—	—	—	—	—	6	5	11	—	—	10	9	19	6,37
Königshofen	7	4	3	2	1	—	—	2	2	—	—	—	—	—	—	—	—	4	3	7	—	—	5	3	8	5,43
Lohr	14	7	7	4	3	2	1	1	3	—	—	—	—	—	1	—	—	7	6	14	—	—	7	8	15	4,41
Marktheidenfeld	17	9	8	7	3	—	3	2	2	—	—	2	—	—	—	—	—	7	8	17	—	—	15	11	26	8,58
Mellrichstadt	9	5	4	2	2	2	1	1	1	—	—	—	—	—	—	—	—	5	4	8	—	1	5	4	9	6,76
Miltenberg	11	8	3	3	1	2	2	3	—	—	—	—	—	—	—	—	—	8	3	11	—	—	9	5	14	6,62
Neustadt a. S.	8	3	5	—	3	2	1	1	1	—	—	—	2	—	—	—	—	3	3	8	—	—	5	7	12	5,99
Obernburg	10	7	3	3	3	3	—	1	—	—	—	—	-	—	—	—	—	7	3	10	—	—	8	7	15	5,65
Ochsenfurt	14	6	8	1	4	3	2	2	2	—	—	—	—	—	—	—	—	6	8	14	—	—	6	8	14	5,37
Schweinfurt	16	9	7	4	3	2	—	3	4	—	—	—	—	1	1	—	1	8	5	16	—	—	12	9	21	6,21
Würzburg	20	9	11	6	3	2	2	1	6	—	—	—	—	—	—	—	—	9	11	20	—	—	14	13	27	6,63
Bezirksämter Sa.	267	135	132	58	62	45	27	32	43	—	—	4	4	3	2	1	3	127	123	264	2	1	168	159	327	6,13
Unterfranken Sa.	373	194	179	93	95	63	31	38	53	—	—	4	5	7	3	2	4	181	167	364	7	2	204	183	387	5,95

Tabelle 30. (Schluß.)

VIII. Schwaben.

Unmittelbare Städte / Bezirksämter	Im ganzen	Ortsanwesende Blinde: nach dem Geschlecht m.	w.	nach dem Familienstand: ledig m.	w.	verheiratet m.	w.	verwitwet m.	w.	geschieden m.	w.	nach dem Lebensalter: 1–6 m.	w.	7–12 m.	w.	13–15 m.	w.	über 15 Jahre m.	w.	nach der Staatsangehörigkeit: Bayern	übrige Reichsangeh.	Ausländer	Dem Geburtsort sind zugeteilt die in Anstalten oder Asylen untergebracht. Blinden m.	w.	i. g.	Auf 10000 Bewohner der Gesamtbevölkerung treffen Blinde
Unmitt. Städte:																										
Augsburg	73	46	27	34	15	9	3	3	9	—	—	—	1	12	5	3	2	31	19	73	—	—	24	20	44	4,93
Dillingen	4	2	2	1	1	1	1	—	—	—	—	—	—	—	—	—	—	2	2	4	—	—	4	2	6	9,87
Donauwörth	—	—	—	—	—	—	—	—	—	—	—	—	—	—	—	—	—	—	—	—	—	—	—	—	—	—
Günzburg	—	—	—	—	—	—	—	—	—	—	—	—	—	—	—	—	—	—	—	—	—	—	—	—	—	—
Kaufbeuren	5	—	5	—	1	—	1	—	3	—	—	—	—	—	—	—	—	—	5	5	—	—	—	4	4	4,78
Kempten	6	2	4	1	4	—	—	1	—	—	—	—	—	—	—	—	—	2	4	6	—	—	1	5	6	3,18
Lindau	3	2	1	2	1	—	—	—	—	—	—	—	—	—	—	—	—	2	1	2	—	1	2	1	3	5,13
Memmingen	10	4	6	—	1	2	1	2	3	—	1	—	—	—	—	—	—	4	6	10	—	—	4	6	10	9,18
Neuburg a. D.	8	5	3	1	—	3	2	1	1	—	—	—	—	—	—	—	—	5	3	8	—	—	4	4	8	9,96
Neu-Ulm	2	2	—	—	—	1	—	1	—	—	—	—	—	—	—	—	—	2	—	1	1	—	2	—	2	2,17
Nördlingen	6	2	4	—	1	1	—	1	3	—	—	—	—	—	—	—	—	2	4	6	—	—	2	4	6	7,23
Unmitt. Städte Sa.	117	65	52	39	24	17	8	9	19	—	1	—	1	12	5	3	2	50	44	115	1	1	43	46	89	5,12
Bezirksämter:																										
Augsburg	15	6	9	3	2	2	3	1	4	—	—	—	—	1	—	—	—	5	9	14	—	1	7	11	18	4,62
Dillingen	20	17	3	8	2	5	—	4	1	—	—	1	—	—	—	—	—	16	3	19	1	—	21	4	25	6,74
Donauwörth	21	14	7	8	4	4	1	2	2	—	—	1	—	—	—	—	—	13	7	21	—	—	17	9	26	8,39
Füssen	14	6	8	3	3	3	2	—	3	—	—	—	1	1	—	—	—	5	7	14	—	—	6	9	15	8,26
Günzburg	8	4	4	1	3	1	—	2	1	—	—	—	1	—	—	—	—	4	3	8	—	—	5	6	11	3,69
Illertissen	10	5	5	3	2	1	1	1	2	—	—	1	1	—	—	—	—	4	4	10	—	—	7	5	12	6,33
Kaufbeuren	4	1	3	—	2	—	—	—	1	1	—	—	—	—	—	—	—	1	3	4	—	—	2	4	6	2,58
Kempten	22	12	10	4	2	5	4	3	4	—	—	—	—	1	—	—	—	11	10	19	3	—	14	12	26	7,80
Krumbach	13	5	8	2	6	1	2	2	—	—	—	—	—	1	—	—	—	4	8	13	—	—	7	8	15	6,42
Lindau	11	6	5	4	—	2	2	—	3	—	—	—	—	1	—	—	—	5	5	11	—	—	8	8	16	5,37
Memmingen	17	9	8	3	4	4	1	2	3	—	—	—	—	—	—	—	—	9	8	17	—	—	13	9	22	7,32
Mindelheim	131	67	64	55	51	7	3	4	9	1	1	1	—	3	1	5	1	58	62	126	2	3	21	13	34	10,17
Neuburg a. D.	13	8	5	1	3	4	—	3	2	—	—	1	1	—	—	—	—	7	4	13	—	—	13	7	20	6,90
Neu-Ulm	6	3	3	2	1	1	—	—	2	—	—	—	—	—	—	—	—	3	3	6	—	—	5	4	9	4,43
Nördlingen	25	16	9	8	5	3	1	5	3	—	—	1	—	1	—	—	—	14	9	23	2	—	21	13	34	11,04
Oberdorf	5	2	3	—	2	1	—	1	1	—	—	—	—	—	1	—	—	2	2	5	—	—	2	4	6	2,56
Schwabmünchen	10	7	3	5	1	1	—	1	2	—	—	1	—	—	—	—	—	6	3	10	—	—	10	3	13	5,92
Sonthofen	20	8	12	3	4	1	4	4	4	—	—	—	—	—	—	—	—	8	12	18	1	1	11	13	24	7,17
Wertingen	12	3	9	2	4	—	—	1	5	—	—	1	—	—	1	—	—	2	8	12	—	—	5	11	16	8,77
Zusmarshausen	12	5	7	3	1	1	1	1	5	—	—	—	—	—	—	—	—	5	7	12	—	—	5	8	13	8,22
Bezirksämter Sa.	389	204	185	118	102	47	25	37	57	2	1	8	4	9	3	5	1	182	177	375	9	5	200	161	361	6,69
Schwaben Sa.	506	269	237	157	126	64	33	46	76	2	2	8	5	21	8	8	3	232	221	490	10	6	243	207	450	6,31

II. Teil.

Erblindungs-Ursachen.

Der II. Teil der Blindenstatistik befaßt sich mit Erblindungsursachen, also mit einem Gegenstand, der dem Arzt gehört.

Wenn jedoch unsere Fragen, welche die Erblindungsursachen erheben, genau geprüft werden, so wird man zu der Überzeugung kommen, daß es sich hier nicht um eine medizinalstatistische Erhebung handelt, sondern um ein Material zu einer populären Studie, die sich mit Erblindungsformen beschäftigt, die schon so allgemein besprochen wurden, daß auch der gebildete Laie im allgemeinen darüber unterrichtet ist. Im Vorwort wurde bereits auf den Zweck dieser Daten hingewiesen: Es handelt sich um die Entlastung der Blindeninstitute. Ganz gewiß wird sich aber auch der Arzt für diese Aufzeichnungen interessieren, denn nach ihm richten sich ja unsere Blicke, wenn wir von Erblindungsursachen hören, die größtenteils vermieden werden können. Den Ergebnissen der bayerischen Blindenstatistik, mit denen sich die nächsten Darstellungen beschäftigen, sind wertvolle Tabellen von Hofrat Dr. Stieler-München und von Universitätsprofessor Dr. H. Cohn gegenübergestellt. Diese Autoren haben ein wichtiges Material verarbeitet, das auf Blindenlehrerkongressen erläutert wurde. Auf dem Kongreß zu München (1895) gab Hofrat Dr. Stieler die Tabelle 35 zu seinem Vortrag: „Über die Entlastung der Blindenanstalten durch prophylaktische Maßregeln", und Professor Dr. H. Cohn führte auf dem Breslauer Kongreß (1901) die Tabelle 36 vor zur Illustration seines Themas: „Haben die neueren Verhütungsvorschläge eine Abnahme der Blindenzahl herbeigeführt." Beide Herren haben auf Ersuchen ihre Tabellen zur Verfügung gestellt und gütigst gestattet, daß dieselben auch hier veröffentlicht werden, wofür hiermit der geziemende Dank zum Ausdruck kommen soll.

I. Blindgeborene.

Tabelle 31.

Geschlecht	Oberbayern	Niederbayern	Pfalz	Oberpfalz	Oberfranken	Mittelfranken	Unterfranken	Schwaben	Königreich
Männlich	14	9	23	10	21	19	19	34	149
Weiblich	11	8	15	10	15	20	16	15	110
Summe . .	25	17	38	20	36	39	35	49	259

Im Königreich sind im ganzen 259 Personen blind geboren. Das ist ein Prozentanteil von 7,65 an der Gesamtzahl der Blinden. Bei den Erhebungen von 1840 und 1858, die ausschließlich Ärzte vorgenommen haben, wurden Blindgeborne gezählt:

Im Jahre 1840 = 353 = 11,69 %
" " 1858 = 160 = 6,77 %.

An obiger Darstellung ist auffallend, daß der Osten und Südosten des Landes verhältnismäßig geringe Zahlen an Blindgebornen aufweist, während Nordbayern, die Pfalz und namentlich Schwaben einen zu beachtenden Gegensatz bilden.

Aus der Haupttabelle dieses Teiles kann die Bewegung der Zahlen, welche die Blindgebornen für die einzelnen Kreise nach einzelnen Jahrgängen ausscheiden, bis zum Jahre 1870 verfolgt werden. Es wurde schon erwähnt, daß in den Spalten über „angeborne Blindheit" mancher Fall vorgetragen sein könnte, der nicht in diese Rubrik gehört, und zwar deswegen, weil eine Erblindung in frühester Jugend vorhanden ist, zu der allerdings der Keim schon vor der Geburt entstanden sein konnte. Dr. Magnus drückt diesen Unterschied durch die Bezeichnungen aus: „Angebornes Blindsein" und „angeborne Blindheit." Mit dem Namen „angebornes Blindsein" werden alle diejenigen Fälle belegt, in denen der Neugeborne die Blindheit bereits fix und fertig mit auf die Welt bringt. Jene Fälle aber, bei denen der Keim zum Blindwerden mit auf die Welt gebracht wird und die betreffende Person infolge seiner erblichen Beanlagung erblindet, werden mit dem Ausdruck „angeborne Erblindung" gekennzeichnet.

II. Erblindungen durch die Augenentzündung der Neugebornen.

Tabelle 32.

Geschlecht	Oberbayern	Niederbayern	Pfalz	Oberpfalz	Oberfranken	Mittelfranken	Unterfranken	Schwaben	Königreich
Männlich	34	17	6	6	18	20	15	23	139
Weiblich	33	10	16	10	10	19	14	23	135
Summe . .	67	27	22	16	28	39	29	46	274

Der Prozentanteil der Augenentzündungen der Neugebornen beträgt: 8,09.

Die Prozentsätze für die Erblindungsfälle durch die Augenentzündung der Neugebornen findet man da und dort in erschreckender Höhe, man kann Angaben bis zu 60 % und darüber begegnen. Diese Resultate sind aber verschieden durch die Verschiedenheit des Untersuchungsmaterials. Kommt ein Verhältnis zum Ausdruck, in welchem diese Art der Augenentzündung zu den Blindheitsursachen aller Lebensalter überhaupt steht, so wird der Prozentsatz natürlich kleiner ausfallen, als wenn die Untersuchungen z. B. für das Lebensalter 1.—10. Jahr angestellt werden.

Die folgende Tabelle 33 gibt die Zahl der blinden Kinder unter 10 Jahren nach den einzelnen Regierungsbezirken und zwar nach dem Ergebnis der Zählbevölkerung an; diesen Zahlen ist die Zahl der blennorrhöeblinden Kinder unter 10 Jahren gegenübergestellt und danach der Prozentsatz berechnet.

Tabelle 33.

Regierungsbezirk	Blinde Kinder unter 10 Jahren						In Prozenten		
	Gesamtzahl			davon sind durch Augenentzündung der Neugebornen erblindet:					
	m.	w.	i. g.	m.	w.	i. g.	m.	w.	i. g.
Oberbayern	21	24	45	11	13	24	52,38	54,17	53,33
Niederbayern	12	7	19	6	1	7	50,00	14,29	36,84
Pfalz	17	12	29	1	4	5	5,88	33,33	17,24
Oberpfalz	3	10	13	1	4	5	33,33	40,00	38,46
Oberfranken	10	3	13	3	1	4	30,00	33,33	30,77
Mittelfranken	12	13	25	5	6	11	41,67	46,15	44,00
Unterfranken	9	7	16	2	3	5	22,22	42,86	31,25
Schwaben	21	11	32	9	3	12	42,86	27,27	37,50
Königreich	105	87	192	38	35	73	36,19	40,23	38,02

Tabelle 34.

Für die in den bayerischen Blindenanstalten im Jahre 1900 anwesenden Zöglinge ergibt sich folgender Prozentsatz an Erblindungen durch Augenentzündung der Neugebornen.

Anstalt	A. Nach dem Präsenzstand Prozent	B. Zahl der blinden Kinder unter 10 Jahren		
		I. Gesamtzahl	II. Blennorrhöeblinde	III. Prozent
Augsburg	26	10	4	40
München	33	11	4	36
Nürnberg	23	7	4	57
Pfaffenhausen	29	0	0	—
Würzburg	36	0	0	—
			Durchschnitt:	43

Nun folgt die Beobachtungsreihe, die Hofrat Dr. Stieler vom Jahre 1876 bis zum Jahre 1895 für das Kgl. Zentralblindeninstitut aufgestellt hat zu seinem Kongreßvortrag in München: „Entlastung der Blindeninstitute durch prophylaktische Maßregeln."

Stieler erklärt seine Tabelle in folgender Weise:

„Der höchste Prozentsatz entfällt auf das Jahr 1883 mit 43,3%, der niedrigste auf das Jahr 1893 mit 22,2%; außer diesem Minimum zeichnen sich noch die beiden folgenden Jahre 1894 und 1895 mit 29,8 bzw. 25,2% vor den übrigen Jahren vorteilhaft aus, in deren keinem ein Prozentsatz unter 32,5 notiert ist.

Da in den Anstalten der alljährliche Abgang mit seinen Zufälligkeiten das statistische Bild trübt, ist eine prozentuale Berechnung nach dem alljährlichen Präsenzstande nicht geeignet; deshalb ist in obiger Tabelle eine zweite Rubrik angefügt, in welcher sich der Prozentsatz an Blennorrhöe der Neugebornen für die in jedem dieser zwanzig Jahre neu Eingetretenen berechnet findet. Zunächst ist aus dieser Rubrik zu entnehmen, daß das Maximum mit 83,3% auf das Jahr 1881, das Minimum mit 12,5% auf das Jahr 1885 entfällt, dann kommen wieder Steigerungen bis auf 60,0% (1890); in den Jahren 1893 und 1894 ein Niedergang auf 16,6 resp. 15,4%, der die Hoffnung auf ein endliches Sinken der Blennorrhöefrequenz zu erwecken geeignet wäre, wenn diese Hoffnung nicht durch die 41,6% des Jahres 1895 eine starke Erschütterung erleiden würde.

Tabelle 35.

Von Hofrat Dr. Stieler.

Prozentsatz der Erblindungen an Blennorrhöe der Neugebornen.

Jahrgang	A. Nach dem jährl. Präsenzstande	B. Nach dem jährlichen Zugang	Jahrgang	A. Nach dem jährl. Präsenzstande	B. Nach dem jährlichen Zugang
1876	39,5	40,1	1879	33,3	58,3
1877	33,7	33,3	1880	32,5	46,1
1878	33,3	33,3	1881	35,5	83,3
		Credésche Veröffentlichung			
1882	38,8	71,4	1889	34,7	20,0
1883	43,3	63,6	1890	40,6	60,0
1884	42,3	50,0	1891	37,6	33,3
1885	38,7	12,5	1892	37,1	36,3
1886	38,0	37,5	1893	22,2	16,6
1887	40,0	14,2	1894	29,8	15,4
1888	38,7	36,3	1895	25,2	41,6
Gesamtdurchschnitt:				35,7	40,1
Durchschnitt aus Gruppe I:				34,6	49,0
Durchschnitt aus Gruppe II:				36,2	36,3

Bringen wir zur Stielerschen Tabelle die oben in Tabelle 34 notierten Prozentsätze für die Blindeninstitute in Beziehung, so stehen wir vor der beklagenswerten Gewißheit, daß die Hoffnung auf Abnahme der Erblindungsfälle durch die Augenentzündung der Neugebornen sich nur allmählich erfüllen wird. Die nächste Tabelle gibt Aufschluß über den Stand der Blennorrhöeblinden in allen deutschen Blindenanstalten.

Die Blindenlehrerkongresse haben seit ihres Bestehens jedesmal Augenärzte zu einem Vortrag gebeten, und es war stets das eine Thema, das Augenarzt und Blindenlehrer verband: Die Verhütung der Blindheit, und hier stand im Vordergrund die schreckliche Augenentzündung der Neugebornen. Auf dem Dresdener Kongreß wurde das erstemal auf die Opfer hingewiesen, welche diese furchtbare Krankheit der Augen fordert. Dr. Appia aus Genf behandelte dieses Thema 1879 auf dem Blindenlehrerkongreß in Berlin, Dr. Steffan 1882 in Frankfurt, Hofrat Dr. Stieler 1895 in München, Professor Dr. Greeff 1898 in Steglitz-Berlin und Universitätsprofessor Dr. Cohn 1901 in Breslau.

Tabelle 36.

(Geh. Medizinalrat Dr. Hermann Cohn in Breslau.)

Deutsche Blindenanstalten.

Blennorrhöe-Blinde in Prozenten in den Jahren 1895 und 1901.

Blindenanstalt in	1. % Blennorrhöe-Blinde 1895	2. % Blennorrhöe-Blinde 1901	3. Zahl d. Blennorrhöe-Blinden unter 10 Jahren 1895	4. Zahl d. Blennorrhöe-Blinden unter 10 Jahren 1901	5. Zahl der Zöglinge unter 10 Jahren 1901	6. % Blennorrhöe-Blinde unter 10 Jahren 1901
1. Augsburg	10	26	2	4	10	40
2. Barby	25	34	6	0	0	—
3. Berlin, städtisch . .	10	?	11	?	?	?
4. Breslau	21	25	1	7	10	70
5. Braunschweig . . .	11	16	0	0	6	0
6. Bromberg	36	4	2	1	6	16
7. Dresden	21	20	7	13	44	30
8. Düren	8	28	4	8	42	19
9. Frankfurt a. M. . .	?	20	?	2	3	66
10. Freiburg i. Br. . .	52	?	0	0	0	—
11. Friedberg i. Hessen .	11	29	0	1	4	25
12. Gmünd i. Schwaben .	23	?	0	0	0	—
13. Hamburg	13	7	0	1	11	9
14. Hannover	7	8	1	3	17	23
15. Heiligenbronn i. Württ.	6	?	0	?	?	?
16. Illzach i. Elsaß . .	39	12	2	1	?	?
17. Ilvesheim i. Baden .	13	7	1	2	3	66
18. Kiel	8	24	0	5	10	50
19. Königsberg i. Preußen	11	4	0	2	13	15
20. Königstal i. Westpr. .	20	37 !	6	10	11	90 !
21. Leipzig	25	18	2	0	3	0
22. München	30	33	10	4	11	36
23. Neukloster i. Mecklenbg.	18	21	2	1	8	12
24. Nürnberg	25	23	1	4	7	57
25. Paderborn	?	5	?	0	5	0
26. Soest	14	2	0	0	0	—
27. Steglitz-Berlin . . .	21	23	3	4	15	26
28. Stettin (Neu-Torney) .	31	16	2	3	4	75
29. Stuttgart	39	33	17	3	8	37
30. Weimar	20	0	2	0	1	0
31. Wiesbaden	9	9	1	0	0	—
32. Würzburg	10	36	0	0	0	—
Durchschnitt . .	20%	20%	83 unter 2233 Blinden	79 unter 2216 Blinden	254 Zöglinge unter 10 Jahren	31 % Blennorrhöe-Blinde unter 10 Jahren
(Ergänzung.)						
33. Pfaffenhausen (Bayern)	?	29%				

Aber schon in der ersten Blindenstatistik von Dr. Lachmann ist von der Augenentzündung der Neugebornen die Rede; dort heißt es: „Diese Krankheit schafft die Mehrzahl der in den ersten Wochen des Lebens Erblindenden; von unserer Summe sind 26,8% blind geworden."

Damals gab es über die Ursachen dieser bösen Krankheit mancherlei Kontroversen; jetzt aber kennt man den Verursacher der schlimmen Augeneiterung: es ist ein mikroskopischer Organismus, Gonokokkus genannt, ein Doppelkokkus, welcher die Form einer Kaffeebohne hat.

In Bayern wurde schon sehr früh auf die Folgen der Augenentzündung der Neugebornen aufmerksam gemacht. Im Jahre 1859 verfaßte der damalige Vorstand des Kgl. Zentralblindeninstitutes Dr. Johann Hecher im Auftrage des Königlichen Staatsministeriums einen Leitfaden zur Behandlung und Unterweisung blinder Kinder zu Hause und in der Schule. In der Einleitung des Büchleins ist das Thema „Die bösartige Augenentzündung der Neugebornen, ihre Merkmale und ihre Verhütung" behandelt, und zwar im Anschluß an eine Ministerialentschließung hierüber, die aber schon im Jahre 1852 erschienen ist. Diese höchste Entschließung lautet:

Königreich Bayern.

Staatsministerium des Innern.

Es ist die Wahrnehmung gemacht worden, daß zur Erblindung der Kinder häufig durch eine nicht angemessene Behandlung der Neugebornen den Grund gelegt und dann das Fortschreiten des Übels bis zu dem unglücklichsten Ausgange durch gänzlich unterlassene und nicht rechtzeitige Anwendung der ärztlichen Hilfe begünstigt werde.

Um den traurigen Folgen zu begegnen, welche hieraus so häufig erwachsen, ist es von vorzüglicher Wichtigkeit, daß die Hebammen diejenigen Vorsichtsmaßregeln kennen lernen, wodurch schädliche Einflüsse von den Augen der Neugebornen abgehalten werden, und daß sie ferner ernstlichst auf ihre Verpflichtung hingewiesen werden, möglichst dahin zu wirken, daß alsbald entsprechende ärztliche Hilfe gesucht werde, wenn gleichwohl an den Augen der Neugebornen Krankheitserscheinungen hervortreten. Zu diesem Behufe erhält die Kgl. Regierung, Kammer des Innern, den Auftrag, die Gerichtsärzte anzuweisen, daß sie die Hebammen ihrer Bezirke alsbald geeignet über die hinsichtlich der Erhaltung des Augenlichtes der Neugebornen zu beobachtenden Vorsichtsmaßregeln, dann über ihre Verpflichtung, auf die baldige Beiziehung eines Arztes bei eintretenden Augenleiden hinzuwirken, belehren und zugleich dafür Sorge tragen sollen, den Hebammen zur Ergänzung des zweiten Abschnittes ihrer Dienstinstruktion Abschrift der anliegenden Bestimmungen zuzustellen.

München, den 11. September 1852.

Auf Seiner Königlichen Majestät Allerhöchsten Befehl.

Dr. v. Aschenbrenner.

Seit vielen Jahren wird nun die zerstörende Wirkung der Augenentzündung der Neugebornen in statistischen Zahlen nachgewiesen und der Prozentsatz, den diese Erblindungsursache (fast in allen Ländern) behauptet, ist bis auf den heutigen Tag ein so hoher geblieben, daß man sich darüber nicht genug wundern kann, nachdem doch hier eine Krankheit in Frage ist, die der ärztlichen Kunst zugänglicher ist, wie kaum eine andere. Hofrat Dr. Stieler sagt in seinem Kongreßvortrage in München: „Leider sind wir keineswegs imstande, alle Erkrankungen, die zu Erblindungsursachen werden können, vorbeugend zu begegnen; so stehen wir z. B. den angebornen Bildungsfehlern sowie auch jenen Formen der Blindheit, welche ihre Ursache im Gehirne und in den Sehnerven haben, machtlos gegenüber. Dagegen haben wir eine Form von Augenerkrankungen fast vollständig beherrschen gelernt und zwar gerade jene, welche uns — mit Betrübnis muß es gesagt werden — auch bis zur Stunde noch das größte Kontingent an Blinden in unseren Anstalten liefert: es ist dies die Augenentzündung der Neugebornen.“ . . . . . Als sicher wirkendes Mittel gegen die Augenentzündung wird die Höllensteinlösungeinträufelung angewendet. In Bayern sind die Hebammen seit 6 Jahren zu solchen Einträufelungen verpflichtet in allen Fällen drohender Augenentzündung der Neugeborenen.

Es dürfte von Interesse sein, auch den Prozentsatz der Blennorrhöeblinden von außerdeutschen Blindenanstalten zu notieren. Geheimer Medizinalrat Dr. Cohn hat bereits 1895 in den Blindenanstalten Österreichs, der Schweiz und Hollands Erkundigungen über die Erblindungsfälle durch Blennorrhöe eingezogen und diese Ergebnisse mit den Resultaten der im Jahre 1901 wiederholten Erkundigungen veröffentlicht.

Daraus wird nachstehende Übersicht entnommen:

Als Prozentanteil der Blennorrhöeblinden an der Gesamtzahl der in Anstalten untergebrachten Blinden sind berechnet:

	im Jahre 1895	im Jahre 1901
in Deutschland	20 %	20 %
„ Österreich	20 „	20 „
„ der Schweiz	20 „	28 „
„ Holland	19 „	10 „

In Bezug auf die Zunahme der Blennorrhöeblinden in der Schweiz betonen die einschlägigen Berichte, daß es meist Kinder von Nichtschweizern seien, die zur Zeit blennorrhöeblind gefunden wurden.

III. Erblindungen durch Verletzungen.

434 Blinde haben das Augenlicht durch Verletzungen verloren; diese Zahl ist an der Gesamtzahl der Blinden mit 12,83 % beteiligt.

Verteilt man diese Erblindungsursache auf die Geschlechter, so ergibt sich, daß 305 männliche Personen (17,63 %) und 129 weibliche Personen (7,80 %) durch Verletzungen blind geworden sind. Daß hier für das männliche Geschlecht ein bedeutend höherer Prozentsatz erscheint als für die Frauen, das hängt einesteils mit der Berufstätigkeit des Mannes, andernteils aber auch mit der Verschiedenheit der Naturelle zusammen. Doch hierüber gibt die unten folgende Aufzeichnung über die Art der Verletzungen einen tieferen Einblick.

Tabelle 37.

In dieser Tabelle ist die Zahl der durch Verletzung Erblindeten auf die einzelnen Regierungsbezirke verteilt.

Geschlecht	Oberbayern	Niederbayern	Pfalz	Oberpfalz	Oberfranken	Mittelfranken	Unterfranken	Schwaben	Königreich
Männlich	48	47	30	43	35	27	42	33	305
Weiblich	26	23	7	19	16	12	17	9	129
Summe	74	70	37	62	51	39	59	42	434

In obiger Tabelle tritt überall das Überwiegen der Zahlen für das männliche Geschlecht auffallend hervor; in der Reihe der weiblichen Blinden ziehen die kleinen Zahlen für die Pfalz und für Schwaben die Aufmerksamkeit auf sich.

Tabelle 38.

Die 434 Fälle von Verletzungs-Erblindungen werden nach Altersgruppen des Erblindungstermins gesondert.

Altersgruppe	Oberbayern		Niederbayern		Pfalz		Oberpfalz		Oberfrank.		Mittelfrk.		Unterfrank.		Schwaben		Königreich	
	m.	w.	m.	w.	m.	w.	m.	w.	m.	w.	m.	w.	m.	w.	m.	w.	m.	w.
1— 5	3	—	1	2	3	—	2	2	2	1	2	1	2	2	1	2	16	10
6— 10	2	3	4	1	3	1	1	3	4	—	1	1	4	2	—	1	19	12
11— 15	2	1	1	1	2	1	3	—	1	—	1	—	1	—	2	—	13	3
16— 20	2	2	4	1	2	—	3	—	—	—	1	2	4	—	2	2	18	7
21— 25	—	—	2	—	4	—	3	2	3	1	1	1	2	2	2	—	17	6
26— 30	3	2	4	1	2	1	3	1	2	—	3	—	—	—	3	—	20	5
31— 35	3	1	—	1	1	—	4	—	3	—	2	—	2	—	2	1	17	3
36— 40	6	1	9	—	6	—	3	2	2	1	1	—	4	1	2	—	33	5
41— 45	1	1	2	1	—	—	1	—	3	—	2	—	3	1	3	—	15	3
46— 50	3	2	1	2	1	—	5	4	6	1	—	2	1	1	1	—	18	12
51— 60	12	6	8	5	3	3	4	2	4	2	2	3	7	1	8	3	48	25
61— 70	7	5	6	3	3	1	5	1	3	3	6	2	9	3	4	—	43	18
71— 80	4	2	4	4	—	—	5	2	—	4	3	—	3	4	2	—	21	16
81— 90	—	—	1	—	—	—	—	—	—	2	—	—	—	—	—	—	1	2
91—100	—	—	—	—	—	—	—	—	—	—	—	—	—	—	—	—	—	—
Erblindungstermin nicht genau ermittelt	—	—	—	1	—	—	1	—	2	1	2	—	—	—	1	—	6	2
Summe	48	26	47	23	30	7	43	19	35	16	27	12	42	17	33	9	305	129

Betrachten wir die einzelnen Verletzungsarten, so finden wir: 1. daß entweder beide Augen direkt verletzt wurden; oder 2. daß nur ein Auge durch eine zerstörende Gewalt von außen zugrunde ging, das andere, nach der Verletzung des einen Auges noch gesunde Auge, aber auch die Sehkraft verlor, so daß vollständige Erblindung auf beiden Augen eintrat; 3. daß ein Einäugiger durch Verletzung seines Auges erblindete; endlich 4. daß die Erblindung durch einen Fall oder Schlag auf den Kopf, aber ohne direkte Verletzung der Augen herbeigeführt wurde.

Werden die gefundenen Unterschiede als Einteilungsgrund genommen, so gewinnen wir die Übersicht, welche die nächste Tabelle zeigt.

Tabelle 39.

Die Erblindung trat ein infolge:	Fälle	Prozent
A. Direkter Verletzung beider Augen	75	17,28
B. Kopfverletzungen	14	3,21
C. Erblindung des zweiten Auges nach Verletzung des ersten	290	66,83
D. Verletzung eines Auges (Einäugige)	55	12,68
Summe	434	100

Über die Fälle der 3. Gruppe sagen uns die Ärzte: Wenn ein Auge verletzt wurde, so besteht für das zweite Auge eine sehr große Gefahr, da oft ohne besonderen Schmerz das gesunde Auge schon nach 4 Wochen ganz schleichend zugrunde geht; denn ist nach einer schweren Verletzung die sympathische Entzündung auf dem anderen Auge ausgebrochen, dann nützt das Herausnehmen des verletzten Auges meist nichts mehr, und der Unglückliche verliert beide Augen.

Da nun gerade diese dritte Gruppe den Löwenanteil an der Gesamtzahl aller Verletzungs-Erblindungen hat, so ist das äußerst betrübend und traurig. Ist ein Auge schwer verletzt, so bringt nur eine schnelle sachverständige ärztliche Hilfe Rettung. Beim Lesen der Aufzeichnungen über die Art und Weise der Verletzungen beschleicht uns das Gefühl, daß doch in sehr vielen Fällen eine grobe Unvorsichtigkeit mit die Schuld trägt. Viele Augen sind durch Spielereien und Mutwillen vernichtet worden, andere durch Roheit, und erinnern wir uns derjenigen Fälle, bei denen erst eine sympathische Entzündung das Unglück voll machte, so geht das auf Rechnung der Gleichgültigkeit und der Unkenntnis. Für die Kinder soll immer wieder das ernste Sprüchlein in Erinnerung gebracht werden: „Messer, Gabel, Scher' und Licht nehmen kleine Kinder nicht!" Das Böllerschießen! Wie viel Augen wird es wohl noch fordern? Sprengschüsse könnten bei Befolgung der Vorschriften nicht so viel Unheil anrichten, und die Steinklopfer und Metallarbeiter wären durch Schutzbrillen gesichert. Übrigens besteht ein amtlicher Erlaß, der den Gebrauch der Schutzbrillen vorschreibt und im Unterlassungsfalle bei einem Unglück die Unfallrente nicht zuerkennt.

IV. Durch Masern sind . . . . 40 Personen = 1,18% erblindet.
V. „ Scharlach sind . . . 90 „ = 2,65% „
VI. „ Hirnhautentzündung sind 163 „ = 4,81% „

IV. Pockenerblindungen.

Unter den 3384 Blinden des Landes sind 22 = 0,65 % an Pocken erblindet. 1874 wurde die zweite Schutzpockenimpfung gesetzlich. Von den durch Pocken Erblindeten sind geboren

vor 1874 = 20,
nach 1874 = 2.

Also 20 Fälle für die vor Einführung der Wiederimpfung Geborenen und 2 Fälle für die seit Einführung der Wiederimpfung Geborenen! Hier feiert die gesetzliche Wiederimpfung einen wahren Triumph, denn es ist erwiesen, daß vor Einführung derselben die Pockenblinden ein ganz bedeutendes Kontingent stellten.

Auf die einzelnen Regierungsbezirke verteilen sich die 22 Fälle wie folgt:

Tabelle 40.

	Oberbayern	Niederbayern	Pfalz	Oberpfalz	Oberfrk.	Mittelfrk.	Unterfrk.	Schwaben
Männlich . . .	4	0	0	0	2	1	1	2
Weiblich . . .	1	2	1	2	5	0	0	1

Nachstehende Übersicht gibt für die Pockenblinden das Geburts- und Erblindungsjahr an.

Tabelle 41.

Männl. Blinde:												
Geburtsjahr . .	1824	1828	1833	1845	1848	1849	1852	1862	1882	1885		
Erblindungsjahr	1876	1833	1836	1849	1849	1856	1876	1876	1884	1888		
Weibl. Blinde:												
Geburtsjahr . .	1812	1812	1820	1823	1829	1830	1842	1844	1844	1855	1857	1866
Erblindungsjahr	1857	1880	1893	1872	1849	1883	1873	1885	1867	1856	1895	1896

Professor Dr. Cohn berechnet für sämtliche deutsche Blindenanstalten 0,7 % Pockenblinde. Unter 2116 Blinden, die in Anstalten untergebracht sind, sind im ganzen nur 16 durch Pocken erblindet. Und zwar in Bromberg, Hamburg, Dresden, Königsberg i. Pr., Stettin und Würzburg je 1 Fall, in Königsthal 2, in Berlin 3, in Düren 5 Fälle.

Einen ganz beachtenswerten und lehrreichen Gegensatz bilden die Verhältnisse in Österreich. Für die dortigen Blindenanstalten gibt Cohn 9 % Pockenblinde an. Hier aber besteht nicht der gesetzliche Impfzwang wie in Deutschland.

Da die Erblindungen durch Augenentzündung der Neugebornen größtenteils vermeidbar wären und auch die Erblindungen durch Verletzungen bedeutend reduziert werden könnten, so wäre es möglich, auch hier Resultate zu erreichen, die den gegenwärtigen Resultaten der Impfung gleichkommen. Man rechnet, daß von den in Blindenanstalten untergebrachten Blinden durchschnittlich $^1/_3$ der Zöglinge durch Blennorrhöe erblindeten. Würde dieses Drittel z. B. für die Münchener Anstalt in Wegfall kommen, so könnten jährlich ungefähr 24000 ℳ erspart werden. (Stieler, Kongreß München.) Erwägt man nun: Unglück und Elend könnten vermieden werden, eine bedeutende Summe kann zu einer ausgiebigen Fürsorge für jene verwendet werden, bei denen die Erblindung unvermeidbar war — da kann die Forderung für Herbeiführung günstigerer Verhältnisse nicht genug zur Arbeit mahnen, überall aufzuklären, um jene vermeidbaren Erblindungsfälle aus der Welt zu schaffen. Dazu zwingt schon das Interesse, das mindestens jede Familie an dieser Sache haben muß. Für den Menschenfreund ist es eine heilige Pflicht, wo es nur immer möglich ist, aufklärend zu wirken. Der jetzige Stand der Augenheilkunde kann die Blindheit verringern, wenn das Publikum mithilft und guten Willen hat. Darum kann hier Belehrung zum großen Segen werden für den einzelnen, für die Familie und für den Staat.

Ich erlaube mir, an das Ende dieses Teiles der Blindenstatistik die Worte zu setzen, mit denen Professor Dr. Cohn seinen Vortrag auf dem Blindenlehrerkongreß zu Breslau beschloß:

> „Möge die Zeit desjenigen Blindenlehrerkongresses nicht mehr fern sein, auf dem ein Augenarzt Ihnen eine Tabelle vorlegen wird, deren erste Rubrik „Vermeidbare Erblindungen" enthält: Blennorrhöe Null, Verletzungen Null, Schichtstar Null, Körnerkrankheit Null, Pocken Null ..... Meine geehrten Herren, kämpfen Sie mit uns Ärzten unermüdlich weiter den ernsten Kampf gegen die Beschränktheit und die Lethargie bei der Blindheits-Verhütung, und wir werden sicher siegen. Sie, meine Herren, die Sie tagtäglich das ganze durch die Blindheit hervorgerufene Elend vor Augen haben, werden gewiß wünschen, Ihre Arbeitskraft auf solche Schüler konzentrieren zu können, denen ein trauriges Geschick durch unvermeidbare Ursachen den Quell des Sehens verschlossen. Sie werden gewiß den dritten Teil Ihrer Zöglinge, deren Blindheit zu verhüten war, lieber den Schulen für Sehende überlassen."

Tabelle 42.

Tabellen über Erblindung durch Verletzungen.

Laufd. Nr.	Lebensjahr, in welchem die Erblindung eintrat	Art der Verletzung	Ist durch sympathische Entzündung auch das andere Auge erblindet?
		Regierungsbezirk Oberbayern.	
		Männliche Blinde.	
1	3	Ein Auge verletzt durch Stich mit einem Messer	ja
2	4	Ein Auge „ „ „ „ „ „	ja
3	5	Ein Auge zerstört durch Schußverletzung	ja
4	7	Beide Augen verletzt durch Explosion eines Kohlensäureapparates	—
5	7	Ein Auge verletzt durch einen Messerstich	ja
6	12	Ein Auge beim Bleischmelzen verletzt	ja
7	13	Ein Auge zerstört durch Schußverletzung	ja
8	19	Beide Augen „ „ „	—

Tabelle 42. (Fortsetzung.)

Laufd. Nr.	Lebensjahr, in welchem die Erblindung eintrat	Art der Verletzung	Ist durch sympathische Entzündung auch das andere Auge erblindet?
9	20	Rechtes Auge zerstört durch einen Sprengschuß	ja
10	28	Beide Augen zerstört beim Böllerschießen	—
11	30	Ein Auge „ „ „	ja
12	30	Ein Auge durch Stoß zerstört	ja
13	33	Beide Augen durch Sprengschuß verloren	—
14	34	Beide Augen erblindet durch Schlag auf den Kopf . . .	—
15	34	Beide Augen erblindet durch Sturz auf den Kopf . . .	—
16	37	Beide Augen zerstört — Sprengschuß	—
17	38	Linkes Auge verletzt durch Eindringen eines Fremdkörpers	ja
18	39	Ein Auge „ „ „ „ „	ja
19	40	Beide Augen zerstört durch Einspritzen von Kalk	—
20	40	Ein Auge durch Schlag auf dasselbe verletzt	ja
21	40	Ein Auge verletzt durch Eindringen eines Fremdkörpers .	ja
22	43	Ein Auge „ „ „ „ „ .	ja
23	46	Ein Auge „ „ „ „ „ .	ja
24	49	Linkes Auge mit dem Messer ausgestochen	ja
25	49	Ein Auge verletzt durch Eindringen eines Fremdkörpers .	ja
26	52	Ein Auge „ „ Stoß	ja
27	52	Beide Augen verletzt durch Sturz in den Keller	—
28	52	Ein Auge zerstört durch Schußverletzung	ja
29	54	Beide Augen zerstört durch Einspritzen von Ätzkalk . . .	—
30	57	Linkes Auge durch einen Steinsplitter erblindet, das rechte Auge ging im 55. Lebensjahr durch Schlag mit einer Rute verloren	—
31	57	Ein Auge verloren durch Eindringen eines Fremdkörpers	ja
32	57	Ein Auge „ „ „ „ „	ja
33	58	Linkes Auge im 58. Lebensjahr ohne Erfolg operiert, das rechte ging im 5. Lebensjahr verloren durch Fallen in das offene Messer	—
34	59	Ein Auge verletzt durch Stoß auf dasselbe	ja
35	60	Ein Auge verletzt durch Eindringen eines Fremdkörpers .	ja
36	60	Linkes Auge durch Einspritzen der heißen Sole in der Saline; das rechte Auge ging im 53. Lebensjahr auf die gleiche Art zugrunde	—
37	60	Ein Auge durch Einstoßen eines Holzstückes verloren . .	ja
38	62	Ein Auge durch einen hereinfliegenden Holzsplitter beim Holzhacken verloren	ja
39	62	Beide Augen erblindet durch Kopfverletzung bei einem Sturz vom Wagen	—
40	64	Ein Auge durch Ätzkalk vernichtet	ja
41	64	Ein Auge durch einen Strohhalm verletzt	ja
42	64	Ein Auge vernichtet durch Stoß auf dasselbe	ja
43	66	Beide Augen verloren durch Verbrennung	—
44	68	Rechtes Auge zerstört durch Einstoßen eines Fremdkörpers, linkes ging im 60. Lebensjahr durch einen Stoß zugrunde	—
45	71	Ein Auge durch Ätzkalk zerstört	ja
46	75	Ein Auge verletzt durch Schlag mit einer Gerte in dasselbe	ja
47	76	Ein Auge durch Einspringen eines Holzstückes verletzt . .	ja
48	80	Ein Auge zerstört durch einen Steinwurf	ja

Tabelle 42. (Fortsetzung.)

Laufd. Nr.	Lebensjahr, in welchem die Erblindung eintrat	Art der Verletzung	Ist durch sympathische Entzündung auch das andere Auge erblindet?
		Weibliche Blinde.	
1	7	Ein Auge durch einen Stoß verletzt	ja
2	8	Ein Auge durch einen eingedrungenen Fremdkörper verletzt	ja
3	8	Ein Auge " " " " "	ja
4	14	Beide Augen vernichtet durch Überfahren	—
5	16	Rechtes Auge durch eine Kuh ausgestoßen; linkes Auge war von Geburt an blind	—
6	19	Rechtes Auge verletzt durch Zerspringen einer Selterswasserflasche; linkes Auge konnte durch zu späte Operation nicht mehr gerettet werden	ja
7	27	Beide Augen vernichtet durch Sturz vom Veloziped . . .	—
8	29	Beide Augen zerstört durch Einspritzen von Ätzkalk . . .	—
9	32	Beide Augen verloren durch den Hufschlag eines Pferdes	—
10	36	Ein Auge ausgestoßen	ja
11	44	Ein Auge verletzt durch den Schlag eines Kuhschweifes .	ja
12	50	Das linke Auge wurde ausgestoßen, das rechte Auge ist in frühester Jugend erblindet	—
13	50	Ein Auge durch Einstoßen eines spitzen Gegenstandes . .	ja
14	51	Ein Auge durch Stoß auf dasselbe verletzt	ja
15	51	Rechtes Auge ausgestoßen; linkes Auge ist von frühester Jugend an blind	—
16	55	Rechtes Auge durch spitzes Eisen verletzt	ja
17	60	Rechtes Auge durch einen Roggenhalm verletzt	ja
18	60	Ein Auge durch eingedrungenen Fremdkörper verloren .	ja
19	60	Ein Auge ausgeschlagen	ja
20	63	Ein Auge durch eingestoßenen Holzsplitter verletzt . . .	ja
21	63	Ein Auge verletzt durch Schlag	ja
22	65	Ein Auge verletzt durch eingestoßenen Fremdkörper . . .	ja
23	67	Ein Auge mit einem Kaminrohr verletzt	ja
24	68	Beide Augen erblindeten infolge einer Kopfverletzung durch Sturz	—
25	71	Ein Auge verloren durch einen Stoß in dasselbe . . .	ja
26	71	Ein Auge mit einer Ahle verletzt, das andere ist seit frühester Jugend blind	—
		Regierungsbezirk Niederbayern.	
		Männliche Blinde.	
1	5	Linkes Auge durch einen Messerstich verletzt	ja
2	6	Ein Auge ausgelaufen durch ein eingestoßenes Holzstück .	ja
3	7	Beide Augen erblindet durch Kopfverletzung — Sturz von einem Baum	—
4	8	Beide Augen verletzt durch einen Stoß auf dieselben . .	—
5	10	Ein Auge erblindet durch einen eingedrungenen Fremdkörper	ja
6	14	Ein Auge verletzt durch einen Schießkapselsplitter . . .	ja
7	17	Ein Auge durch Hereinfliegen eines Steines zerstört; das andere Auge ist von Geburt an blind	—
8	18	Beide Augen allmählich erblindet: Kopfverletzung; Sturz vom Heuboden	—

Tabelle 42. (Fortsetzung.)

Laufd. Nr.	Lebensjahr, in welchem die Erblindung eintrat	Art der Verletzung	Ist durch sympathische Entzündung auch das andere Auge erblindet?
9	18	Beide Augen zerstört durch Einspritzen von Ätzkalk . . .	—
10	19	Linkes Auge durch einen Holzsplitter verletzt	ja
11	22	Ein Auge durch einen eingestoßenen Fremdkörper verletzt	ja
12	24	Ein Auge durch Stoß zerstört	ja
13	28	Beide Augen vernichtet durch unzeitige Entladung eines Dynamitschusses	—
14	30	Beide Augen zerstört durch einen Steinschuß	—
15	30	„ „ „ „ „ „	—
16	30	„ „ „ „ „ „	—
17	36	Ein Auge durch Hereinspritzen von Kalk zerstört; das andere Auge ist in früheren Jahren verloren gegangen	—
18	36	Ein Auge durch einen Stoß auf dasselbe verletzt . . .	ja
19	36	Beide Augen zerstört durch einen Steinschuß	—
20	38	Ein Auge durch eingedrungenen Fremdkörper erblindet .	ja
21	38	Beide Augen durch einen Steinschuß erblindet	—
22	40	Ein Auge durch ein umfallendes Brett verletzt	ja
23	40	Ein Auge durch einen Steinsplitter verletzt	ja
24	40	„ „ „ „ „ „	ja
25	40	„ „ „ „ „ „	ja
26	42	Ein Auge durch Hereinspritzen von Kalk erblindet . . .	ja
27	43	Beide Augen „ „ „ „ „ . . .	—
28	50	Ein Auge durch einen Schlag auf dasselbe verletzt . . .	ja
29	56	Linkes Auge durch eingestoßenen Fremdkörper verletzt; rechtes Auge ging früher durch einen Stoß zugrunde .	—
30	56	Ein Auge durch Schießkapselsplitter verletzt	ja
31	57	Ein Auge durch Schlag mit einer Peitsche verletzt, das andere Auge ist seit früher Jugend blind	—
32	59	Beide Augen durch Ätzkalk zerstört	—
33	59	Beide Augen durch Schußverletzung erblindet	—
34	60	Ein Auge verloren durch Einstoßen eines Fremdkörpers .	ja
35	60	Ein Auge durch Schlag auf dasselbe verloren	ja
36	60	Ein Auge durch Schlag mit einer Gerte zerstört	ja
37	62	Ein Auge durch eingedrungenen Fremdkörper erblindet .	ja
38	62	Ein Auge durch Ätzkalk zerstört	ja
39	64	Ein Auge durch eingedrungenen Fremdkörper erblindet .	ja
40	66	Ein Auge durch Schlag auf dasselbe ausgelaufen . . .	ja
41	68	Beide Augen durch Einspritzen von Ätzkalk verloren . .	—
42	68	Beide Augen erblindet durch einen Schlag auf den Kopf .	—
43	74	Ein Auge verletzt durch eingestoßenen Fremdkörper . . .	ja
44	77	„ „ „ „ „ „ . . .	ja
45	78	„ „ „ „ „ „ . . .	ja
46	78	„ „ „ „ „ „ . . .	ja
47	83	„ „ „ „ „ „ . . .	ja
		Weibliche Blinde.	
1	5	Rechtes Auge durch einen Stoß auf dasselbe verletzt . .	ja
2	5	Rechtes Auge durch einen Messerstich verloren	ja
3	10	Ein Auge durch einen Schlag auf dasselbe verletzt . . .	ja
4	12	Ein Auge durch einen Schuß zerstört	ja

Tabelle 42. (Fortsetzung.)

Laufd. Nr.	Lebensjahr, in welchem die Erblindung eintrat	Art der Verletzung	Ist durch sympathische Entzündung auch das andere Auge erblindet?
5	16	Ein Auge ausgestoßen	ja
6	27	Beide Augen erblindet; Sturz auf den Kopf	—
7	32	Ein Auge durch Stoß auf dasselbe verletzt	ja
8	42	Ein Auge durch einen Steinsplitter erblindet	ja
9	47	Rechtes Auge ausgestoßen; linkes zu spät operiert . . .	ja
10	49	Ein Auge erblindet durch eingedrungenen Fremdkörper .	ja
11	53	Beide Augen erblindet durch eine Kopfverletzung	—
12	53	Ein Auge durch Schlag mit einer Gerte erblindet . . .	ja
13	59	Ein Auge durch einen Strohhalm ausgestoßen	ja
14	60	Beide Augen durch Einspritzen von Kalk verloren . . .	—
15	60	Ein Auge durch eine Rute verletzt; das andere Auge ging früher verloren.	. .
16	64	Ein Auge durch Ätzkalk erblindet	ja
17	67	Ein Auge durch einen einspringenden Holzsplitter verloren	ja
18	69	Ein Auge verletzt durch eindringenden Fremdkörper . . .	ja
19	71	Ein Auge durch Stoßverletzung verloren	ja
20	72	Ein Auge durch Stoß mit einem Besenstiel verletzt . . .	ja
21	73	Ein Auge durch eingespritzten Kalk erblindet	ja
22	80	Ein Auge ausgestoßen	ja
23	?	Ein Auge mit einer Stricknadel verletzt	ja
		Regierungsbezirk Pfalz.	
		Männliche Blinde.	
1	3	Beide Augen erblindet durch Ätzkalk	—
2	4	Rechtes Auge mit einer Schere verletzt	ja
3	4	Linkes Auge mit einem Messer verletzt	ja
4	7	Linkes Auge durch ein Holzscheit ausgeworfen	ja
5	8	Ein Auge verletzt; das andere war von Geburt an blind	—
6	8	Beide Augen verloren durch Schußverletzung	—
7	12	Linkes Auge durch eingestoßene Schere erblindet	ja
8	14	Beide Augen verloren durch Schußverletzung	—
9	17	Ein Auge mit einem Pfriemen verletzt	ja
10	19	Beide Augen beim Böllerschießen verloren	—
11	24	Ein Auge durch einen Sprengschuß verloren	ja
12	25	Beide Augen „ „ „ „	—
13	25	Ein Auge wurde ausgeschlagen	ja
14	25	Ein Auge durch eingedrungenen Fremdkörper erblindet .	ja
15	28	Beide Augen durch einen Sprengschuß verletzt	—
16	29	Ein Auge durch Stoß erblindet	ja
17	31	Beide Augen durch einen Sprengschuß verloren	—
18	36	Ein Auge durch Stoß auf dasselbe erblindet	ja
19	37	„ „ „ „ „ „ „	ja
20	38	Ein Auge durch einen Metallsplitter verloren	ja
21	40	Beide Augen durch Schwefelsäure vernichtet	—
22	40	Ein Auge durch einen Baumast verletzt	ja
23	40	Ein Auge durch Mißhandlung verletzt	ja
24	49	Beide Augen durch einen Sprengschuß verloren	—

Tabelle 42. (Fortsetzung.)

Laufd. Nr.	Lebensjahr, in welchem die Erblindung eintrat	Art der Verletzung	Ist durch sympathische Entzündung auch das andere Auge erblindet?
25	56	Linkes Auge ausgestoßen, Operation zu spät erfolgt . .	ja
26	56	Rechtes Auge durch Einspringen eines Eisensplitters erblindet	ja
27	59	Beide Augen durch Einspritzen von Ätzkalk verloren . .	—
28	63	Ein Auge " " " " . .	ja
29	65	Ein Auge durch eingedrungenen Fremdkörper verloren .	ja
30	66	Ein Auge wurde ausgestoßen	ja
		Weibliche Blinde.	
1	8	Ein Auge mit einem Spielzeug (?) verletzt	ja
2	15	Ein Auge durch Fall auf den Küchenherd verletzt . . .	ja
3	30	Ein Auge mit einer Schere ausgestoßen	ja
4	56	Ein Auge ausgestoßen	ja
5	57	Linkes Auge erblindet durch eine hereingeworfene Eichel; rechtes Auge 5 Jahre später durch Hirnhautentzündung	—
6	60	Linkes Auge operiert und erblindet; rechtes Auge kurz darauf auch erblindet	ja
7	62	Linkes Auge durch eingestoßenen Fremdkörper erblindet; rechtes Auge von Geburt aus blind	—
		Regierungsbezirk Oberpfalz.	
		Männliche Blinde.	
1	3	Rechtes Auge durch Stich mit einem Messer verloren . .	ja
2	3	Linkes Auge durch einen Steinwurf verletzt	ja
3	6	Ein Auge durch einen Messerstich erblindet	ja
4	11	Rechtes Auge von einer Kuh ausgestoßen; linkes Auge von Geburt aus blind	—
5	12	Ein Auge durch einen Steinwurf erblindet	ja
6	12	Linkes Auge durch Stoß erblindet; rechtes Auge kann nach Aussage des Augenarztes noch gerettet werden, wenn der Star reif ist	—
7	16	Beide Augen durch Hereinwerfen von Sand erblindet . .	—
8	20	Rechtes Auge durch Stoß in dasselbe verloren	ja
9	20	Beide Augen zertrümmert durch Schußverletzung	—
10	21	Ein Auge durch einen „Prellschuß" verloren	ja
11	23	Beide Augen durch Schußverletzung im Bergwerk verloren	—
12	25	Ein Auge durch eingedrungenen Fremdkörper erblindet .	ja
13	29	Rechtes Auge wurde ausgestoßen; linkes Auge mit einer Kartoffel (im 16. Lebensjahr) ausgeworfen	—
14	30	Linkes Auge durch Schlag auf dasselbe verletzt	ja
15	30	Beide Augen durch Schußverletzung verloren	—
16	31	Ein Auge durch eingedrungenen Fremdkörper erblindet .	ja
17	32	Beide Augen durch einen Schuß vernichtet	—
18	34	Ein Auge ausgeschlagen	ja
19	35	Ein Auge verloren durch einen Messerstich	ja
20	36	Beide Augen durch Schußverletzung erblindet	—
21	38	Ein Auge durch eingedrungenen Fremdkörper erblindet .	ja
22	40	Ein Auge verloren durch Schußverletzung	ja
23	42	Ein Auge durch eingedrungenen Fremdkörper verletzt . .	ja
24	46	Ein Auge durch Ätzkalk verloren	ja

Tabelle 42. (Fortsetzung.)

Laufd. Nr.	Lebensjahr, in welchem die Erblindung eintrat	Art der Verletzung	Ist durch sympathische Entzündung auch das andere Auge erblindet?
25	46	Linkes Auge beim Steinschlagen durch einen Steinsplitter erblindet; rechtes Auge im 27. Lebensjahr durch einen Steinschuß verloren	—
26	49	Beide Augen durch einen Sturz vom Pferde verloren	—
27	50	Ein Auge durch eingespritzte Säure erblindet	ja
28	50	Beide Augen verloren durch Schußverletzung	—
29	54	Ein Auge zerstört durch einen Steinwurf	ja
30	59	Beide Augen zu gleicher Zeit verletzt	—
31	59	Linkes Auge durch einen Stoß mit einem Streuast; rechtes Auge früher durch Ätzkalk verloren	—
32	60	Ein Auge durch Anstoßen an ein Balkeneck verloren	ja
33	61	Ein Auge erblindet durch Einstoßen eines spitzen Gegenstandes	ja
34	63	Ein Auge erblindet durch Ätzkalk	ja
35	64	Ein Auge durch einen Steinsplitter verletzt	ja
36	64	Ein Auge durch Ritzen mit einem Dorn verletzt	ja
37	69	Ein Auge durch Stoßverletzung erblindet, das andere Auge war von Geburt an blind	—
38	71	Ein Auge durch Stoß verletzt	ja
39	72	Beide Augen durch eingespritzte Säure zerstört	—
40	74	Linkes Auge durch einen Steinsplitter erblindet; rechtes Auge früher von einer Kuh ausgestoßen	—
41	75	Ein Auge durch einen Ast verletzt	ja
42	79	Ein Auge ausgestoßen; das andere war früher erblindet	—
43	?	Linkes Auge durch Eindringen eines Fremdkörpers verletzt	ja
		Weibliche Blinde.	
1	2	Ein Auge erblindet durch Einstoßen einer Schere	ja
2	3	Ein Auge erblindet durch Einstoßen eines Spans	ja
3	7	Rechtes Auge verletzt durch Messerstich	ja
4	7	Ein Auge durch einen eingedrungenen Fremdkörper erblindet	ja
5	10	" " " " " "	ja
6	22	Ein Auge durch einen Stoß verletzt, das andere Auge ist früher erblindet	—
7	23	Beide Augen durch eine Schußverletzung verloren	—
8	26	Beide Augen durch Einspritzen einer Säure erblindet	—
9	37	Beide Augen durch Verbrühung des Gesichtes verloren	—
10	37	Ein Auge durch Schlag auf dasselbe vernichtet	ja
11	46	Ein Auge durch eingedrungenen Fremdkörper erblindet	ja
12	47	Beide Augen durch einen Stoß vernichtet	—
13	49	Beide Augen durch Einspritzen von Ätzkalk erblindet	—
14	50	Ein Auge durch eine Stoßverletzung vernichtet	ja
15	59	Ein Auge durch einen Steinsplitter zerstört	ja
16	59	Ein Auge ausgestoßen	ja
17	70	Ein Auge durch einen eingestoßenen Fremdkörper erblindet	ja
18	72	Ein Auge beim Streuhacken durch Hereinspringen eines Holzsplitters erblindet	ja
19	73	Beide Augen erblindet durch Eindringen von Fremdkörpern beim Flachsbrechen	—

Tabelle 42. (Fortsetzung.)

Laufd. Nr.	Lebensjahr, in welchem die Erblindung eintrat	Art der Verletzung	Ist durch sympathische Entzündung auch das andere Auge erblindet?
		Regierungsbezirk Oberfranken.	
		Männliche Blinde.	
1	3	Linkes Auge mit einem Pfriemen verletzt	ja
2	5	Rechtes Auge durch einen Messerstich verletzt	ja
3	6	Ein Auge mit einem Messer ausgestochen	ja
4	7	Ein Auge mit einer Schere verletzt	ja
5	10	Ein Auge ausgestoßen	ja
6	10	Linkes Auge durch einen Steinwurf verletzt	ja
7	13	Linkes Auge beim Spiel durch Schußverletzung verloren; rechtes Auge erblindete nach 2 Jahren (15)	ja
8	22	Ein Auge erblindete durch Schußverletzung (Sprengschuß)	ja
9	23	Linkes Auge verloren durch Einstoßen von Tannennadeln; rechtes Auge war seit frühester Jugend blind	—
10	25	Ein Auge erblindet durch Stoßverletzung	ja
11	27	Beide Augen verloren durch einen Böllerschuß	—
12	28	Linkes Auge durch einen eingestoßenen spitzen Gegenstand verloren; das rechte ging im 15. Lebensjahr auf gleiche Art zugrunde	—
13	32	Ein Auge zerstört durch den Hufschlag eines Pferdes	ja
14	33	Beide Augen durch Ätzkalk verloren	—
15	34	Beide Augen durch Pulverexplosion zerstört	—
16	37	Linkes Auge verloren durch Verletzung mit einem Ästchen; rechtes erblindete früher durch Insektenstich	—
17	40	Rechtes Auge durch ein Kalksteinchen verletzt	ja
18	43	Beide Augen erblindet durch eine schwere Kopfverletzung	—
19	44	Linkes Auge durch Stoßverletzung erblindet; rechtes Auge war von Geburt aus blind	—
20	45	Ein Auge verloren. Explosion. Betriebsunfall	ja
21	46	Ein Auge verloren durch Einstoßen eines Holzsplitters	ja
22	47	Linkes Auge verloren durch einen Sprengschuß	ja
23	48	Rechtes Auge im 48., linkes Auge im 12. Lebensjahr durch Stoßverletzung verloren	—
24	49	Rechtes Auge erblindet durch Messerstich	ja
25	50	Ein Auge durch ein einspringendes Gerstenkorn verletzt; das andere Auge war früher erblindet	—
26	50	Rechtes Auge an einem Eisengitter eingestoßen; linkes Auge ist von Geburt blind	—
27	51	Linkes Auge durch einen eingestoßenen Strohhalm verloren	ja
28	58	Linkes Auge durch ein hereinfliegendes Steinchen erblindet	ja
29	60	Ein Auge durch Stoß verletzt	ja
30	60	Linkes Auge durch eingestoßenen Fremdkörper, rechtes Auge im 46. Lebensjahr durch Fall von einem Baugerüst verloren	—
31	61	Ein Auge durch Einspringen von Glassplittern verletzt	ja
32	61	Ein Auge durch Stoßverletzung verloren	ja
33	72	Ein Auge durch Einstoßen eines Ästchens erblindet	ja
34	?	Beide Augen durch Schußverletzung verloren	—
35	?	Ein Auge mit einer Gabel ausgestochen	ja

Tabelle 42. (Fortsetzung.)

Laufd. Nr.	Lebensjahr, in welchem die Erblindung eintrat	Art der Verletzung	Ist durch sympathische Entzündung auch das andere Auge erblindet?
		Weibliche Blinde.	
1	3	Ein Auge verletzt durch Messerstich	ja
2	25	Ein Auge durch Stoßverletzung erblindet	ja
3	36	Linkes Auge durch einen Ochsen ausgestoßen	ja
4	48	Ein Auge durch Hereinwerfen von Mörtel erblindet . . .	ja
5	57	Rechtes Auge durch Einstoßen eines Strohhalms verloren.	ja
6	57	Ein Auge durch eingedrungenen Fremdkörper erblindet . .	ja
7	61	Ein Auge " " " " . .	ja
8	66	Ein Auge durch Schlag auf dasselbe verloren	ja
9	68	Rechtes Auge verletzt; nach einem Jahr erblindete das linke	ja
10	71	Ein Auge durch eine Ofenschaufel verletzt	ja
11	72	Ein Auge durch Einstoßen eines Ästchens verloren . . .	ja
12	73	Beide Augen durch Stoß vollständig zerstört	—
13	78	Ein Auge durch Eindringen eines Fremdkörpers erblindet	ja
14	81	Ein Auge erblindet durch Verletzung mit einem Holzstück beim Holzmachen	ja
15	86	Ein Auge durch Stoß mit einem Tannenast verletzt . . .	ja
16	?	In ein Auge schnellte ein Strickende; in das andere sprang ein Stück Holz	—
		Regierungsbezirk Mittelfranken.	
		Männliche Blinde.	
1	4	Ein Auge durch Steinwurf verletzt	ja
2	5	Ein Auge verloren durch Messerstich	ja
3	10	Ein Auge erblindet durch Stoßverletzung	ja
4	15	Ein Auge " " "	ja
5	17	Ein Auge wurde durch Schlag zerstört	ja
6	22	Ein Auge durch Stoßverletzung erblindet	ja
7	27	Ein Auge durch Einspringen eines Steinchens verloren .	ja
8	29	Ein Auge durch Schlag auf dasselbe verloren, das andere erblindete ein Jahr früher durch Verletzung	—
9	30	Ein Auge erblindete im 30., das andere im 21. Lebensjahr, jedesmal durch Einstoßen eines „Fremdkörpers" . . .	—
10	32	Beide Augen verloren durch einen Steinschuß	—
11	33	Ein Auge durch Schußverletzung im Kriege verloren . .	ja
12	40	Ein Auge durch eingedrungenen Fremdkörper verloren . .	ja
13	44	Ein Auge durch Stoßverletzung erblindet	ja
14	45	Beide Augen durch Ätzkalk erblindet	ja
15	51	Ein Auge durch ein hereingesprungenes Metallstückchen verletzt	ja
16	51	Ein Auge ausgestoßen	ja
17	61	Ein Auge durch Stoß erblindet	ja
18	62	Linkes Auge verletzt durch einen Holzsplitter	ja
19	62	Ein Auge durch eingedrungenen Fremdkörper erblindet . .	ja
20	67	Linkes Auge verletzt mit einem Zweig	ja
21	69	Ein Auge mit einem Strohhalm verletzt	ja
22	70	Ein Auge verloren — eingedrungener Fremdkörper . . .	ja
23	71	Rechtes Auge durch einen Dorn verletzt	ja

Tabelle 42. (Fortsetzung.)

Laufd. Nr.	Lebensjahr, in welchem die Erblindung eintrat	Art der Verletzung	Ist durch sympathische Entzündung auch das andere Auge erblindet?
24	75	Ein Auge verloren durch Einstoßen eines Astes	ja
25	79	Linkes Auge erblindet durch einen Holzsplitter	ja
26	?	Beide Augen erblindet. Fall auf den Kopf	—
27	?	Ein Auge ausgestoßen	ja
		Weibliche Blinde.	
1	4	Rechtes Auge mit einer Stahlfeder ausgestochen	ja
2	6	Linkes Auge durch Stoß verletzt	ja
3	16	Beide Augen durch einen Schlag auf dieselben verloren .	—
4	16	Ein Auge durch eingedrungenen Fremdkörper erblindet . .	ja
5	24	Ein Auge durch Schlag verletzt	ja
6	46	Ein Auge ausgestoßen	ja
7	48	Ein Auge von einer Kuh ausgestoßen	ja
8	51	Ein Auge durch Stoß erblindet	ja
9	52	Rechtes Auge durch eine Kuh ausgestoßen	ja
10	56	Beide Augen durch Hereinspritzen von Kalk erblindet . .	—
11	63	Ein Auge mit einem Messer verletzt	ja
12	70	Ein Auge verletzt mit einem Trennmesser	ja
		Regierungsbezirk Unterfranken.	
		Männlich Blinde.	
1	3	Ein Auge durch einen Wurf in dasselbe erblindet	ja
2	5	Ein Auge durch Stoßverletzung verloren	ja
3	6	Ein Auge bei einem Sturz verletzt	ja
4	8	Ein Auge durch Messerverletzung verloren	ja
5	9	Ein Auge durch Ätzkalk erblindet	ja
6	10	Rechtes Auge durch ein Messer verletzt	ja
7	12	Ein Auge ausgestoßen	ja
8	16	Beide Augen durch Schußverletzung verloren	—
9	16	Ein Auge beim Haberbinden verletzt	ja
10	17	Linkes Auge durch einen Schuß verletzt	ja
11	18	Ein Auge erblindet durch Stoßverletzung	ja
12	21	Beide Augen durch Basaltsteinsplitter verletzt	—
13	21	Beide Augen durch Schußverletzung verloren	—
14	32	Ein Auge durch Schlag verletzt	ja
15	34	Ein Auge bei einem Sturz verletzt	ja
16	39	Linkes Auge durch Ätzkalk erblindet, rechtes ging im 18. Lebensjahr durch einen Schlag auf dasselbe verloren	—
17	39	Rechtes Auge durch Einstoßen eines Strohhalms erblindet, linkes ist blind seit frühesten Jahren	—
18	40	Ein Auge durch Einspringen eines Splitters verletzt . . .	ja
19	40	Ein Auge verletzt durch den Hufschlag eines Pferdes . . .	ja
20	42	Ein Auge durch einen eingedrungenen Steinsplitter verletzt	ja
21	42	Ein Auge wurde ausgestoßen; das andere war von Geburt an blind.	—
22	43	Beide Augen vernichtet durch Einspritzen von glühend flüssigem Eisen	—
23	50	Ein Auge durch einen Holzsplitter verletzt	ja
24	52	Ein Auge ging durch Stoßverletzung verloren	ja
25	53	Beide Augen durch Einspritzen von Säure erblindet . . .	—

Tabelle 42. (Fortsetzung.)

Laufd. Nr.	Lebensjahr, in welchem die Erblindung eintrat	Art der Verletzung	Ist durch sympathische Entzündung auch das andere Auge erblindet?
26	53	Ein Auge verletzt durch Schlag mit einer Peitsche . . .	ja
27	56	Linkes Auge ging durch eine Schußverletzung verloren, das rechte wurde früher ausgestoßen	—
28	56	Linkes Auge von einer Kuh ausgestoßen; rechtes wurde im 5. Lebensjahr durch Krankheit blind	—
29	56	Ein Auge durch eine Säure zerstört	ja
30	58	Ein Auge erblindet durch Sturz vom Heuwagen	ja
31	61	Linkes Auge im 61., rechtes im 56. Lebensjahr ausgestoßen	—
32	61	Linkes Auge im 61., rechtes im 54. Lebensjahr durch Einspringen von Splittern erblindet	—
33	61	Linkes Auge durch einen eingestoßenen Strohhalm verletzt, das rechte wurde durch Schlag mit einem Strickende blind	—
34	62	Ein Auge durch Einspringen von Splittern verletzt	ja
35	64	Beide Augen durch einen Stoß zerstört	—
36	64	Rechtes Auge durch eingestoßenes Ästchen verletzt	ja
37	68	Rechtes Auge mit einem Dorn verletzt, linkes erblindet im 53. Lebensjahr durch Einstoßen eines Strohhalms . .	—
38	69	Ein Auge durch Splitter verletzt	ja
39	70	Ein Auge erblindet durch Stich mit einem Federmesser . .	ja
40	72	Ein Auge ausgestoßen	ja
41	75	Rechtes Auge durch eine Kuh ausgestoßen, linkes Auge mit einem Dreschflegel im 70. Lebensjahr ausgeschlagen . .	—
42	75	Ein Auge erblindet durch eingestoßenes Ästchen	ja
		Weibliche Blinde.	
1	2	Ein Auge erblindet durch Einstoßen einer Scherspitze . . .	ja
2	4	Ein Auge ausgestoßen	ja
3	6	Beide Augen erblindet. Kopfverletzung durch Überfahren .	—
4	7	Ein Auge durch Kalk zerstört	ja
5	22	Beide Augen durch eingedrungene Splitter erblindet . .	—
6	23	Ein Auge durch einen Steinsplitter verletzt	ja
7	37	Ein Auge durch Schlag verletzt	ja
8	41	Ein Auge durch Stoß erblindet, das andere war von Geburt an blind	—
9	48	Ein Auge durch Einstoßen einer Stricknadel verletzt . . .	ja
10	60	Ein Auge durch eingedrungenen Fremdkörper erblindet . .	ja
11	62	Ein Auge bei einem Sturz verletzt	ja
12	67	Rechtes Auge durch Stoß verletzt, linkes durch Schlag eines Kuhschweifes im 63. Lebensjahr erblindet	—
13	64	Beide Augen durch Gerstengrannen verletzt	—
14	71	Ein Auge ausgestoßen	ja
15	78	Ein Auge durch einen Steinsplitter verloren, das andere war von Geburt an blind	—
16	78	Rechtes Auge durch einen Strohhalm verletzt	ja
17	80	Ein Auge durch einen eingestoßenen Splitter verletzt . . .	ja
		Regierungsbezirk Schwaben.	
		Männliche Blinde.	
1	2	Beide Augen durch Kalkverbrennung verloren	—
2	15	Ein Auge erblindet durch einen Steinsplitter	ja

Tabelle 42. (Schluß.)

Laufd. Nr.	Lebensjahr, in welchem die Erblindung eintrat	Art der Verletzung	Ist durch sympathische Entzündung auch das andere Auge erblindet?
3	15	Ein Auge verletzt durch ein Holzstück	ja
4	16	Rechtes Auge ausgestoßen	ja
5	19	Linkes Auge durch Stoß mit einem Holzscheit verletzt; rechtes Auge ging schon früher verloren	—
6	22	Rechtes Auge durch Steinwurf erblindet	ja
7	23	Beide Augen durch einen Böllerschuß zerstört	—
8	28	Ein Auge durch Schlag mit einem Bierglas verloren . .	ja
9	29	Rechtes Auge durch einen Ochsen ausgestoßen	ja
10	29	Beide Augen durch eingedrungene Splitter verletzt . . .	—
11	32	Beide Augen verloren durch Schußverletzung	—
12	35	Rechtes Auge verletzt beim Holzfällen	ja
13	39	Rechtes Auge verletzt durch Stoß; linkes Auge konnte durch zu späte Operation nicht mehr gerettet werden .	ja
14	40	Ein Auge durch eingedrungenen Fremdkörper erblindet, das andere Auge ging früher verloren	—
15	41	Ein Auge durch Ätzkalk verloren	ja
16	44	Ein Auge erblindet durch Kohlenstaubeinwirkung	ja
17	45	Beide Augen durch Holzsplitter verloren	—
18	50	Ein Auge verloren durch Stoßverletzung	ja
19	52	Ein Auge verletzt durch Schlag	ja
20	53	Beide Augen durch Ätzkalk verloren	—
21	55	Ein Auge durch Ätzkalk verloren	ja
22	55	Ein Auge durch Sturz auf den Kopf erblindet (Gehirnblutung)	ja
23	57	Linkes Auge durch Fall auf dem Eise verletzt; das rechte ging im 5. Lebensjahr durch Verletzung verloren . .	—
24	58	Linkes Auge erblindete durch Holzsplitter	ja
25	58	Linkes Auge verloren durch Verletzung mit einem Dorn, rechtes im 34. Lebensjahr durch einen Holzsplitter . .	—
26	59	Ein Auge durch ein Getreidekorn verletzt	ja
27	62	Linkes Auge durch einen Holzsplitter, rechtes Auge durch Stoß einer Kuh (früher) erblindet	—
28	62	Ein Auge verloren durch Ätzkalk	ja
29	63	Beide Augen beim Böllerschießen verloren	—
30	70	Ein Auge verletzt durch Sturz vom Heuboden	ja
31	74	Ein Auge durch eine Kuh ausgestoßen	ja
32	78	Beide Augen durch Brandverletzung (Kornbrand) erblindet	—
33	?	Ein Auge durch eine Schere ausgestoßen	ja
		Weibliche Blinde.	
1	4	Beide Augen durch Schußverletzung verloren	—
2	5	Ein Auge durch einen Steinwurf verloren	ja
3	8	Rechtes Auge durch einen Messerstich erblindet	ja
4	17	Linkes Auge ausgestoßen	ja
5	20	Linkes Auge durch einen Strohhalm verletzt	ja
6	31	Ein Auge verletzt durch Stoß, das andere war früher erblindet	—
7	55	Beide Augen durch Stoßverletzung verloren	—
8	54	Ein Auge durch ein eingestoßenes Holzstück erblindet . .	ja
9	60	Ein Auge durch Stoß verletzt	ja

Tabelle 43. Nachweis über die Erblindungsfälle durch die Augenentzündung der Neugebornen und die Verletzungserblindungen nach den einzelnen Jahrgängen von 1871 bis 1900. Die Tabelle gibt zugleich über das Erblindungsalter Aufschluß.

Die Erblindung ist eingetreten im ... Lebensjahre durch

	Erblindet	Gesamtzahl der Blinden	Summe	Geschlecht	Blindgeboren sind hiervon	1. mit 5. Augenentzündung der Neugebornen	1. mit 5. Verletzungen	1. mit 5. andere Ursachen	6.m.10. Verletzungen	6.m.10. andere Ursachen	11.m.15. Verletzungen	11.m.15. andere Ursachen	16.m.20. Verletzungen	16.m.20. andere Ursachen	21.m.25. Verletzungen	21.m.25. andere Ursachen	26.m.30. Verletzungen	26.m.30. andere Ursachen	31.m.35. Verletzungen	31.m.35. andere Ursachen	36.m.40. Verletzungen	36.m.40. andere Ursachen	41.m.45. Verletzungen	41.m.45. andere Ursachen	46.m.50. Verletzungen	46.m.50. andere Ursachen	51.m.60. Verletzungen	51.m.60. andere Ursachen	61.m.70 Verletzungen	61.m.70 andere Ursachen	71.m.80. Verletzungen	71.m.80. andere Ursachen	81.m.90. Verletzungen	81.m.90. andere Ursachen	91.m.100. Verletzungen	91.m.100. andere Ursachen
Im Jahre 1900	Oberbayern	43	16	m.	—	—	—	1	—	—	—	—	—	—	—	1	—	—	—	1	—	—	1	—	1	1	—	—	—	2	1	4	—	3	—	—
			27	w.	—	1	—	—	—	—	—	—	1	—	—	—	1	—	1	1	—	1	—	1	—	—	—	1	—	5	1	9	—	4	—	—
	Niederbayern	20	11	m.	—	1	—	—	—	—	—	—	—	—	—	—	—	—	—	—	2	—	—	—	—	—	1	1	—	2	—	3	—	1	—	—
			9	w.	—	—	—	—	—	—	—	—	—	—	—	—	—	—	—	—	—	—	—	—	—	1	—	—	1	2	1	4	—	—	—	—
	Pfalz	15	7	m	—	—	—	—	1	—	—	—	—	—	—	—	—	—	—	—	—	—	—	2	—	—	—	1	—	1	—	2	—	—	—	—
			8	w.	1	1	—	—	—	—	—	—	—	—	—	1	—	—	—	—	—	—	—	—	—	—	—	1	—	2	—	1	—	1	—	—
	Oberpfalz	22	11	m.	—	1	—	—	—	—	—	—	—	—	—	—	—	—	—	—	—	—	1	—	—	—	—	1	—	3	2	3	—	—	—	—
			11	w.	—	1	—	—	—	—	—	1	—	—	—	—	—	—	—	—	—	—	—	1	—	—	—	1	—	—	—	7	—	—	—	—
	Oberfranken	16	10	m.	—	—	—	—	—	—	—	—	—	—	—	—	—	—	—	—	—	—	—	1	—	—	—	1	—	5	—	3	—	—	—	—
			6	w.	1	1	—	—	—	—	—	—	—	—	—	—	—	—	—	—	—	—	—	—	—	—	—	1	—	2	—	1	—	—	—	—
	Mittelfranken	16	8	m.	—	—	—	—	—	—	—	—	—	—	—	—	—	—	—	—	—	—	—	—	—	2	—	—	—	4	—	2	—	—	—	—
			8	w.	—	1	—	—	—	—	—	—	—	—	—	—	—	—	—	—	—	—	—	1	—	1	—	—	—	—	—	2	—	2	—	1
	Unterfranken	18	5	m.	—	—	—	—	1	—	—	—	—	—	—	—	—	—	—	—	1	—	—	—	—	—	—	1	—	—	—	1	—	1	—	—
			13	w.	—	—	—	—	—	—	—	—	—	—	—	1	—	—	—	—	—	—	—	—	—	—	—	—	—	6	2	3	—	1	—	—
	Schwaben	28	19	m.	—	—	—	2	—	—	—	—	1	—	—	—	1	1	—	—	1	—	—	—	—	1	1	1	—	2	—	7	—	1	—	—
			9	w	—	1	—	—	—	—	—	—	—	—	—	—	—	—	—	—	—	—	—	1	—	1	—	1	—	2	—	2	—	1	—	—
	Königreich	178	87	m.	—	2	—	3	2	—	—	—	1	—	—	1	1	1	—	1	4	—	2	3	1	4	2	6	—	19	3	25	—	6	—	—
			91	w.	2	6	—	—	—	—	—	1	1	—	—	2	1	—	1	1	—	1	—	4	—	3	—	5	1	19	4	29	—	9	—	1
Im Jahre 1899	Oberbayern	45	19	m.	—	2	—	—	—	—	—	—	1	—	—	—	—	—	1	—	—	—	—	1	—	—	2	1	2	2	—	6	—	1	—	—
			26	w.	—	1	—	1	—	—	—	—	—	1	1	—	—	—	—	1	—	—	—	1	1	1	—	1	1	4	—	8	—	4	—	—
	Niederbayern	26	13	m.	1	—	—	—	—	—	—	—	—	—	—	—	—	—	—	—	—	1	—	—	—	—	—	2	1	3	—	3	1	1	—	—
			13	w.	—	—	—	—	—	—	—	—	—	—	—	—	—	—	—	—	—	—	—	—	—	—	—	1	—	5	—	4	—	3	—	—
	Pfalz	14	8	m.	—	—	—	2	—	1	—	—	—	—	—	—	—	—	—	—	—	—	—	—	—	1	—	—	—	4	—	—	—	—	—	—
			6	w.	—	—	—	—	—	—	—	—	—	—	—	—	—	—	—	—	—	2	—	—	—	—	—	1	—	—	—	2	—	1	—	—
	Oberpfalz	19	8	m.	—	—	—	—	—	—	1	—	—	1	—	—	—	—	—	1	—	—	—	—	—	—	—	1	—	2	—	—	—	2	—	—
			11	w.	—	—	—	—	—	—	—	—	—	—	—	—	—	—	—	—	—	—	—	—	1	1	—	2	—	1	—	6	—	—	—	—
	Oberfranken	17	7	m.	1	—	—	—	—	—	—	—	—	—	—	—	—	—	—	—	—	—	—	—	—	—	—	—	—	—	—	5	—	1	—	—
			10	w.	—	—	—	—	—	1	—	—	—	—	—	—	—	—	—	1	—	—	—	—	1	—	—	—	—	2	1	2	1	1	—	—
	Mittelfranken	27	9	m.	—	—	—	—	—	1	—	—	—	—	—	—	—	—	—	—	—	1	—	—	—	1	—	1	—	—	2	2	—	1	—	—
			18	w.	1	2	—	—	—	1	—	—	—	—	—	—	—	1	—	—	—	—	—	1	—	1	2	—	—	2	—	6	—	1	—	—
	Unterfranken	18	12	m.	1	—	—	—	—	—	—	—	1	—	—	—	—	—	—	—	—	—	—	—	—	1	—	2	—	2	—	5	—	—	—	—
			6	w.	—	—	—	—	—	—	—	—	—	—	—	—	—	—	—	—	—	1	—	—	—	—	—	1	—	2	—	1	—	1	—	—
	Schwaben	27	8	m.	—	1	—	1	—	—	—	—	—	—	—	—	—	—	—	—	1	1	—	—	—	—	—	2	—	1	—	—	—	1	—	—
			19	w.	—	—	—	—	—	—	—	—	—	—	—	—	—	—	—	1	—	—	—	1	—	1	—	3	—	4	—	7	—	2	—	—
	Königreich	193	84	m.	3	3	—	3	—	2	1	—	2	1	—	—	—	—	1	1	1	3	—	1	—	3	2	9	3	14	2	21	1	7	—	—
			109	w.	1	3	—	1	—	2	—	—	—	1	1	—	—	1	—	3	—	3	—	3	3	4	2	9	1	20	1	36	1	13	—	—

Tabelle 43. (Fortsetzung.)

	Erblindet	Gesamtzahl der Blinden	Summe	Geschlecht	Blindgeboren sind hiervon	Die Erblindung ist eingetreten im 1. mit 5. Lebensjahre durch: Augenentzündung der Neugeborenen	1. mit 5.: Verletzungen	1. mit 5.: andere Ursachen	6. m. 10.: Verletzungen	6. m. 10.: andere Ursachen	11. m. 15.: Verletzungen	11. m. 15.: andere Ursachen	16. m. 20.: Verletzungen	16. m. 20.: andere Ursachen	21. m. 25.: Verletzungen	21. m. 25.: andere Ursachen	26. m. 30.: Verletzungen	26. m. 30.: andere Ursachen	31. m. 35.: Verletzungen	31. m. 35.: andere Ursachen	36. m. 40.: Verletzungen	36. m. 40.: andere Ursachen	41. m. 45.: Verletzungen	41. m. 45.: andere Ursachen	46. m. 50.: Verletzungen	46. m. 50.: andere Ursachen	51. m. 60.: Verletzungen	51. m. 60.: andere Ursachen	61. m. 70.: Verletzungen	61. m. 70.: andere Ursachen	71. m. 80.: Verletzungen	71. m. 80.: andere Ursachen	81. m. 90.: Verletzungen	81. m. 90.: andere Ursachen	91. m. 100.: Verletzungen	91. m. 100.: andere Ursachen
Im Jahre 1898	Oberbayern	45	12	m.	1	—	—	—	—	—	—	—	—	—	—	—	—	—	—	—	—	1	—	1	—	—	2	2	—	1	—	4	—	—	—	—
			33	w.	1	2	—	—	—	—	1	—	—	1	—	—	—	—	—	—	1	—	1	—	—	1	1	1	1	3	—	15	—	3	—	1
	Niederbayern	22	14	m.	1	3	—	—	—	—	—	—	—	—	—	—	—	—	—	—	1	1	—	1	—	—	—	1	1	1	1	1	—	2	—	—
			8	w.	—	—	—	—	—	—	—	—	—	—	—	—	—	—	—	—	—	—	—	1	—	—	1	—	—	1	—	3	—	2	—	—
	Pfalz	20	12	m.	1	—	—	1	—	1	—	—	—	—	—	—	1	—	—	—	1	1	—	1	—	2	—	—	—	2	—	1	—	—	—	—
			8	w.	1	—	—	—	—	—	—	—	—	—	—	—	—	—	—	—	—	—	—	—	—	—	—	1	—	3	—	3	—	—	—	—
	Oberpfalz	17	8	m.	—	—	—	—	—	—	—	—	—	—	—	—	—	—	1	—	—	1	—	—	1	1	1	—	2	1	—	—	—	—	—	—
			9	w.	—	1	—	—	1	—	—	—	—	—	—	1	—	—	—	—	—	—	—	—	—	—	1	—	—	1	—	2	—	2	—	—
	Oberfranken	18	6	m.	—	—	—	—	—	—	—	—	—	—	—	1	—	—	—	1	—	—	—	—	—	—	—	1	—	1	—	2	—	—	—	—
			12	w.	—	—	—	—	—	1	—	—	—	—	—	—	—	—	—	—	—	—	—	—	—	—	—	3	—	—	1	4	1	2	—	—
	Mittelfranken	21	9	m.	—	1	—	1	—	—	—	—	—	—	—	—	—	—	—	—	—	—	—	—	—	1	—	2	1	1	1	1	—	—	—	—
			12	w.	—	—	—	—	—	—	—	—	—	—	—	—	—	1	—	—	—	—	—	1	—	1	—	2	—	2	—	3	—	2	—	—
	Unterfranken	24	14	m.	—	1	—	—	—	—	—	—	—	—	—	—	—	—	—	—	1	—	—	1	—	—	1	2	1	—	1	4	—	2	—	—
			10	w.	1	1	—	1	1	—	—	—	—	—	—	—	—	—	—	—	—	—	—	—	—	1	—	—	—	2	—	3	—	—	—	—
	Schwaben	29	13	m.	—	—	—	—	—	—	—	—	—	—	—	—	—	1	—	—	—	—	—	—	—	2	—	1	—	2	—	5	—	2	—	—
			16	w.	1	—	—	—	—	—	—	—	—	—	—	—	—	—	—	1	—	—	—	1	—	1	—	2	—	3	—	7	—	—	—	—
	Königreich	196	88	m.	3	5	—	2	—	1	—	—	—	—	—	1	1	1	1	1	3	4	—	4	1	6	4	9	5	9	3	18	—	6	—	—
			108	w.	4	4	—	1	2	1	1	—	—	1	—	1	—	1	—	1	1	—	1	3	—	4	3	9	1	15	1	40	1	11	—	1
Im Jahre 1897	Oberbayern	49	21	m.	—	2	—	—	—	1	—	—	—	—	—	—	—	1	—	—	—	1	—	—	1	—	—	—	1	6	—	8	—	—	—	—
			28	w.	1	—	—	1	—	—	—	—	—	—	—	—	—	2	1	—	—	1	—	—	—	3	—	2	—	4	—	11	—	2	—	—
	Niederbayern	32	17	m.	—	2	1	—	—	2	—	—	—	—	—	1	—	—	—	—	1	—	—	—	—	1	1	1	—	5	—	2	—	—	—	—
			15	w.	—	—	—	1	—	—	—	—	—	—	—	—	—	—	—	—	—	—	—	—	—	—	2	1	—	1	1	6	—	3	—	—
	Pfalz	20	8	m.	—	—	—	2	—	—	—	—	—	—	1	—	—	—	—	1	—	—	—	—	—	—	—	—	—	4	—	—	—	—	—	—
			12	w.	1	—	—	1	—	1	1	—	—	—	—	—	—	1	—	—	—	—	—	1	—	—	—	2	1	1	—	—	—	2	—	—
	Oberpfalz	12	5	m.	—	—	—	—	—	—	—	1	—	—	—	—	—	—	—	—	—	—	—	—	—	—	—	—	—	—	—	3	—	1	—	—
			7	w.	—	—	—	—	—	—	—	—	—	—	—	—	—	—	—	—	—	—	—	1	—	—	—	1	—	2	—	3	—	—	—	—
	Oberfranken	21	17	m.	—	—	—	3	—	—	—	—	—	—	—	—	—	1	—	—	—	—	—	1	1	—	1	2	—	3	—	4	—	1	—	—
			4	w.	—	—	—	—	—	—	—	—	—	—	—	—	—	—	—	—	—	—	—	—	—	1	1	—	—	1	—	1	—	—	—	—
	Mittelfranken	28	15	m.	2	—	—	—	—	—	—	—	—	—	—	—	—	—	—	—	—	—	—	—	—	—	—	1	1	5	—	6	—	—	—	—
			13	w.	—	—	—	—	—	—	—	—	—	—	—	—	—	—	—	1	—	1	—	1	—	—	—	—	—	6	—	4	—	—	—	—
	Unterfranken	18	12	m.	2	—	—	—	—	—	—	—	—	—	—	—	—	—	—	—	—	—	—	1	—	—	1	—	—	4	—	3	—	1	—	—
			6	w.	—	—	—	—	—	1	—	—	—	—	—	—	—	—	—	—	—	1	—	—	—	—	—	2	1	—	—	1	—	—	—	—
	Schwaben	25	16	m.	—	1	—	1	—	—	—	—	—	—	—	—	—	—	—	—	—	—	—	2	—	—	—	3	2	1	—	3	—	3	—	—
			9	w.	—	—	—	2	—	—	—	—	—	1	—	—	—	—	—	—	—	—	—	1	—	—	—	1	—	1	1	2	—	—	—	—
	Königreich	205	111	m.	4	5	1	6	—	3	—	1	—	—	1	1	—	2	—	1	1	1	—	4	2	1	3	7	4	28	—	29	—	6	—	—
			94	w.	2	—	—	5	—	2	1	—	—	1	—	—	—	3	1	1	—	3	—	4	—	4	3	9	2	16	2	28	—	7	—	—

Tabelle 43. (Fortsetzung.)

Erblindet	Gesamtzahl der Blinden	Summe	Geschlecht	Blindgeboren sind hiervon	Die Erblindung ist eingetreten im … Lebensjahre durch: Augenentzündung der Neugeborenen	1. mit 5.		6. m. 10.		11. m. 15.		16. m. 20.		21. m. 25.		26. m. 30.		31. m. 35.		36. m. 40.		41. m. 45.		46. m. 50.		51. m. 60.		61. m. 70.		71. m. 80.		81. m. 90.		91. m. 100.	
						Verletzungen	andere Ursachen	Verletzungen	andere Ursachen	Verletzungen	andere Ursachen	Verletzungen	andere Ursachen	Verletzungen	andere Ursachen	Verletzungen	andere Ursachen	Verletzungen	andere Ursachen	Verletzungen	andere Ursachen	Verletzungen	andere Ursachen	Verletzungen	andere Ursachen	Verletzungen	andere Ursachen	Verletzungen	andere Ursachen	Verletzungen	andere Ursachen	Verletzungen	andere Ursachen	Verletzungen	andere Ursachen
Im Jahre 1896																																			
Oberbayern	33	18	m.	—	1	—	1	—	—	—	—	—	—	—	1	—	—	—	1	—	—	—	—	1	—	—	1	—	8	1	3	—	—	—	—
		15	w.	—	1	—	1	—	—	—	1	—	1	—	—	—	—	—	—	—	—	—	—	—	—	—	2	1	5	1	1	—	1	—	—
Niederbayern	29	15	m.	—	—	—	1	—	—	-	—	1	—	—	—	—	—	—	—	1	—	—	—	—	—	2	1	1	3	1	3	—	1	—	—
		14	w.	1	—	—	—	—	—	—	—	—	—	—	—	—	—	—	—	—	—	—	—	1	—	—	1	—	4	—	7	—	—	—	—
Pfalz	18	8	m.	—	—	—	2	—	1	—	—	—	—	1	—	—	—	—	—	—	—	—	1	1	—	—	2	—	—	—	—	—	—	—	—
		10	w.	—	—	—	1	—	-	—	—	—	1	—	1	—	—	—	—	—	—	—	—	—	—	1	3	—	1	—	2	—	—	—	—
Oberpfalz	20	10	m.	—	—	—	1	—	—	—	—	—	—	—	—	1	—	—	—	—	—	—	—	—	—	1	—	1	4	—	2	—	—	—	—
		10	w.	1	—	—	—	—	—	—	—	—	—	—	—	—	3	—	—	—	—	—	—	—	—	—	1	1	1	—	2	—	1	—	—
Oberfranken	16	8	m.	—	—	—	—	—	—	—	—	—	—	—	—	—	—	—	—	1	—	—	—	—	—	1	2	—	1	—	3	—	—	—	—
		8	w.	—	—	—	—	—	—	—	1	—	—	—	—	—	—	—	1	—	—	—	1	—	—	—	—	1	2	—	2	—	—	—	—
Mittelfranken	17	10	m.	—	1	—	2	—	—	—	—	—	—	—	—	—	—	—	—	—	—	—	1	—	—	—	1	1	3	—	—	—	1	—	—
		7	w.	—	—	—	—	—	—	—	—	—	—	—	—	—	—	—	2	—	—	—	—	—	1	—	1	—	1	—	2	—	—	—	—
Unterfranken	21	13	m.	—	—	—	2	1	—	—	—	—	—	—	1	—	—	—	1	—	—	1	—	—	1	—	—	1	2	1	2	—	—	—	—
		8	w.	1	1	—	—	—	—	—	—	—	—	—	—	—	—	—	—	—	—	—	1	—	—	—	2	—	1	—	1	—	1	—	—
Schwaben	25	13	m.	1	1	—	—	—	1	1	—	—	—	—	—	—	—	—	—	1	2	—	—	—	—	—	2	—	2	—	1	—	1	—	—
		12	w.	—	—	—	—	—	—	—	—	—	—	—	—	—	—	—	—	—	1	—	—	—	—	—	4	—	1	—	5	—	1	—	—
Königreich	179	95	m.	1	3	—	9	1	2	1	—	1	—	1	2	1	—	—	2	3	2	1	2	2	1	4	9	4	23	3	14	—	3	—	—
		84	w.	3	2	—	2	—	—	—	2	—	2	—	1	—	3	—	3	—	1	—	2	1	1	1	14	3	16	1	22	—	4	—	—
Im Jahre 1895																																			
Oberbayern	40	19	m.	1	—	—	1	—	—	—	—	—	—	—	—	—	—	—	—	1	—	—	2	1	—	2	3	1	5	—	2	—	—	—	—
		21	w.	1	—	—	—	—	—	—	—	—	—	—	—	1	—	—	2	—	—	—	—	—	1	—	3	1	4	—	6	—	2	—	—
Niederbayern	19	10	m.	1	—	—	—	—	—	—	—	—	—	—	—	—	—	—	1	—	—	—	—	—	—	—	1	1	2	1	3	—	—	—	—
		9	w.	—	—	—	1	—	1	—	—	—	—	—	—	—	—	—	—	—	—	—	—	—	—	—	1	—	2	—	4	—	—	—	—
Pfalz	15	6	m.	2	—	—	—	—	—	—	—	—	—	—	—	—	—	—	—	—	—	—	—	—	3	—	—	—	1	—	—	—	—	—	—
		9	w.	—	—	—	1	—	—	—	—	—	—	—	—	—	—	—	—	—	—	—	—	—	—	1	2	—	3	—	1	—	1	—	—
Oberpfalz	17	8	m.	—	—	—	1	—	—	—	—	—	—	1	—	1	—	—	—	—	—	—	1	1	—	—	—	—	—	1	2	—	—	—	—
		9	w.	1	—	—	1	—	—	—	—	—	—	—	—	—	—	—	—	—	—	—	—	—	—	—	1	—	4	—	2	—	—	—	—
Oberfranken	14	10	m.	2	—	—	—	—	—	—	—	—	—	—	—	1	1	—	—	—	—	—	—	1	—	—	1	1	3	—	—	—	—	—	—
		4	w.	—	—	—	—	—	—	—	—	—	—	—	—	—	—	—	—	—	2	—	—	—	—	—	—	—	1	—	1	—	—	—	—
Mittelfranken	16	7	m.	—	1	—	—	—	—	—	—	—	—	—	—	—	—	—	—	—	—	—	1	—	—	—	3	1	1	—	—	—	—	—	—
		9	w.	1	1	—	—	—	—	—	—	—	—	—	—	—	—	—	—	—	—	—	—	—	1	—	1	—	1	—	4	—	—	—	—
Unterfranken	13	9	m.	—	—	—	1	—	—	—	—	—	—	—	—	—	—	1	—	—	1	—	1	—	—	—	2	1	—	1	1	—	—	—	—
		4	w.	—	—	—	—	—	—	—	—	—	—	—	—	—	—	—	—	—	1	—	—	—	—	—	1	—	—	—	2	—	—	—	—
Schwaben	20	8	m.	—	—	—	—	—	—	—	1	—	—	—	—	—	—	—	—	—	1	—	—	—	1	—	—	—	2	1	2	—	—	—	—
		12	w.	1	—	—	1	—	—	—	—	—	—	—	—	—	—	—	—	—	1	—	—	—	—	—	1	—	3	—	5	—	—	—	—
Königreich	154	77	m.	6	1	—	3	—	—	—	1	—	—	1	—	2	1	1	1	1	2	—	5	3	4	2	10	5	14	4	10	—	—	—	—
		77	w.	4	1	—	4	—	1	—	—	—	—	—	—	1	—	—	2	—	4	—	—	—	2	1	10	1	18	—	25	—	3	—	—

Tabelle 43. (Fortsetzung.)

	Erblindet	Gesamtzahl der Blinden	Summe	Geschlecht	Blindgeboren sind hievon	Die Erblindung ist eingetreten im … Lebensjahr durch: 1. mit 5. Augenentzündung der Neugeborenen	1. mit 5. Verletzungen	1. mit 5. andere Ursachen	6. m. 10. Verletzungen	6. m. 10. andere Ursachen	11. m. 15. Verletzungen	11. m. 15. andere Ursachen	16. m. 20. Verletzungen	16. m. 20. andere Ursachen	21. m. 25 Verletzungen	21. m. 25 andere Ursachen	26. m 30. Verletzungen	26. m 30. andere Ursachen	31. m. 35. Verletzungen	31. m. 35. andere Ursachen	36. m 40. Verletzungen	36. m 40. andere Ursachen	41. m. 45. Verletzungen	41. m. 45. andere Ursachen	46. m. 50. Verletzungen	46. m. 50. andere Ursachen	51. m. 60. Verletzungen	51. m. 60. andere Ursachen	61. m. 70. Verletzungen	61. m. 70. andere Ursachen	71. m. 80. Verletzungen	71. m. 80. andere Ursachen	81. m. 90. Verletzungen	81. m. 90. andere Ursachen	91. m. 100. Verletzungen	91. m. 100. andere Ursachen
Im Jahre 1894	Oberbayern	30	17	m.	—	2	—	2	—	1	—	—	—	—	—	—	—	1	—	—	1	—	—	—	—	2	—	—	—	2	—	6	—	—	—	—
			13	w.	—	2	—	1	—	—	—	—	—	—	—	—	—	—	—	—	—	—	—	—	—	—	—	1	—	4	—	5	—	—	—	—
	Niederbayern	18	8	m.	—	—	—	—	1	1	—	—	—	—	—	—	—	—	—	—	—	—	1	—	—	—	—	3	—	1	—	1	—	—	—	—
			10	w.	1	1	—	1	—	—	—	1	—	—	—	—	—	—	—	—	—	—	—	—	—	1	1	—	—	2	—	2	—	—	—	—
	Pfalz	17	9	m.	—	—	—	—	—	—	—	1	—	—	1	—	—	—	1	—	—	—	—	1	—	—	1	—	1	3	—	—	—	—	—	—
			8	w.	—	3	—	—	—	—	—	—	—	—	—	—	—	—	—	—	—	—	—	—	—	—	—	2	—	1	—	2	—	—	—	—
	Oberpfalz	16	9	m.	1	—	—	—	—	—	—	—	—	1	1	—	—	—	—	—	—	—	—	—	—	1	1	1	1	1	—	1	—	—	—	—
			7	w.	—	1	1	—	—	—	—	—	—	—	—	—	—	—	—	—	1	—	—	1	1	—	—	—	—	1	1	—	—	—	—	—
	Oberfranken	13	8	m.	—	2	—	—	1	—	—	1	—	—	—	2	—	—	—	—	—	—	—	—	—	—	—	1	—	—	—	1	—	—	—	—
			5	w.	—	—	—	1	1	—	—	—	—	—	—	—	—	—	—	—	—	—	—	—	—	—	—	1	—	1	—	1	—	—	—	—
	Mittelfranken	18	10	m.	—	—	—	1	—	—	—	—	1	—	—	—	1	1	—	—	—	—	—	—	—	1	—	3	—	1	—	1	—	—	—	—
			8	w.	—	—	—	—	—	—	—	—	—	—	1	—	—	—	—	—	—	—	—	1	—	2	—	—	—	3	—	1	—	—	—	—
	Unterfranken	17	11	m.	—	1	—	—	1	—	—	—	—	—	—	—	—	—	1	1	—	3	1	—	—	—	—	1	1	1	—	—	—	—	—	—
			6	w.	—	1	—	—	—	—	—	—	—	—	—	—	—	—	—	—	—	—	—	—	—	—	—	—	2	2	—	1	—	—	—	—
	Schwaben	22	9	m.	1	1	—	1	—	—	—	—	—	—	—	—	—	—	—	—	—	—	—	1	—	—	—	2	—	1	—	1	—	1	—	—
			13	w.	1	1	—	—	—	—	—	—	—	—	—	—	—	—	—	—	—	—	—	—	—	1	—	2	—	6	—	1	—	1	—	—
	Königreich	151	81	m.	2	6	—	4	3	2	—	2	1	1	2	2	1	2	2	1	1	3	2	2	—	4	2	11	3	10	—	11	—	1	—	—
			70	w.	2	9	1	3	1	—	—	1	—	—	1	—	—	—	—	—	1	—	—	2	1	4	1	6	2	20	1	13	—	1	—	—
Im Jahre 1893	Oberbayern	21	9	m.	—	—	—	—	—	—	—	—	—	—	—	—	—	—	—	—	—	—	—	—	—	—	1	—	1	5	—	2	—	—	—	—
			12	w.	1	—	—	—	—	—	—	1	1	1	—	—	—	—	—	—	—	—	—	3	—	—	—	1	—	3	—	1	—	—	—	—
	Niederbayern	22	7	m.	—	—	—	2	—	—	—	—	—	—	—	—	—	—	—	—	1	—	—	—	—	—	—	—	—	2	—	1	—	1	—	—
			15	w.	1	1	—	—	—	—	—	—	—	1	—	—	—	—	—	—	1	—	—	2	—	—	1	—	—	1	1	6	—	—	—	—
	Pfalz	14	8	m.	2	—	—	1	—	1	—	1	—	—	—	—	1	—	—	—	—	—	—	1	—	—	—	1	—	—	—	—	—	—	—	—
			6	w.	1	—	—	—	—	—	—	—	—	1	—	—	—	—	—	—	—	—	—	—	—	—	—	1	—	3	—	—	—	—	—	—
	Oberpfalz	18	8	m.	—	—	—	—	—	—	—	—	—	—	—	—	—	—	—	—	—	1	—	—	—	1	—	2	—	2	—	2	—	—	—	—
			10	w.	1	1	—	—	—	—	—	1	—	—	—	—	—	—	—	—	—	—	—	—	—	—	1	1	—	1	—	4	—	—	—	—
	Oberfranken	23	11	m.	—	—	2	—	—	1	—	—	—	—	—	—	—	—	—	—	1	—	1	—	1	—	—	1	—	1	—	3	—	—	—	—
			12	w.	—	—	—	2	—	—	—	1	—	—	—	—	—	—	—	—	—	2	—	—	—	—	—	5	1	—	—	1	—	—	—	—
	Mittelfranken	19	7	m.	—	—	—	—	—	—	—	—	—	—	—	—	—	—	—	—	—	1	—	—	—	1	—	1	—	3	—	1	—	—	—	—
			12	w.	—	—	—	1	—	—	—	—	—	—	—	—	—	—	—	—	—	—	—	—	1	—	—	2	1	4	—	3	—	—	—	—
	Unterfranken	17	5	m.	—	—	—	—	—	—	—	—	—	—	—	—	—	2	—	—	—	—	—	1	—	—	1	1	—	—	—	—	—	—	—	—
			12	w.	—	—	—	—	—	—	—	—	—	—	—	—	—	1	—	—	1	—	—	—	—	1	—	2	—	5	—	2	—	—	—	—
	Schwaben	15	10	m.	—	2	—	—	—	—	—	—	—	—	—	—	—	1	—	—	—	—	—	—	—	1	2	1	—	2	—	1	—	—	—	—
			5	w.	1	—	—	—	—	—	—	—	—	—	—	—	—	—	—	1	—	—	—	—	—	—	—	—	—	2	—	1	—	—	—	—
	Königreich	149	65	m.	2	2	2	3	—	2	—	1	—	—	—	—	1	3	—	—	2	2	1	2	1	3	4	7	1	15	—	10	—	1	—	—
			84	w.	5	2	—	3	—	—	—	3	1	3	—	—	—	1	—	1	2	2	—	5	1	1	2	12	2	19	1	18	—	—	—	—

Tabelle 43. (Fortsetzung.)

	Erblindet	Gesamtzahl der Blinden	Summe	Geschlecht	Blindgeboren sind hiervon	Augenentzündung der Neugeborenen	Die Erblindung ist eingetreten im … Lebensjahr durch: 1. mit 5.		6.m.10.		11.m.15.		16.m.20.		21.m.25.		26.m.30.		31.m.35.		36.m.40.		41.m 45.		46.m.50.		51.m 60.		61.m 70.		71.m.80.		81.m.90.		91.m.100.	
							Verletzungen	andere Ursachen	Verletzungen	andere Ursachen	Verletzungen	andere Ursachen	Verletzungen	andere Ursachen	Verletzungen	andere Ursachen	Verletzungen	andere Ursachen	Verletzungen	andere Ursachen	Verletzungen	andere Ursachen	Verletzungen	andere Ursachen	Verletzungen	andere Ursachen	Verletzungen	andere Ursachen	Verletzungen	andere Ursachen	Verletzungen	andere Ursachen	Verletzungen	andere Ursachen	Verletzungen	andere Ursachen
Im Jahre 1892	Oberbayern	25	14	m.	—	4	—	—	—	—	—	—	—	—	—	—	—	—	—	—	—	—	—	—	—	1	—	2	1	5	1	—	—	—	—	—
			11	w.	1	3	—	—	—	—	—	—	—	—	—	—	—	—	—	—	—	1	—	—	—	—	1	2	—	—	—	1	—	2	—	—
	Niederbayern	7	3	m.	1	—	—	—	—	1	—	—	—	—	—	—	—	—	—	—	—	—	—	—	—	—	—	1	—	—	—	—	—	—	—	—
			4	w.	1	—	—	—	—	—	—	—	—	—	—	—	—	—	—	—	—	—	—	1	—	—	—	1	1	—	—	—	—	—	—	—
	Pfalz	14	8	m.	1	—	—	—	—	—	—	3	—	—	—	—	—	—	—	—	—	—	—	1	—	—	—	—	—	—	—	3	—	—	—	—
			6	w.	1	—	—	1	—	—	—	—	—	—	—	—	—	—	—	—	—	—	—	1	—	—	—	1	—	1	—	1	—	—	—	—
	Oberpfalz	11	4	m.	—	—	—	—	—	—	—	—	—	1	—	—	—	—	—	—	1	—	—	—	—	—	—	—	—	1	1	—	—	—	—	—
			7	w.	—	—	—	1	—	—	—	—	—	—	—	—	—	—	—	—	—	—	—	—	—	—	—	2	—	2	1	1	—	—	—	—
	Oberfranken	12	5	m.	1	1	—	1	—	—	—	—	—	—	—	—	—	—	—	—	—	—	—	—	—	—	—	—	1	—	—	—	—	1	—	—
			7	w.	—	1	—	—	—	—	—	—	—	—	—	—	—	—	—	—	—	—	—	—	—	—	—	1	—	3	—	2	—	—	—	—
	Mittelfranken	14	6	m.	1	2	—	—	1	—	—	—	—	—	—	—	—	—	—	—	—	—	—	—	—	—	—	—	—	—	—	2	—	—	—	—
			8	w.	—	—	—	1	—	—	—	—	1	—	—	—	—	—	—	—	—	1	—	1	—	—	—	—	—	1	—	3	—	—	—	—
	Unterfranken	12	5	m.	—	—	—	1	—	1	—	—	—	—	—	—	—	—	—	—	—	—	—	—	1	—	—	1	—	1	—	—	—	—	—	—
			7	w.	—	—	1	—	—	—	—	—	—	—	1	—	—	—	—	—	—	—	—	—	—	—	—	2	—	3	—	—	—	—	—	—
	Schwaben	11	7	m.	3	1	—	1	—	—	—	—	—	—	—	—	—	—	—	—	—	—	—	—	—	—	—	—	1	1	—	—	—	—	—	—
			4	w.	1	—	—	—	—	—	—	—	—	—	—	—	—	—	—	—	—	—	—	—	—	1	—	—	—	1	—	1	—	—	—	—
	Königreich	106	52	m.	7	8	—	3	1	2	—	3	—	1	—	—	—	—	—	—	1	—	—	1	1	1	—	4	3	8	2	5	—	1	—	—
			54	w.	4	4	1	3	—	—	—	—	1	—	1	—	—	—	—	—	—	2	—	3	—	1	1	9	1	11	1	9	—	2	—	—
Im Jahre 1891	Oberbayern	24	10	m.	—	1	—	1	—	1	—	—	—	—	—	—	—	—	—	—	—	2	—	—	—	—	2	1	—	2	—	—	—	—	—	—
			14	w.	—	1	—	—	—	—	—	—	—	—	—	—	—	1	—	—	—	—	—	1	—	—	1	3	—	3	—	4	—	—	—	—
	Niederbayern	18	12	m.	—	—	—	—	—	—	—	—	—	—	—	—	1	—	—	—	—	1	—	—	—	1	—	3	—	3	—	3	—	—	—	—
			6	w.	—	1	—	—	—	—	—	—	—	—	—	—	—	—	—	—	—	—	—	—	—	—	—	3	—	1	—	1	—	—	—	—
	Pfalz	21	14	m.	1	2	—	2	—	1	—	—	—	1	—	—	—	—	1	1	—	1	—	1	—	1	—	1	—	—	—	1	—	—	—	—
			7	w.	1	—	—	1	—	—	—	—	—	—	—	—	—	—	—	—	—	1	—	1	—	—	—	1	—	1	—	1	—	—	—	—
	Oberpfalz	7	2	m.	—	—	—	—	—	—	—	—	—	—	—	—	—	—	—	—	—	—	—	1	—	—	—	—	—	—	—	1	—	—	—	—
			5	w.	—	—	—	1	1	—	—	—	—	—	—	—	—	—	—	1	—	—	—	—	—	—	—	—	—	2	—	—	—	—	—	—
	Oberfranken	12	7	m.	—	—	—	3	—	—	—	—	—	—	—	—	1	—	—	—	—	—	—	—	1	—	—	1	—	1	—	—	—	—	—	—
			5	w.	1	1	—	1	—	1	—	—	—	—	—	—	—	—	—	—	—	—	—	—	—	—	—	—	1	—	—	—	—	—	—	—
	Mittelfranken	9	7	m.	2	—	—	—	—	—	—	1	—	1	—	—	—	1	—	—	—	—	—	—	—	—	—	1	—	1	—	—	—	—	—	—
			2	w.	—	—	—	1	—	—	—	—	—	—	—	—	—	—	—	—	—	—	—	—	—	—	—	—	—	1	—	—	—	—	—	—
	Unterfranken	14	8	m.	—	—	—	—	—	1	—	—	—	—	—	1	—	—	—	—	—	—	1	—	—	—	—	2	1	2	—	—	—	—	—	—
			6	w.	—	—	—	—	—	—	—	—	—	—	—	—	—	—	—	—	—	1	—	—	—	1	1	—	—	1	—	2	—	—	—	—
	Schwaben	17	8	m.	2	1	—	—	—	—	—	—	—	—	1	—	—	1	—	1	—	—	—	—	—	—	—	—	—	1	—	1	—	—	—	—
			9	w.	—	1	—	—	—	—	—	—	—	—	—	—	—	—	1	—	—	—	—	—	—	1	1	—	—	4	—	1	—	—	—	—
	Königreich	122	68	m.	5	4	—	6	—	3	—	1	—	2	1	1	2	2	1	2	—	4	1	2	1	2	2	9	1	10	—	6	—	—	—	—
			54	w.	2	4	—	4	1	1	—	—	—	—	—	—	—	1	1	1	—	2	—	2	—	2	3	7	1	13	—	9	—	—	—	—

Tabelle 48. (Fortsetzung.)

	Erblindet	Gesamtzahl der Blinden	Summe	Geschlecht	Blindgeboren und hiervon Augenentzündung der Neugeborenen		1. mit 5. Verletzungen	1. mit 5. andere Ursachen	6. m. 10. Verletzungen	6. m. 10. andere Ursachen	11. m. 15. Verletzungen	11. m. 15. andere Ursachen	16. m. 20. Verletzungen	16. m. 20. andere Ursachen	21. m. 25. Verletzungen	21. m. 25. andere Ursachen	26. m. 30. Verletzungen	26. m. 30. andere Ursachen	31. m. 35. Verletzungen	31. m. 35. andere Ursachen	36. m. 40. Verletzungen	36. m. 40. andere Ursachen	41. m. 45. Verletzungen	41. m. 45. andere Ursachen	46. m. 50. Verletzungen	46. m. 50. andere Ursachen	51 m. 60. Verletzungen	51 m. 60. andere Ursachen	61. m. 70. Verletzungen	61. m. 70. andere Ursachen	71. m. 80. Verletzungen	71. m. 80. andere Ursachen	81. m. 90. Verletzungen	81. m. 90. andere Ursachen	91. m. 100. Verletzungen	91. m. 100. andere Ursachen
Im Jahre 1890	Oberbayern	32	13	m.	1	2	—	—	—	—	—	—	1	—	—	—	—	—	1	—	1	1	—	1	—	1	1	1	—	1	—	1	—	—	—	—
			19	w.	—	2	—	—	—	—	—	—	—	—	—	—	1	—	—	1	—	2	—	1	—	1	—	4	1	5	—	1	—	—	—	—
	Niederbayern	21	10	m.	—	1	—	—	2	—	—	1	—	—	—	—	—	1	—	—	—	1	—	—	—	—	—	1	2	—	1	—	—	—	—	—
			11	w.	1	1	—	—	—	—	—	—	—	—	—	1	—	—	—	—	—	—	1	—	—	1	—	2	—	1	1	2	—	—	—	—
	Pfalz	13	9	m.	—	—	—	1	—	—	1	1	—	1	—	1	—	—	—	1	1	—	—	—	—	—	1	—	—	1	—	—	—	—	—	—
			4	w.	—	—	—	—	—	—	—	—	—	—	—	—	—	—	—	1	—	—	—	—	—	—	—	—	—	1	—	2	—	—	—	—
	Oberpfalz	13	7	m.	—	1	—	1	—	—	—	—	—	—	—	—	—	—	—	—	1	—	—	—	1	—	—	1	1	—	—	1	—	—	—	—
			6	w.	—	—	—	—	—	1	—	—	—	—	—	—	—	—	—	—	—	—	—	—	—	1	—	2	—	—	—	2	—	—	—	—
	Oberfranken	20	8	m.	—	—	1	1	—	—	—	—	—	—	—	—	1	—	—	—	—	—	—	—	—	2	1	—	—	2	—	—	—	—	—	—
			12	w.	—	1	—	1	—	—	—	—	—	—	—	—	—	—	—	—	—	—	—	—	—	1	—	2	—	4	1	2	—	—	—	—
	Mittelfranken	17	6	m.	—	—	—	—	—	—	—	—	—	—	—	—	—	—	—	—	—	1	—	—	—	1	—	—	2	2	—	—	—	—	—	—
			11	w.	—	1	—	—	—	—	—	—	—	—	—	—	—	1	—	—	—	1	—	—	—	1	—	3	—	1	—	3	—	—	—	—
	Unterfranken	14	6	m.	—	1	—	1	—	1	—	1	1	—	—	—	—	—	—	—	—	1	—	—	—	—	—	—	—	—	—	—	—	—	—	—
			8	w.	1	—	—	1	—	—	—	—	—	—	—	1	—	—	—	—	—	1	—	—	—	—	—	2	—	1	—	1	—	—	—	—
	Schwaben	15	7	m.	2	1	—	—	—	—	—	—	—	—	—	—	—	—	—	—	—	—	—	1	—	—	—	—	—	3	—	—	—	—	—	—
			8	w.	1	1	—	—	—	—	—	—	—	—	—	—	—	—	—	—	—	—	—	—	—	—	—	3	—	2	—	1	—	—	—	—
	Königreich	145	66	m.	3	6	1	4	2	1	1	3	2	1	—	1	1	1	1	1	3	4	—	2	1	4	3	3	5	9	1	2	—	—	—	—
			79	w.	3	6	—	2	—	1	—	—	—	—	—	2	1	1	—	2	—	4	1	1	—	5	—	18	1	15	2	14	—	—	—	—
Königreich	im Jahre 1889	72	38	m.	4	—	2	2	—	1	1	—	—	—	—	2	—	2	1	2	2	2	—	2	1	1	3	2	1	5	—	2	—	—	—	—
			34	w.	1	2	—	2	—	—	—	—	—	1	—	1	—	1	—	—	—	1	—	4	—	5	—	5	—	8	1	2	—	—	—	—
	im Jahre 1888	96	48	m.	4	2	—	3	—	—	—	5	1	3	1	1	3	—	—	1	—	2	—	2	1	2	2	4	4	7	—	—	—	—	—	—
			48	w.	4	4	—	4	—	—	—	2	—	2	1	1	—	1	—	2	1	—	—	2	—	5	1	7	—	7	—	4	—	—	—	—
	im Jahre 1887	65	37	m.	5	4	—	3	1	2	—	1	—	2	—	—	—	—	—	—	—	1	2	3	3	4	—	2	1	2	—	1	—	—	—	—
			28	w.	1	2	—	2	—	—	—	1	—	—	—	—	—	1	—	—	—	1	—	2	—	3	1	6	—	3	—	3	—	2	—	—
	im Jahre 1886	67	34	m.	5	2	—	5	—	2	—	1	—	1	—	1	—	—	—	2	—	—	—	2	—	1	1	6	1	3	—	1	—	—	—	—
			33	w.	3	2	—	3	—	2	—	1	—	—	—	1	—	—	—	—	—	1	—	—	1	7	—	4	1	5	—	2	—	—	—	—
	im Jahre 1885	62	30	m.	3	2	—	2	3	1	—	—	—	2	—	—	—	—	—	—	3	2	1	2	—	2	2	1	—	3	—	1	—	—	—	—
			32	w.	4	4	—	3	—	—	—	—	—	—	1	1	—	—	—	1	—	1	—	2	—	1	—	4	—	9	—	1	—	—	—	—
	im Jahre 1884	62	37	m.	4	1	—	2	—	3	—	—	1	1	—	1	1	1	—	1	—	—	1	3	—	5	3	2	—	6	—	1	—	—	—	—
			25	w.	1	—	—	5	—	2	—	—	1	1	—	2	—	1	—	2	—	1	—	2	—	—	1	2	—	3	—	1	—	—	—	—
	im Jahre 1883	41	17	m.	2	2	—	—	—	3	1	—	—	1	—	1	—	—	—	—	—	1	—	—	—	—	1	1	—	4	—	—	—	—	—	—
			24	w.	2	3	—	1	—	—	—	3	—	1	—	—	—	—	—	2	—	1	—	—	—	3	1	5	—	2	—	—	—	—	—	—
	im Jahre 1882	61	35	m.	8	3	—	5	—	—	—	—	—	—	1	1	—	—	—	2	—	2	1	—	—	4	—	1	—	7	—	—	—	—	—	—
			26	w.	3	1	—	1	—	2	—	—	—	—	1	1	—	1	—	2	—	3	—	1	—	2	—	6	—	2	—	—	—	—	—	—
	im Jahre 1881	52	31	m.	3	6	1	3	1	1	1	—	—	1	1	1	1	—	—	1	2	—	1	1	—	1	2	3	—	—	—	—	—	—	—	—
			21	w.	3	4	—	3	—	—	—	—	—	—	—	2	—	1	—	—	—	1	—	1	2	—	—	3	—	1	—	—	—	—	—	—

Tabelle 43. (Schluß.)

Die Erblindung ist eingetreten im … Lebensjahre durch

Erblindet	Gesamtzahl der Blinden	Summe	Geschlecht	Blindgeboren sind hiervon	Augenentzündung der Neugeborenen	1. mit 5. Verletzungen	1. mit 5. andere Ursachen	6. m. 10. Verletzungen	6. m. 10. andere Ursachen	11. m. 15. Verletzungen	11. m. 15. andere Ursachen	16. m. 20. Verletzungen	16. m. 20. andere Ursachen	21. m. 25. Verletzungen	21. m. 25. andere Ursachen	26. m. 30. Verletzungen	26. m. 30. andere Ursachen	31. m. 35. Verletzungen	31. m. 35. andere Ursachen	36. m. 40. Verletzungen	36. m. 40. andere Ursachen	41. m. 45. Verletzungen	41. m. 45. andere Ursachen	46. m. 50. Verletzungen	46. m. 50. andere Ursachen	51. m. 60. Verletzungen	51. m. 60. andere Ursachen	61. m. 70. Verletzungen	61. m. 70. andere Ursachen	71. m. 80. Verletzungen	71. m. 80. andere Ursachen	81. m. 90. Verletzungen	81. m. 90. andere Ursachen	91. m. 100. Verletzungen	91. m. 100. andere Ursachen
Königreich im Jahre 1880 . .	48	23	m.	3	1	—	2	3	—	—	1	—	1	—	—	1	—	1	—	—	1	1	—	—	2	1	2	—	3	—	—	—	—	—	—
		25	w.	3	—	—	1	—	—	—	1	—	4	—	2	1	1	—	—	—	1	—	3	—	1	—	3	—	4	—	—	—	—	—	—
im Jahre 1879 . .	41	23	m.	5	1	1	2	1	1	—	—	—	2	—	—	—	2	—	3	—	2	—	—	1	1	—	1	—	—	—	—	—	—	—	—
		18	w.	—	3	—	3	1	—	—	—	—	1	—	2	—	1	—	1	—	4	—	—	—	1	—	1	—	—	—	—	—	—	—	—
im Jahre 1878 . .	44	26	m.	3	2	1	2	—	2	—	1	1	1	1	—	—	1	1	1	3	2	—	—	—	—	1	1	—	1	—	1	—	—	—	—
		18	w.	2	5	—	—	—	1	—	1	—	—	—	1	—	1	—	1	—	1	—	2	—	2	—	—	—	1	—	—	—	—	—	—
im Jahre 1877 . .	40	21	m.	—	4	—	1	—	4	1	1	—	1	—	2	—	1	1	1	—	1	—	—	—	2	—	—	—	1	—	—	—	—	—	—
		19	w.	1	—	—	2	—	1	—	—	2	—	—	—	—	1	—	1	—	2	—	2	—	1	—	4	—	2	—	—	—	—	—	—
im Jahre 1876 . .	35	20	m.	1	2	—	1	—	1	—	3	—	1	—	1	—	1	2	2	—	2	—	1	—	—	—	1	—	1	—	—	—	—	—	—
		15	w.	—	3	—	3	—	2	—	1	—	—	—	—	—	—	—	1	—	—	—	—	1	2	1	—	—	1	—	—	—	—	—	—
im Jahre 1875 . .	27	14	m.	3	—	1	3	—	1	—	1	—	—	3	—	—	—	—	—	—	1	—	—	—	—	—	1	—	—	—	—	—	—	—	—
		13	w.	2	2	—	2	1	1	—	—	—	1	—	1	—	1	—	1	—	—	—	1	—	—	—	—	—	—	—	—	—	—	—	—
im Jahre 1874 . .	32	19	m.	1	2	—	4	—	1	—	—	—	—	—	1	1	1	2	1	—	2	2	—	—	—	1	—	—	—	—	—	—	—	—	—
		13	w.	—	2	—	1	1	3	—	1	1	1	—	1	—	—	—	1	—	—	—	—	—	1	—	—	—	—	—	—	—	—	—	—
im Jahre 1873 . .	25	12	m.	1	1	—	—	—	2	1	—	1	—	1	—	1	1	1	—	1	—	—	—	—	—	—	1	—	—	—	—	—	—	—	—
		13	w.	1	2	1	2	—	1	—	—	—	—	—	—	—	—	1	2	—	1	—	—	—	—	1	1	—	—	—	—	—	—	—	—
im Jahre 1872 . .	34	19	m.	4	3	1	1	—	1	—	—	—	1	—	2	—	1	—	1	—	1	1	1	—	1	—	—	—	—	—	—	—	—	—	—
		15	w.	—	1	1	5	1	1	—	—	—	1	—	—	—	2	—	—	—	1	—	1	—	1	—	—	—	—	—	—	—	—	—	—
im Jahre 1871 . .	28	17	m.	1	2	—	2	—	1	—	—	—	1	1	2	—	—	1	1	—	2	—	—	—	1	1	1	—	—	—	—	—	—	—	—
		11	w.	3	3	—	—	—	—	—	—	—	—	—	1	—	1	—	—	1	—	—	—	—	1	—	1	—	—	—	—	—	—	—	—

III. Teil.

Blindenbildung. Berufsstatistik der Blinden. Blindenfürsorge.

Die Ausbildung der Blinden.

Soll der gegenwärtige Stand der Blindenfürsorge gerecht beurteilt werden, so muß man die Vergangenheit entgegenstellen und sich in den Vergleich vertiefen; denn nur dadurch werden wir das Gute, das der Fortschritt zeigt, in seinem ganzen Wert und Segen erkennen.

Welche Stellung nahmen die Blinden im Altertum ein, was hat diese Zeit für die Blinden getan?

Die antike Welt bewundert und verehrt den Blinden; er ist ihr ein geheimnisvolles Wesen, ausgezeichnet durch Prophetengabe. Große Männer, die die Welt in ihrer Lichtpracht erschauten, singen, am Abend ihres Lebens erblindet, diesem Abschluß von der äußeren Welt ein Loblied, weil sie sich jetzt ungehindert in die Tiefen des eigenen Ichs und seiner Rätsel versenken konnten. Es darf hierbei auch an Homer, Appius Claudius, Timoleon erinnert werden.

Aber alle diese blinden Männer, die uns die alte Geschichte vorführt, sind eben erst in späteren Jahren um das Augenlicht gekommen. Die Verehrung, die jenen würdigen Gestalten gezollt wurde, steht jedoch in sonderbarem Kontrast zu Gesetzen, die allen gebrechlichen und schwächlichen, also auch den blinden Kindern das Recht zu leben abgesprochen haben. Da dieses Prinzip aber bei fast allen alten Völkern Geltung hatte, so dürften wohl nur wenig blinde Kinder am Leben geblieben sein. (Die Israeliten haben bei dem Anblicke eines Blinden jene Benediktion ausgesprochen, welche bei der Kunde vom Tode eines nahen Angehörigen gebräuchlich war.)

Wohl wurde in jener Zeit die Heilung der Blindheit versucht, bei den Israeliten, den Griechen, Ägyptern und Phöniziern; und die Ägypter und Griechen kannten bereits den Gebrauch der Starnadel. Aber eine Fürsorge für Blinde gab es bei diesen Völkern nicht; es wurde bisher in der ganzen Geschichte des Altertums nicht eine Stelle gefunden, die uns eine staatliche Einrichtung andeutet, welche auf eine Erleichterung des Zustandes der Blinden abzielen würde. Selbst in psychologischer Hinsicht hat man dem Zustand der Blindheit kein Interesse zugewandt. Es ist hierfür die Tatsache bezeichnend, daß nicht einmal Cicero über das Leben seines Lehrers, des blinden Stoikers Diodot, Betrachtungen anstellte. Diodot löste die schwierigsten geometrischen Probleme. Cicero bewundert aber hier nur den Mathematiker; die Blindheit und ihre Wechselwirkung zur Wissenschaft dieses Mannes findet weiter keine Berücksichtigung.

Zu Anfang der christlichen Zeitrechnung erwähnt die Literaturgeschichte einige durch ihre Talente ausgezeichnete Blinde. Aber auch in dieser Zeit vermochte die eigentümliche Art der Entwicklung eines menschlichen Wesens, das ununterbrochene Nacht umgibt, kein tiefgreifendes, teilnehmendes Interesse zu erwecken. Wenn auch von Zeit zu Zeit hervorragende Leistungen einzelner Blinder in biographischen Notizen anerkennende Erwähnung fanden, so wurden dadurch doch keine Reflexionen erzielt, die für alle Blinde nutzbringend geworden wären; denn wie jene Menschen trotz des Sinnenmangels zu ihren Kenntnissen und Fertigkeiten kamen, das fand keine Beachtung, und die Gesamtheit der Blinden blieb ohne Unterricht und war auf das dürftige Almosen angewiesen, womit nur die dringendsten Lebensbedürfnisse befriedigt werden konnten.

Mit dem Jahre 1178 finden wir für die Geschichte der Blindenfürsorge endlich einen Markstein. Welf VI., der Milde, der im Alter selbst das Augenlicht verlor, hat in Memmingen das Nikolausspital für Blinde gegründet. Für dieses wohltätige Werk des Fürsten hat sich auch Walter von der Vogelweide begeistert und in einem Loblied singt der Dichter darauf bezüglich: „Diese Tat bleibt sein Lob für alle Zeiten."

Nicht ganz ein Jahrhundert später erbaute Ludwig der Heilige von Frankreich im Jahre 1260 zu Paris das Hospital des Quinze-Vingts für 300 auf seinem ersten Kreuzzug in Ägypten erblindete Krieger. Dieses Institut behauptet immer noch seinen Weltruf und hat lange als das erste Blindenheim in Europa gegolten. Die neueste Forschung aber bezeichnet die von Geschichtswerken aufgenommene Erzählung, daß Ludwig IX. von Frankreich dieses Hospice des Quinze-Vingts für 300 durch die Sarazenen geblendete französische Ritter gegründet habe, als Legende. Die ältesten Chronisten aus der Zeit Ludwigs des Heiligen und den nächsten Jahrhunderten wissen noch nichts von den 15 × 20 erblindeten Kriegern. Sie nennen die Quinze-Vingts konsequent »la congrégation des pauvres aveugles de la cité de Paris«.

Ludwig IX. ließ für die Pariser Blinden — und nicht für 300 Krieger — vor dem Tore Saint-Honoré auf einem von ihm gekauften Grundstücke das Gebäude der Quinze-Vingts erbauen und überwies dieser Versorgungsanstalt eine Rente. Das ganze erschien als Kongregation, als Brüder- und Schwestern-Orden. Die Statuten sind datiert vom 12. April 1260. Die Anstalt war von Anfang an mit wichtigen Privilegien ausgestattet und gelangte durch staatlich und kirchlich organisierte Wohltätigkeit zu riesigem Reichtum. (Kunz: „Zur Geschichte der Blindenfürsorge" 1901. Nach Quellen des Werkes von Léon le Grand, Archivar am Nationalarchiv in Paris: Les Quinze-Vingts depuis leur fondation. Paris 1887.) Allein trotz dieser edlen Stiftungen konnte sich die Nächstenliebe gegen die Blinden wenig allgemeine Geltung verschaffen. Wir wundern uns nicht wenig, wenn uns mitgeteilt wird, daß bei öffentlichen Belustigungen nicht selten Blinde zur Kurzweil dienen mußten. Z. B.: Im „Journal" von Paris vom August des Jahres 1425 Seite 104 konstatiert ein Bericht, daß unter der Regierung Karl VI. und VII. Blinde in einer Weise zum Ergötzen der Zuschauer auftreten mußten, die an die Gladiatoren des Zirkus erinnert. Viele andere Beispiele beweisen, daß man den Blinden im allgemeinen um einige Grade niedriger gestellt hat als die vollsinnigen Menschen, und vielleicht hat man auch deswegen nicht daran gedacht, ihn auszubilden und zu erziehen. Bei dieser Minderschätzung ist es dann freilich nicht zu verwundern, wenn der Blinde in bezug auf den Wert seines persönlichen Ichs nur zaghaft an den Vergleich mit Vollsinnigen gehen konnte, der ja doch fast immer nur ein entmutigendes Resultat ergab. Und jene Zeiten sind verantwortlich dafür, daß man da und dort heute noch von speziellen Eigenschaften der Blinden spricht, die in der Allgemeinheit absolut nicht zutreffen, die beleidigend und kränkend sind. Denn, weil man die Lichtberaubten der Verwahrlosung preisgab, deshalb haben sich bei jenen doppelt Unglücklichen Charakterfehler gebildet, die sich bei jedem Menschen, gleichgültig ob er in dem Besitze des Augenlichtes ist oder nicht ist, mehr oder weniger einstellen müssen, wenn er nicht unterrichtet und erzogen wird. Das dürfte auch Diderot, der erste, der der Blindheit in psychologischer Hinsicht näher trat, übersehen haben, da er in seinen »Lettres sur les aveugles« so streng gegen die Blinden ins Gericht geht.

Die Daten, welche wir bisher für die Geschichte der Blindenfürsorge aufgezeichnet haben, bringen Einrichtungen, die wohl den älteren Blinden zugute kommen sollten, aber für die blinden Kinder haben wir noch kein Erbarmen gefunden; diese armen Kleinen waren, wenn sie nicht bemittelten Eltern angehörten, zu einem höchst traurigen Dasein verurteilt. Erst 500 Jahre nach der Stiftung der Blindenversorgungs-Anstalt in Paris bringt das Jahr 1783 den edlen Mann, der zur systematischen Erziehung und Bildung der Blinden den ersten Anstoß ergab. Der Menschenfreund hieß Valentin Hauy. Er erstand den Blinden gerade auf jenem Boden, wo sie durch Roheit und Unverstand und niedrige Spekulation der Gegenstand empörendster Behandlung wurden, — in Paris.

Valentin Hauy beobachtete einmal ein eigentümliches Schauspiel, das dem Pariser Publikum mit 10—12 jungen blinden Musikern geboten wurde. Die traurigen Zustände der Armen bewegten ihn aufs innigste, und er faßte den Entschluß zu einem Akt barmherziger Liebe, zu einer rettenden Tat: zur Gründung der ersten Blindenbildungsanstalt. Die glückliche Idee wurde in Hauy durch eine deutsche Blinde veranlaßt. Theresia von Paradies, die einer bemittelten Familie in Wien angehörte und im dritten Lebensjahr erblindete, hatte durch Unterricht und Anweisung, welche ihr vorzüglich der berühmte Erfinder der Schachmaschine, Hofrat von Kempelen, erteilte, und durch eigenes Studium sich viele Hilfsmittel zur Aneignung nützlicher Kenntnisse und Fertigkeiten verschafft. Sie studierte gründlich Musik und brachte es zur Virtuosität auf dem Klavier und auf der Kirchenorgel, wodurch sie auf einer Kunstreise ihre Zuhörer in Erstaunen versetzte. So kam sie im Jahre 1783 nach Paris, wo der treffliche

Valentin Hauy sie kennen lernte und auch über ihre Unterrichts-Hilfsmittel Kenntnis gewann.

Am 16. Februar 1784 eröffnete Hauy zu Paris die erste wirkliche öffentliche Anstalt zum Unterrichte blinder Kinder. Jetzt war es nicht mehr das Almosen des Brotes allein, was diesen enterbten Kindern geboten werden sollte, ein »fiat lux!« sollte nun in den Vordergrund treten und sie glücklich machen: durch Unterricht und Erziehung, durch Weckung der schlummernden Kräfte wollte Hauy die Blinden retten.

Diese Ideen wurden von den europäischen Staaten mit Eifer ergriffen, und überall wurden Blindenbildungsanstalten ins Leben gerufen.

Es ist hier eines deutschen Mannes zu gedenken, der sich mit dem Blindenunterrichte viel früher als Hauy befaßte. Der Blinde R. Weissenburg, Sohn eines Kammerdieners des Kurfürsten Karl Theodor von der Pfalz, wurde von dem Privatgelehrten Niesen zu Mannheim mit bestem Erfolg unterrichtet. Und die Leistungen Niesens sind schon deshalb bemerkenswert, weil derselbe beim Unterrichte Lehrmittel verschiedener Art (seine eigenen Erfindungen) anwandte und, wie aus allen Nachrichten hierüber hervorgeht, planmäßig vorging. Niesen hat von der Methode, nach welcher er seinen fähigen Schüler in der Mathematik unterrichtete, selbst in zwei Büchern Nachricht gegeben, betitelt „Rechenkunst für Sehende und Blinde, Mannheim 1773" „und Algebra für Sehende und Blinde, Mannheim 1777." Die Anwesenheit Hauys in Deutschland und namentlich in Berlin veranlaßte J. Nicolai im Winter 1806 in der Kgl. Akademie der Wissenschaften zu Berlin eine Vorlesung zu halten über das Thema: „Der erste deutsche Blindenlehrer und sein Schüler: Niesen und Weissenburg."

Aus diesem Vortrag, dem obige Mitteilungen entnommen sind, fügen wir noch die folgende interessante Stelle an: „Ob Herr Hauy von den genannten Schriften etwas erfahren und einige Ideen daraus geschöpft hat, muß ich dahingestellt sein lassen. Wenigstens wäre es nicht das erste Mal, daß in Frankreich oder England etwas neuerfunden und als solches sogar in deutschen Büchern wäre gepriesen worden, was wirklich in Deutschland schon vor 20, 30 Jahren erfunden und in mehreren deutschen Ländern gar nicht unbekannt ist. Indes läßt sich auch leicht denken, daß zwei erfinderische Köpfe, ohne voneinander zu wissen, auf ähnliche Ideen kommen."

Der Vater des deutschen Blindenbildungswesens ist Wilhelm Klein (geb. zu Alerheim bei Nördlingen) Armenbezirksdirektor in Wien. Er war gleich Hauy im Blindenunterricht Autodidakt.

Seinen ersten Zögling unterrichtete er in Wien im Jahre 1804. Der Unterricht erstreckte sich auf die Schulgegenstände und einige leichte Handarbeiten. Hier liegen die Anfänge, die Keime einer künftigen Berufsbildung. Der Zweck der Aufnahme technischer Fertigkeiten war allerdings nur der: den Blinden das Leben dadurch angenehmer zu machen. —

Nicht überall war man über die Ziele der Blindenbildung gleicher Ansicht, und es ergaben sich nach dem Zweck, den man bei der Blindenfürsorge betonte, vorwaltend vier Hauptrichtungen.

I. Die Vertreter der einen Richtung wollen ihre Zöglinge nur in technischer Hinsicht ausbilden, und die Unterrichtsziele haben deshalb ihren Schwerpunkt in den Handarbeiten oder in der Musik. Es werden jene gewerblichen Tätigkeiten gelehrt, bei deren Ausübung der Mangel des Sehvermögens nicht hinderlich ist, also z. B. Korbflechten, Seilern, Bürstenmachen, Deckennähen, Stricken, Spinnen. Die intellektuelle Bildung nimmt eine untergeordnete Stellung ein, und die eigentlichen Spezialfächer der Blindenschule werden hier zum Teil gar nicht, zum Teil nur mit mechanisch assoziatorischem Einlernen berücksichtigt.

II. Die Vertreter einer zweiten Richtung stehen mit ihren Ansichten über die Ausbildung der Blinden den eben angedeuteten Grundsätzen ganz extrem gegenüber. Hier will man für den Blinden nur eine wissenschaftliche Schulung. Möglich ist sie, aber sie erscheint nicht für alle Blinde geraten. Für begüterte, talentvolle Blinde gibt es genug Mittel und Wege, um jene Ziele zu erringen; aber für die untalentierten Reichen und die Unbemittelten, welche dazu auch nur mittelmäßig oder gering beanlagt sind, versagt diese Art der Blindenbildung den Dienst.

III. Nun kommen aber Gegner der beiden Richtungen und sagen, man soll die Blinden den Sorgen und Mühen dieses Lebens ganz überheben und sie einfach versorgen; eine Ausbildung in intellektueller oder in technischer Hinsicht sei dann nicht nötig, und die schweren Arbeiten für Lehrer und Schüler könnten fortfallen. Dieses philanthropische Prinzip hat nur für den altersschwachen blinden Greis und für kranke Blinde etwas Tröstliches; der kräftige blinde Jüngling und Mann erschrecken vor solchem Zwang und solcher Eintönigkeit; denn auch sie sehnen sich hinaus in der Menschen Getriebe und hoffen durch Selbstbetätigung für Geist und Sinn Befriedigung.

IV. Das heutige Blindenbildungswesen hat zu seiner Basis die Grundsätze jener drei Richtungen verschmolzen: den Zöglingen soll eine allseitige, harmonische und gründliche Körper- und Geistesbildung zuteil werden, eine Ausbildung, die für das Leben vorhält, die Blinden mit ihrem Geschick aussöhnt und sie zu erwerbsfähigen und erwerbsfrohen Mitgliedern der menschlichen Gesellschaft macht. Das Endziel der Ausbildung der Blinden ist ein Beruf.

Nach Vollendung seiner Bildungszeit muß also der Blinde eine Zukunft im Leben haben; es soll ihm möglich werden nach außen hin produktiv tätig zu sein und sich so eine Stellung im bürgerlichen Leben zu schaffen. Und wenn auch nicht alle dieses Ziel ganz erreichen, wenn sie nur teilweise ihren Lebensunterhalt zu verdienen vermögen, so steuert hier die Blindenfürsorge für die aus den Anstalten entlassenen Zöglinge allmählich einem Ziele zu, an dem man sagen kann: nun ist es möglich, die Blinden mit ihrem Leid zu versöhnen.

Auf diesem Standpunkt stehen alle deutschen Blindenanstalten, und daß es zu einer solchen Einigung in der Zusammenfassung der Bildungsmittel und zu einer richtigen Beurteilung und Schätzung derselben kam, das haben allein die Blindenlehrerkongresse fertiggebracht. Diese Versammlungen der Blindenlehrer und Blindenfreunde, die seit dem Jahre 1873 alle 3 Jahre sich aufs neue betätigen, sind zu einem großen Segen für die lichtlosen Mitbrüder geworden.

Die kulturgeschichtliche Entwicklung des Blindenwesens hat auf dem 1. Kongreß zu Wien Dr. August Frankl, der Präsident des Kongresses, kurz und treffend in die Worte zusammengefaßt: „Verehrt, ernährt, belehrt!“ Auf dem Breslauer Kongreß ist dieser Reimspruch erweitert worden, es kam dazu: „bewehrt.“ Und auf der Höhe, zu der die Blindenfürsorge jetzt nach langem Ringen emporsteigt, darf dieses bedeutungsvolle Wort mit vollem Recht sich an jenen aphoristischen Vers anreihen. Nun ist der Zirkel geschlossen! „Bewehrt“ trifft sich mit „verehrt“! Wenn aber der Blinde in unserer Zeit durch sein Können bewehrt ist, den Kampf des Lebens aufzunehmen, selbst zu ringen, selbst zu schaffen, dadurch aber imstande ist, sich die Achtung und Verehrung seiner Mitmenschen zu erringen, so ist das doch tausendfach höher anzusetzen als das „Verehrt“ des Altertums, das seinen Grund für eine Bewunderung der Blinden in Eigenschaften derselben gesucht hat, die von sehr zweifelhaftem Wert waren: in der Prophetengabe! —

Die Schulbildung der Blinden.

Die Tabelle 44 gibt den Nachweis über die Schulbildung der Blinden im Königreich Bayern.

Tabelle 44. Schulbildung der Blinden.

Regierungsbezirk	Blinde in einem Alter von über 16 Jahren									Blinde im Alter v. 13—15 Jahr.									Blinde im Alter v. 7—12 Jahren									Blinde im Alter von 1—6 Jahr.		
	wurden unterrichtet A. in der Volksschule oder in einer höheren Lehranst.			wurden unterrichtet B. in einer Blindenanstalt			Nicht unterrichtet sind			werden unterrichtet A. in einer Blindenanstalt			werden unterrichtet B. in der Volksschule			Keinen Unterricht genießen			Unterrichtet werden A. in einer Blindenanstalt			Unterrichtet werden B. in der Volksschule			Keinen Unterricht genießen					
	m.	w.	Se.	m.	w.	Se.	m.	w.	Se.	m.	w.	Se.	m.	w.	Se.	m	w.	Se.	m.	w.	Se.	m.	w.	Se.	m.	w.	Se.	m.	w.	Se.
Oberbayern .	226	297	523	39	38	77	11	6	17	24	11	35	1	—	1	1	—	1	16	16	32	1	3	4	5	3	8	9	9	18
Niederbayern	152	142	294	11	6	17	19	16	35	—	—	—	2	2	4	2	1	3	—	—	—	—	1	1	3	6	9	10	1	11
Pfalz	162	133	295	16	8	24	8	16	24	—	—	—	1	1	2	1	1	2	—	—	—	5	4	9	6	3	9	6	6	12
Oberpfalz . .	120	126	246	10	5	15	8	5	13	—	—	—	1	-	1	—	—	—	-	—	—	—	4	4	1	2	3	2	5	7
Oberfranken .	149	123	272	8	6	14	6	4	10	—	—	—	2	3	5	2	1	3	—	—	—	3	2	5	4	—	4	5	2	7
Mittelfranken	152	163	315	31	29	60	4	4	8	6	7	13	1	—	1	—	—	—	6	11	17	2	—	2	1	—	1	6	6	12
Unterfranken.	135	140	275	44	26	70	2	1	3	2	1	3	—	3	3	—	—	—	1	1	2	2	1	3	4	1	5	4	5	9
Schwaben . .	162	176	338	64	42	106	6	3	9	8	3	11	—	—	—	—	—	—	15	6	21	2	1	3	4	1	5	8	5	13
Königreich . .	1258	1300	2558	223	160	383	64	55	119	40	22	62	8	9	17	6	3	9	38	34	72	15	16	31	28	16	44	50	39	89
Prozentanteile	75,59			11,31			3,52			1,83			0,50			0,27			2,13			0,92			1,30			2,63		

Die Betrachtungen über diese Ergebnisse müssen zunächst auf eine bedeutsame Scheidelinie hinweisen, welche die Gesamtheit aller Blinden in zwei Gruppen sondert. Blindgeborne und in zartester Jugend Erblindete bilden eine Kategorie, die vollständig verschieden ist von Späterblindeten, denn der Blindgewordene steht eigentlich im Mittel zweier Welten: seine inneren Anschauungen, Begriffe und Gewohnheiten teilt er mit dem Sehenden, seinen Sinnenmangel mit dem Blindgebornen. Die bedeutsame Differenz, die hier besteht, gestaltet sich desto größer und tiefergehend, je später die Erblindung eingetreten ist.

Gruppieren wir unser Material nach dem Erblindungstermin in Blinde, die vor dem 20. Lebensjahr das Augenlicht verloren haben und in solche, die erst nach dem 20. Lebensjahr erblindet sind, so ergibt sich:

Vor dem 20. Lebensjahr erblindeten: = 1097 Personen = 32,5 %
Nach dem 20. „ „ = 2287 „ = 67,5 %.

Hier kann unmittelbar der Schluß abgeleitet werden, daß die meisten Blinden ihre Schulbildung nicht in einer Blindenanstalt genossen haben; die Mehrzahl wurde in der Volksschule oder in einer anderen Lehranstalt unterrichtet.

Unsere Tabelle 44 teilt die Gesamtheit der bayerischen Blinden nach dem Lebensalter ein.

I. Gruppe: Blinde in einem Lebensalter von über 16 Jahren. Es sind hierfür 3060 Personen gezählt. Davon haben 2558 Unterricht in einer Volksschule oder in einer anderen Lehranstalt genossen; 383 wurden in einer Blindenanstalt unterrichtet und erzogen, und 119 sind ohne Unterricht geblieben. Für die erste Kategorie entfallen bei dem Vergleich mit der Gesamtblindenzahl 75,59 %, für die zweite 11,31 % und für die letzte Kategorie 3,52 %. Die Zahl jener Blinden, die ohne Unterricht geblieben sind, summiert sich aus Personen, die in frühester Jugend erblindeten, und aus solchen, die später das Sehvermögen verloren haben. Letztere haben das Übergewicht. Wenn es sich hier aber um sehr alte Leute handelt, so muß man zur gerechten Beurteilung über die Zeit des allgemeinen Schulzwanges hinausgehen, da unter den später Erblindeten Personen sind, die deswegen keinen Unterricht erhalten haben, weil ihre Jugend in eine Zeit fällt, in der für den Schulbesuch noch nicht jene gesetzliche Regelung bestand, die jetzt in Wirksamkeit ist. Abgesehen von den Bildungsunfähigen, darf man dann aber auch nicht vergessen, daß für manche, die bereits im bildungsfähigen Alter blind waren, die aber doch in keiner Blindenanstalt unterrichtet wurden, die Entschuldigung in jener Zeit liegt, in der noch keine Blindenanstalten existierten. Dort aber, wo in Deutschland der Anfang mit der Blindenbildung gemacht wurde, kamen vorläufig nur sehr wenig Schüler in Betracht. So wurde unsere erste bayerische Blindenerziehungsanstalt in Freising im Jahre 1826 mit 5 blinden Kindern eröffnet. Beginnen wir aber mit der Eröffnung des Kgl. Zentralblindeninstitutes, also vom Jahre 1837 an, so müssen aus unserer Tabelle, welche den Erblindungstermin behandelt, für die Zeit vor der Eröffnung des Münchener Blindeninstitutes 62 Blinde in Anrechnung gebracht werden.

II. Gruppe: Blinde im Lebensalter von 13—15 Jahren. Die Gesamtzahl der Blinden dieser Altersgruppe beträgt 88. Davon werden 62 in einem Blindeninstitut unterrichtet; 17 besuchen die Volksschule (von diesen können 6 noch Farben unterscheiden und Finger zählen); 9 Blinde genießen keinen Unterricht (einer davon ist schwachsinnig, 1 taub, 1 taubstumm und blöd, 1 lahm, 1 stets kränklich).

Von jenen Blinden die nicht unterrichtet werden, gehören: 1 nach Oberbayern, 3 nach Niederbayern, 2 in die Pfalz, 3 nach Oberfranken.

III. Gruppe: Blinde im Lebensalter von 7—12 Jahren. Die Gesamtzahl beträgt 147. Davon werden 72 in einer Blindenanstalt, 31 in einer Volksschule unterrichtet und 44 Kinder sind zur Zeit noch ohne Unterricht.

Eine Vertiefung in die Zahlen dieser Gruppe erfolgt weiter unten.

IV. Gruppe: Blinde Kinder im Alter von 1—6 Jahren. Die Gesamtzahl beträgt 89.

Die nachfolgende Tabelle 45 gibt einen Überblick über die in einzelnen Blindenanstalten untergebrachten Blinden; in dieser Darstellung wird zugleich auch darüber Aufschluß gegeben, mit welcher Blindenzahl die einzelnen Regierungsbezirke in den Anstalten beteiligt sind.

Tabelle 45.

	Blinde in den bayerischen Blindenanstalten.																														
	Kgl. Zentralblindeninstitut München							Nürnberg						Würzburg						Augsburg						Pfaffenhausen					
	Im Alter von 7—12		13—15		über 15 Jhr.		Weibl. Versorg.-Anstalt	Im Alter von 7—12		13—15		über 15 Jhr.		Im Alter von 7—12		13—15		über 15 Jhr.		Im Alter von 7—12		13—15		über 15 Jhr.		Im Alter von 7—12		13—15		über 15 Jhr.	
	m.	w.	m.	w.	m.	w.	w.	m.	w.	m.	w.	m.	w.	m.	w.	m.	w.	m.	w	m.	w.	m.	w.	m.	w.	m.	w.	m.	w.	m.	w.
Oberbayern .	6	6	8	—	5	4	4	—	1	—	—	—	—	—	—	—	—	—	—	—	—	—	—	—	—	2	—	—	—	7	15
Niederbayern	3	2	3	1	4	2	1	—	—	—	—	—	—	—	—	—	—	—	—	—	—	—	—	—	—	—	1	1	1	3	5
Pfalz	1	1	6	2	3	1	—	—	—	—	—	—	—	—	—	—	—	—	—	—	—	—	—	—	—	—	—	—	—	1	1
Oberpfalz . .	1	1	2	3	1	4	—	1	—	—	—	—	1	—	—	—	—	—	—	—	—	—	—	—	—	—	—	1	—	2	5
Oberfranken .	4	3	4	3	4	1	2	—	5	4	—	3	4	—	—	—	—	—	—	—	—	—	—	1	—	—	—	—	—	4	3
Mittelfranken	1	1	—	1	—	1	—	5	3	1	5	6	7	—	—	—	—	—	—	—	—	—	—	—	—	—	—	—	—	1	5
Unterfranken	—	1	1	—	1	1	—	—	—	—	—	—	2	1	1	2	1	17	18	—	—	—	—	—	—	1	—	1	—	3	1
Schwaben . .	—	1	—	1	—	1	4	—	—	—	—	—	—	—	—	—	—	—	—	12	5	3	2	8	2	—	—	2	—	20	13
Königreich .	16	16	24	11	18	15	11	6	9	5	5	9	14	1	1	2	1	17	18	12	5	3	2	9	2	3	1	5	1	41	48
Ausländer .	—	—	—	—	—	—	—	—	2	1	2	2	1	—	—	—	—	1	—	—	—	—	—	—	—	—	—	—	—	2	—
Gesamtzahl .	111							56*)						41						33						101					

*) Dazu kommen noch die zwar im Institut verköstigten aber außerhalb der Anstalt wohnenden selbständigen blinden Arbeiter. (Vgl. Anhang: Blindenerziehungsanstalt Nürnberg, S. 183).

Das Kgl. Zentralblindeninstitut in München unterrichtet 100 Blinde, und zwar 32 im Alter von 7—12 Jahren, 35 im Alter von 13—15 Jahren; in einem Alter von über 15 Jahren werden 33 Zöglinge ausgebildet. Die Summe der Schüler verteilt sich auf die einzelnen Regierungsbezirke wie folgt: Oberbayern = 29; Niederbayern = 15; Pfalz = 14; Oberpfalz = 12; Oberfranken = 19; Mittelfranken = 4; Unterfranken = 4; Schwaben = 3.

Die Zweiganstalt des Kgl. Zentralblindeninstitutes, die Kgl. Versorgungsanstalt für weibl. Blinde in Neuhausen bei München, hat 11 Schutzbefohlene, und zwar 4 aus Oberbayern, 1 aus Niederbayern, 2 aus Oberfranken, 4 aus Schwaben.

Die Blindenanstalt in Nürnberg hat 48 Blinde aufgenommen. Davon treffen auf die Altersgruppe von 7—12 Jahren = 15, auf die von 13—15 Jahren = 10 und in einem Alter von über 15 Jahren befinden sich 23 Blinde in der Anstalt.

Auf die einzelnen Kreise verteilen sich diese Blinden: Oberbayern = 1, Niederbayern = 0, Pfalz = 0, Oberpfalz = 2, Oberfranken = 16, Mittelfranken = 27, Unterfranken = 2, Schwaben = 0.

Diese Anstalt hat auch nichtlandesgebürtige Blinde aufgenommen, und zwar: im Alter von 7—12 Jahren 2 weibliche Blinde: 1 aus Hessen, 1 aus Sachsen-Koburg, im Alter von 13—15 Jahren 1 männlichen Blinden aus Sachsen, 1 weibliche Blinde aus Württemberg, 1 aus Sachsen-Meiningen. Im Alter von über 15 Jahren: 1 männlichen Blinden aus der Schweiz, 1 aus Österreich, 1 weibliche Blinde aus Sachsen-Koburg.

In der Blindenanstalt Würzburg sind 41 Blinde untergebracht. 2 im Alter von 7—12 Jahren; 3 im Alter von 13—15 Jahren und 35 in einem Alter von über 15 Jahren. Sämtliche Blinde stammen aus dem Regierungsbezirk Unterfranken, ausgenommen ein über 15 Jahre alter männlicher Blinder, der in Preußen gebürtig ist.

Die Augsburger Blindenanstalt zählt 33 Blinde, und zwar 17 im Alter von 7—12 Jahren, 5 im Alter von 13—15 Jahren und 11 Blinde in einem Alter von über 15 Jahren. 32 Blinde gehören zum Regierungsbezirk Schwaben, 1 ist im Regierungsbezirk Oberfranken geboren.

Die Blindenversorgungsanstalt in Pfaffenhausen (Schwaben) beherbergt 101 Blinde, und zwar 99 landesgebürtige und zwei fremdgebürtige.

Im Alter von 7—12 Jahren stehen 4, im Alter von 13—15 Jahren 6 Blinde, und 89 haben das 15 Lebensjahr überschritten.

Nach Regierungsbezirken verteilen sich diese Pfleglinge: Oberbayern = 24; Niederbayern = 11; Pfalz = 2; Oberpfalz = 8; Oberfranken = 7; Mittelfranken = 6; Unterfranken = 6; Schwaben = 35.

Ausländer: 1 Württemberger und 1 Schlesier.

Die größte Frequenzzahl haben das Kgl. Zentralblindeninstitut in München und die Blindenversorgungsanstalt in Pfaffenhausen. In beiden Anstalten sind Blinde aus den 8 Kreisen aufgenommen, doch stammt der größere Teil der Zahl aus dem eigenen Regierungsbezirke. Pfaffenhausen verpflegt und versorgt besonders viele ältere Blinde aus Oberbayern (24). Die geringste Zahl bilden in dieser Anstalt naturgemäß die Pfälzer (2). Für die alten Blinden der Pfalz dürfte vorläufig die Kreispflegeanstalt in Frankenthal mit ihren vielen Blinden als ein Blindenasyl angesehen werden.

In der Münchener Anstalt sind mit nur geringer Blindenzahl vertreten: Mittelfranken (4), Unterfranken (4) und Schwaben (3). Diese Kreise haben ihre eigenen Blindenanstalten, in welche auf einen Freiplatz keine oder nur sehr wenig Blinde aus anderen Kreisen (Pfaffenhausen ausgenommen) aufgenommen werden, was aus der Darstellung in der Tabelle unmittelbar abgelesen werden kann.

Wenden wir uns nun jenen blinden Kindern zu, die im bildungsfähigem Alter von 7—12 Jahren stehen, die aber bisher in keiner Blindenanstalt untergebracht wurden. Nachstehende Tabelle befaßt sich mit dieser Kategorie eingehend, indem hier ausgeschieden ist: 1. Die Zahl dieser Kinder in den einzelnen Regierungsbezirken; 2. wie viele von diesen Kindern Unterricht in einer Volksschule oder in einem Asyl genießen; 3. wie viele von den bildungsfähigen Kindern nicht unterrichtet werden, und 4. warum sich die nichtbildungsfähigen Kinder zu einer Aufnahme in eine Blindenanstalt nicht eignen.

Tabelle 46.

	Blinde im bildungsfähigen Alter von 7–12 Jahren, die in keiner Blindenanstalt untergebracht sind.																								
	Summe			Unterrichtet in ein. Volksschule oder in einem Asyl			Keinen Unterricht genießen															Summe der bildungsfäh. Kinder, die in einer Blindenanstalt Aufnahme finden sollen			Summe der bildungsunfähigen Kinder		
							bildungsfähige Kinder			nicht bildungsfähige Kinder														
										gelähmte und nervenleidende		stumme		taube		taubstumme		blöde						
	m.	w.	Se.	m.	w.	Se.	m.	w.	Se.	m.	w.	m.	w.	m.	w.	m.	w.	m.	w.	m.	w.	Se.	m.	w.	Se.
Oberbayern .	6	6	12	1*	3*	4	4**	3	7	—	—	—	—	—	—	—	—	1	—	5	6	11	1	·	1
Niederbayern	3	7	10	—	1	1	2	4	6	—	—	—	—	—	—	1	2	—	—	2	5	7	1	2	3
Pfalz.	11	7	18	5	4	9	3	3	6	1	—	1	—	—	—	—	—	1	—	8	7	15	3	—	3
Oberpfalz . .	1	6	7	—	4**	4	1	2	3	—	—	—	—	—	—	—	—	—	—	1	6	7	—	—	—
Oberfranken .	7	2	9	3	2	5	3	—	3	1	—	—	—	—	—	—	—	—	—	6	2	8	1	—	1
Mittelfranken	3	—	3	2	—	2	—	—	—	1	—	—	—	—	—	—	—	—	—	2	—	2	1	—	1
Unterfranken	6	2	8	2*	1*	3	3	—	3	1	1	—	—	—	—	—	—	—	—	5	1	6	1	1	2
Schwaben . .	6	2	8	2	1	3	3	1	4	—	—	—	—	—	—	—	—	1	—	5	2	7	1	—	1
Königreich. .	43	32	75	15	16	31	19	13	32	4	1	1	—	—	—	1	2	3	—	34	29	63	9	3	12

Die Sternchen bezeichnen Blinde mit *sehr guten* Sehresten.

Unter der Gesamtsumme der Blinden sind: 27 Blinde taubstumm, 5 Blinde taub, 3 schwachsinnig, 15 irrsinnig und 18 blöd. Es treffen demnach auf 10000 Bewohner der Gesamtbevölkerung 0,04 taubstumme blinde Personen; 0,02 sind blöd und blind und 0,02 sind blind und irrsinnig.

Dr. *Mayr* hat 1871 berechnet, daß bei den Blödsinnigen und Irrsinnigen die Blindheit doppelt so stark, bei den Taubstummen mehr als sechsfach so stark vertreten ist wie unter der Gesamtbevölkerung. Diesen Ergebnissen fügt aber *Mayr* bei: „Doch wird man auch hier nicht vergessen, daß diese Resultate nur aus kleinen absoluten Zahlen gewonnen und deshalb vorerst nur von hypothetischem Wert sind."

Im ganzen Königreich sind im Alter von 7—12 Jahren 43 männliche und 32 weibliche Blinde, die bis jetzt in keiner Blindenanstalt unterrichtet und erzogen werden.

Diese 75 blinden Kinder verteilen sich folgendermaßen auf die einzelnen Regierungsbezirke: Oberbayern = 12; Niederbayern = 10; Pfalz = 18; Oberpfalz = 7; Oberfranken = 9; Mittelfranken = 3; Unterfranken = 8; Schwaben = 8.

Davon werden in einer Volksschule unterrichtet: in Oberbayern = 4; in Niederbayern = 1; in der Pfalz = 9; in der Oberpfalz = 4; in Oberfranken = 5; in Mittelfranken = 2; in Unterfranken = 3 und in Schwaben = 3. Es genießen demnach in sämtlichen Regierungsbezirken auch blinde Kinder in der Volksschule Unterricht; die meisten in der Pfalz.

Bildungsfähige Kinder, die nicht unterrichtet werden, hat Oberbayern = 7; Niederbayern = 6; Pfalz = 6; Oberpfalz = 3; Oberfranken = 3; Mittelfranken = 0; Unterfranken = 3; Schwaben = 4.

Allerdings sind unter diese Kinder einige, die als „nicht bildungsfähig" bezeichnet wurden, mit eingerechnet. Es wurden nämlich in die Tabelle nur diejenigen Kinder als bildungsunfähig aufgenommen, die außer der Blindheit noch ein Gebrechen haben, das die Aufnahme des Kindes in eine Blindenanstalt unmöglich macht.

Bildungsunfähige blinde Kinder verbleiben demnach: für Oberbayern 1 blödes Kind; für Niederbayern 3 taubstumme Kinder; für die Pfalz 1 gelähmtes, 1 stummes, 1 blödes Kind; für die Oberpfalz 0; für Oberfranken 1 gelähmtes Kind; für Mittelfranken 1 gelähmtes Kind; für Unterfranken 2 gelähmte Kinder; für Schwaben 1 blödes Kind. Das sind zusammen 12 bildungsunfähige Kinder.

Die Summe der bildungsfähigen blinden Kinder, die sich zur Aufnahme in ein Institut eignen, beläuft sich im ganzen Lande auf 63. Diese Zahl ergibt sich aus jenen blinden Kindern, die in einer Volksschule unterrichtet werden, und jenen bildungsfähigen Kindern, die keinen Unterricht genießen. Von diesen 63 Blinden gehören 11 nach Oberbayern, 7 nach Niederbayern, 15 in die Pfalz, 7 in die Oberpfalz, 8 nach Oberfranken, 2 nach Mittelfranken, 6 nach Unterfranken und 7 nach Schwaben.

Die meisten blinden Kinder, die in keiner Blindenanstalt unterrichtet werden, hat die Pfalz. Am günstigsten sind diese Verhältnisse z. B. in Mittelfranken.

Nun aber ist zu beachten, daß die Aufnahme in eine Blindenanstalt im allgemeinen zwischen dem 7. und 12. Lebensjahr erfolgt. Demnach drücken die eben angeführten Zahlen nicht aus, daß es für die Blinden, die sie zusammenfassen, nicht mehr möglich wäre, in einer Blindenanstalt gebildet zu werden.

Verteilen wir diese 63 Kinder nach den Lebensjahren in denen sie stehen, so ergibt sich:

Tabelle 47.

Lebensjahr:	Zahl der Blinden:
7.	22
8.	16
9.	12
10.	4
11.	5
12.	4

Aus dieser Unterscheidung ersieht man, daß von 10-, 11- und 12jährigen Blinden nur mehr wenige übrig sind, die bisher in keiner Blindenanstalt untergebracht wurden. Diese Kinder könnten wohl schon im nächsten Schuljahr (1901) Aufnahme in einem Institut gefunden haben; die Neun- und Achtjährigen kämen im nächsten Jahr an die Reihe, wobei hier schon da und dort aus dem jüngsten Jahrgang eine Aufnahme herübergenommen werden könnte, so daß die verhältnismäßig hohe Zahl der 7jährigen im geeigneten Zeitpunkt auch berücksichtigt sein könnte.

Die Übersicht (Tab. 48, S. 98) gibt darüber Aufschluß, wieviel von den bildungsfähigen blinden Kindern der einzelnen Regierungsbezirke auf die einzelnen Lebensalter vom 7.—12. Lebensjahr entfallen.

Wenn die Frage nach einem neuen Blindeninstitut auftauchen sollte, so dürfte die Pfalz die Aufmerksamkeit in besonderer Weise auf sich lenken, da hier auch die große Entfernung vom diesseitigen Bayern ins Gewicht fiele. Nach München gehen nur solche Pfälzer, die auf einen Freiplatz reflektieren, während vermöglichere Eltern ihren blinden Kindern entweder Privatunterricht erteilen lassen, oder sie nach dem badischen Blindeninstitut zu Ilvesheim, oder nach

Wiesbaden, oder nach Stuttgart zur Ausbildung schicken, da diese Städte näher liegen. Wir ersehen das aus den Tabellen über die Versorgung, indem dort bei den in Blindenanstalten erzogenen Blinden auch angegeben wird, in welchem Institut die Ausbildung erfolgte.

Tabelle 48.

Regierungsbezirk		Lebensjahr:					
		7.	8.	9.	10.	11.	12.
Oberbayern . . .	Zahl der Blinden	6	3	1	—	1	—
Niederbayern . .		4	2	—	—	1	—
Pfalz		5	6	2	1	1	—
Oberpfalz		2	2	2	—	—	1
Oberfranken . . .		1	1	2	2	1	1
Mittelfranken . .		—	1	—	—	—	1
Unterfranken . . .		3	—	2	1	—	—
Schwaben		1	1	3	—	1	1
Gesamtzahl		22	16	12	4	5	4

(Hier dürften auch die Ergebnisse über die Sterblichkeitsverhältnisse bei den Blinden Beachtung finden. Vgl. I. Teil, Tab. 27.)

Für jene Eltern, die ihre blinden Kinder der Volksschule übergeben und sie vom Besuch einer Blindenanstalt deswegen fernhalten, weil das Kind vom Elternhaus fort muß ꝛc., sei nachfolgendes zur Beherzigung bemerkt:

Alle, die mit der Blindenbildung vertraut sind, sind darin einig: „Nur in besonderen Anstalten kann eine gedeihliche Ausbildung der Blinden bewirkt werden, und die Volksschule ist durchaus nicht imstande, diese Anstaltsbildung in ausreichender Weise zu ersetzen.“ Wohl werden die blinden Kinder durch den Besuch der Volksschule in beschränktem Maße der allgemeinen Bildung der Sehenden teilhaftig und in den Besitz einiger positiver aber meistens unfruchtbarer Kenntnisse gesetzt. Eine hinreichende harmonische Ausbildung aller Geistes- und Körperkräfte und eine Erwerbstüchtigkeit fürs Leben kann den Blinden keine Volksschule gewähren. In vielen wichtigen, durch das Schulregulativ vorgeschriebenen Fächern, wie in Lesen, Schreiben, Erdkunde, Körperlehre, Zeichnen, Turnen, Anschauungsunterricht, Naturwissenschaften, können die Blinden in der Volksschule gar nicht oder doch nur in höchst unzureichendem Maße unterrichtet werden. Hier sind zu einem erfolgreichen Unterricht besondere Mittel und Methoden erforderlich, wie sie nur eine gut eingerichtete Spezialanstalt bietet. Die Blindenanstalt erzielt vorzugsweise ihre Erfolge: 1. durch eine besondere Pflege und Schulung des Körpers, 2. durch die methodische Übung der Sinne, namentlich des Tastsinnes, 3. durch die erziehliche Einwirkung auf das Gemütsleben und das Willensvermögen, 4. durch die gewerbliche Ausbildung und die Versorgung der Entlassenen. Zur Belebung, Regelung und Vermehrung der Vorstellungen und Begriffe ist ein eigenartiger durch lauter fühlbare Gegenstände illustrierter Anschauungsunterricht erforderlich, wie ihn nur eine Blindenanstalt, nicht aber eine Volksschule gewähren kann. Einer außergewöhnlichen Ausbildung bedarf auch die Hand, welche bei dem Blinden gleichsam das Auge ersetzen und das vorzüglichste Organ seiner Lebens- und Berufstätigkeit werden soll. Nur die Blindenschule hat dafür besondere Fächer ausgebildet, die Fröbelarbeiten, das

Zeichnen mit Schnüren, das Modellieren und den Handfertigkeitsunterricht. Diese Fächer bilden die technische Vorbildung für die gewerbliche Ausbildung. Jetzt fordert man für die Lebenstüchtigkeit der Sehenden, daß schon in der Volksschule Arbeitsunterricht erteilt werde. Noch viel mehr aber ist eine solche technische Schulung im frühesten Alter für den Blinden nötig, denn da ist infolge seines Gebrechens vieles in der Entwicklung zurückgeblieben: die Gliedmaßen, der Anschauungs- und Tätigkeitssinn. Es ist selbstverständlich, daß besondere Anregungen und methodische Übungen notwendig sind, um die dem Blinden verbliebenen Sinne, besonders den Gehörsinn und den Gefühlssinn, die für den fehlenden Sinn ganz intensiv wirksam werden müssen, richtig, allseitig und ausgiebig auszubilden, und das ist nur in der Blindenschule möglich. —

Immerhin ist es aber zu empfehlen, die blinden Kinder, solange sie in keinem Institut untergebracht sind, in die Volksschule zu schicken.

Das Kgl. Staatsministerium des Innern für Kirchen- und Schulangelegenheiten hat unterm 23. Dezember 1880 eine Entschließung erlassen, welche die allgemeine Volksschulpflicht blinder Kinder, deren körperliche und geistige Kräfte gehörig entwickelt sind, darlegt und anordnet.

Nichtbildungsfähige blinde Kinder.

Ziffer 12 im Fragebogen lautet: „Ist die blinde Person bildungsfähig? („Ja“ oder „Nein“).“ Eine Begründung des „Nein“ ist nicht verlangt. Die Nachweise über die Bildungsfähigkeit benutzen nun nicht immer die Methode des Unterstreichens; es war manchmal das Bedürfnis vorhanden, zu spezifizieren. Man findet z. B. für Kinder unter 6 Jahren die Wendung „noch nicht bildungsfähig“. Offenbar dachte man da an eine sofortige Aufnahme in ein Institut und hat nur nach dem jugendlichen Alter die Entscheidung getroffen. Dann kamen häufig die Bemerkungen: „schwach beanlagt“, „sehr schwach begabt“, „nicht bildungsfähig“, „läßt sich nichts machen“, „wahrscheinlich schwachsinnig“ rc. Ich habe schon darauf aufmerksam gemacht, daß diese Fälle alle unberücksichtigt blieben und diese Kinder unter die bildungsfähigen Blinden eingereiht wurden; denn einesteils dürften die verschiedenen Wendungen „bildungsfähig“, „noch nicht bildungsfähig“ öfter verquickt worden sein, anderenteils aber ist es ein großes Unrecht, solche Kinder ohne weitere und eingehende Prüfung vom Unterricht zurückzuweisen, denn es ist in kurzer Zeit nicht leicht und auf den ersten Blick ist es schon gar nicht möglich, mit Sicherheit zu konstatieren, ob das blinde Kind schwachsinnig oder bildungsunfähig oder bildungsfähig sei. Dann aber, wenn die Kinder wirklich schwachsinnig sind, sind sie oft nicht bildungsunfähig, und man würde sich einer großen Ungerechtigkeit schuldig machen, wenn man diese Armen nicht unterrichten und erziehen würde. Es läßt sich mit diesen Kindern sicher etwas erreichen, und da und dort wurden Erfolge erzielt, die aus dem früher als blödsinnig bezeichneten Kinde einen brauchbaren Schüler gemacht haben. — In den Fragebogen sind öfter jene allgemeinen Bemerkungen, die den Blinden als bildungsunfähig bezeichnen, vom Bezirksarzt gestrichen worden mit dem Vermerk z. B. „Muß erst erprobt werden!“

Jetzt aber kommen wir zu den doppelt bedauernswerten blinden Kindern, die wir wegen eines weiteren Gebrechens als „bildungsunfähig“ bezeichnen mußten;

d. h. diese Kinder können durch die Methode der Blindenschule nicht unterrichtet und erzogen werden. Es sind das 12 Kinder, die im Alter von 7—12 Jahren stehen; 3 weiblichen, 9 männlichen Geschlechts. Die Tabelle 46 teilt diese Zahl nach den Gebrechen, welche das Kind als bildungsunfähig erscheinen lassen: 5 blinde Kinder sind gelähmt und nervenleidend, 1 blindes Kind ist stumm, 3 blinde Kinder sind taubstumm und 3 sind blöde. Die Statuten der meisten Blindenanstalten und Taubstummeninstitute schließen taubstummblinde Kinder vom Unterricht aus.

Können diese Kinder nicht in irgend einer Weise auch geistig gefördert und gehoben werden? Machen vor diesen ganz unglücklichen Kindern Unterricht und Erziehung ein grausames Halt?

Im Jahre 1774 schrieb Abbé del'Epée, der edle Begründer des Taubstummenunterrichtes: „Ich mache meinem Vaterland und den umgrenzenden Nationen von ganzem Herzen das Anerbieten, mich mit dem Unterricht eines Kindes, — wenn sich überhaupt ein solches findet, — das taubstumm und im Alter von zwei oder drei Jahren blind geworden ist, zu befassen. Möge es der göttlichen Barmherzigkeit gefallen, daß es auf Erden keinen Menschen gibt, der auf so schreckliche Weise heimgesucht ist! Wenn es aber einen einzigen gibt, so wünsche ich, daß man ihn mir zuführe, damit ich durch meine Bemühungen zum Werke seiner Rettung beitragen kann."

Damals hat sich kein solcher Fall gefunden. Aber im 19. Jahrh. ist der Name des taubstummblinden Kindes Laura Bridgmann bekannt geworden, das im 2. Lebensjahr durch eine schwere Erkrankung die Sehkraft verlor, taub geworden und auch des Geschmacks- und Geruchsinnes beraubt worden war. Das talentvolle Kind suchte mit unersättlicher Wißbegier und gespannter Aufmerksamkeit auf dem einzigen schmalen Pfade, der Tastempfindung, durch den es mit der übrigen Welt in Verbindung stand, Kenntnisse zu gewinnen. Im 10. Lebensjahr besaß es ein gutes Urteil über räumliche Verhältnisse, sowie eine wohl ausgebildete Zeitvorstellung. Es war geschickt mit der Nadel, konnte rechnen und gebrauchte mit Fertigkeit die Fingersprache und schrieb die Blindenschrift; das Kind hatte Anstand und gutes Betragen und unterschied sehr wohl Recht und Unrecht. Zu diesem Fall kam später ein neuer mit Helen Keller; sie hat im heurigen Jahre ihre eigene Biographie geschrieben und veröffentlicht; ein höchst interessantes Buch, das mit der Reklame „Die merkwürdigste Schriftstellerin der Gegenwart" in den Handel kam. Doch Bridgmann und Keller sind nicht von Geburt aus taubstummblind gewesen, ihre Sinne wurden erst im zweiten Lebensjahr gebunden; und die Psychologen brachten da und dort einen skeptischen Einwand, der die kurze Zeit, in der die verloren gegangenen Sinne wirksam waren, und damit die Möglichkeit einer Reproduktion dereinst zustande gekommenen Empfindungen reklamierte. Um die Wende des zwanzigsten Jahrhunderts ist aber ein Kind unterrichtet worden, das taubstummblind geboren wurde: Marie Heurtin. In Deutschland brachte zuerst das „Hochland", dann der „Blindenfreund" Näheres über diesen auffallenden und bedeutenden Fall. Dem „Hochland" entnehmen wir folgendes: „Professor Louis Arnould hat im Dezember-Heft 1900 der Halbmonatsschrift „Quinzaine" die ersten verdienstlichen

Mitteilungen gebracht. Marie Heurtin wurde am 13. April 1885 in einem Dorfe bei Nantes geboren. Die Eltern, arme Küfersleute, waren Geschwisterkinder, die Großväter sogar Zwillinge. Von den Geschwistern Mariens ist eines blind geboren, das andere kam taubstumm zur Welt. („Heiraten ins Blut tut selten gut, Sterben, Verderben oder keine Erben!" A. d. V.) Dies taubstummblinde Kind wurde 10 Jahre lang für idiotisch gehalten und sowohl in Blindeninstituten als in Taubstummenanstalten abgewiesen. 1895 jedoch wurde die Unglückliche in die Taubstummenanstalt zu Larnay aufgenommen und hier ein ganz außerordentlicher Erfolg erzielt. Das vermeintlich idiotische Kind lernte innerhalb eines einzigen Jahres nicht weniger als drei Zeichensysteme verstehen: Die primitive Zeichensprache, die Taubstummensprache und die Braill'sche Blindenschrift."

Daraus geht die hohe Bedeutung des Tastsinnes für die Erfassung der Außenwelt und für die Entwicklung der geistigen Fähigkeiten klar hervor. Es beginnt alsbald das Erlernen von Kenntnissen, wenn auch nur eine Pforte für die Einwirkung der Außenwelt eröffnet ist. Dieselbe führt in intellektueller und sittlicher Hinsicht zu nicht geringer Ausbildung und zu Grundsätzen der Logik und Moral wie das Zusammenwirken aller Sinne. Es kann also, trotzdem fast alle Sinneswerkzeuge tot sind, doch in solch unglücklichen Menschen eine große Intelligenz schlummern, welche durch eine liebevolle Hingabe wachgerufen werden kann.

In diesen Tatsachen liegt für die Eltern unserer taubstummblinden Kinder doch noch etwas Tröstliches. Auch unter diesen unseren unglücklichsten Landeskindern würde sich wohl mancher Fall den eben vorgeführten Fällen anreihen lassen. Und unsere bayer. Statistik verzeichnet bereits den Namen eines taubstummblinden Mädchens, das im 4. Lebensjahr durch Masern erblindet ist und in der Würzburger Taubstummenanstalt mit Erfolg unterrichtet wird.

Lebensunterhalt der Blinden.

Wenn der Blinde befähigt ist, der bürgerlichen Gesellschaft nach Maßgabe seiner Kräfte Dienste zu leisten, dann hat er auch im Austausch dieser Dienste wie jeder Staatsbürger Anspruch auf die Mittel zu seiner Erhaltung.

„Die Blindenanstalten wollen dem Blinden eine Zukunft im Leben bereiten, und es wird deshalb nach einer tüchtigen Schulbildung als weiteres Ziel die Erwerbsfähigkeit und die daraus erwachsende Selbständigkeit in der Ausbildung eines Berufes unverrückt erstrebt, und um dieses Ziel zu erreichen, stellen sich die Blindenanstalten zwei Aufgaben: die erste fordert die Erlernung eines Berufes, der den Zögling erwerbsfähig macht, die zweite ist die Sorge, daß der aus dem Institut ausgetretene Blinde trotz gewonnener Erwerbsfähigkeit nicht erwerbslos bleibt." (Vgl. Münchener Blindenlehrerkongreß.)

Die in den folgenden Tabellen dargestellten Ausweise über den Erwerb der Blinden nehmen aus der Gesamtmasse der Blinden nur den Teil heraus, der im Alter vom 20.—45. Lebensjahr steht. Es ist diese Abgrenzung nach oben hin deswegen nicht weiter ausgedehnt, weil wir mit den in Anstalten ausgebildeten, erwerbsfähigen Blinden wohl nicht früher rechnen können als Ende der 60er Jahre. Denn in früheren Zeiten unterschieden sich unsere Blindenanstalten nur wenig von den Elementarschulen. Es wurden die Zöglinge wohl mit intellektuellen

Kenntnissen ausgestattet, sie lernten auch notdürftig lesen und schreiben, man brachte ihnen einige Handfertigkeiten bei, mit denen sich die meisten Blinden vielleicht zur Vertreibung der Langeweile beschäftigten.

Unsere Tabelle gibt zugleich auch den Nachweis über die Erwerbsverhältnisse für jene Blinde, die in keiner Blindenanstalt ausgebildet wurden.

Die Gesamtzahl der Blinden, die sich für die Altersklassen 20.—45. Lebensjahr ergibt, wird deshalb in zwei Gruppen geschieden: A. Blinde, die in einer Blindenanstalt gebildet wurden; B. Blinde, die in keiner Blindenanstalt waren.

Tabelle 49. Lebensunterhalt. Blinde im Alter von 20—45 Jahren.

Vortrag	Oberbayern		Niederbayern		Pfalz		Oberpfalz		Oberfranken		Mittelfranken		Unterfranken		Schwaben		Königreich				
																			Prozent		im ganzen
	m.	w.	m.	w.	m.	w.	m.	w.	m.	w.	m.	w.	m.	w.	m	w.	m.	w.	m.	w.	
A.																					
In einer Blindenanstalt wurden ausgebildet: Gesamtzahl	15	18	5	4	15	5	9	4	8	3	19	18	23	15	35	27	129	94	100	100	223
Davon verdienen den Lebensunterhalt:																					
ganz	5	—	2	—	6	1	2	—	2	—	9	1	4	—	5	1	35	3	27,13	3,19	38
teilweise	5	7	2	3	5	4	6	4	6	3	5	13	5	1	5	3	39	38	30,24	40,43	77
nicht	2	—	1	1	1	—	1	—	—	—	1	3	4	2	—	2	10	8	7,75	8,51	18
In einer Blindenversorgungsanstalt befinden sich	—	10	—	—	—	—	—	—	—	—	—	—	10	11	24	19	34	40	26,36	42,55	74
In einem Asyl sind untergebracht	1	—	—	—	3	—	—	—	—	—	—	1	—	—	1	—	5	1	4,65	1,06	6
z. Z. in einer Anstalt zur Ausbildung	2	1	—	—	—	—	—	—	—	—	4	—	—	1	—	2	6	4	3,87	4,26	10
B.																					
Blinde, die in keiner Anstalt ausgebildet wurden: Gesamtzahl	43	31	29	13	52	31	14	18	21	22	22	20	25	24	35	28	241	187	100	100	428
Davon verdienen den Lebensunterhalt:																					
ganz	10	—	3	—	8	—	2	1	5	—	7	1	8	—	5	1	48	3	19,92	1,61	51
teilweise	8	10	12	3	15	9	7	8	7	12	4	6	5	11	6	5	64	64	26,56	34,22	128
nicht	18	16	14	8	17	13	5	7	9	8	7	9	10	11	15	6	95	78	39,42	41,71	173
In ein. Blindenversorgungsanstalt fanden Aufnahme .	—	—	—	—	—	—	—	—	—	—	—	—	—	—	9	15	9	15	3,73	8,02	24
In einem Asyl sind untergebracht	7	5	—	2	12	9	—	2	—	2	4	4	2	2	—	1	25	27	10,37	14,44	52

Die Altersklassen vom 20.—45. Lebensjahr zählen im ganzen Lande 651 Blinde, und zwar 370 männlichen und 281 weiblichen Geschlechts. Von diesen 651 Blinden sind aber 223 in einer Blindenanstalt erzogen und unterrichtet worden, und 428 Blinde, die zum allergrößten Teil später erblindeten, haben ihre Schulbildung in einer Volksschule oder in einer anderen Lehranstalt abgeschlossen.

Die in Anstalten unterrichteten Blinden teilen sich in 129 männlichen und 94 weiblichen Geschlechts, für die andere Kategorie ergeben sich 241 Männer und 187 Frauen. Das Wichtigste der Tabelle kommt in den Prozentsätzen zum Ausdruck.

A. Von den in Anstalten erzogenen männlichen Blinden verdienen 27,13 % ihren Lebensunterhalt ganz; 30,24 % verdienen ihn teilweise. Hier sind jene Blinde nicht mit inbegriffen, die auch in den Blindenversorgungsanstalten zu ihrem Lebensunterhalt durch ihre Arbeit etwas beitragen. Diese finden bei der Ausscheidung nach Erwerbsquellen Berücksichtigung. (Es sind 26,36 %.) Für die weiblichen Personen ergibt sich ein Gegensatz, der im voraus erwartet werden muß. Hier verdienen nur 3,19 % den Lebensunterhalt ganz und 40,43 % teilweise. Arbeitsunfähig sind zum größten Teil wegen Krankheit 8,51 %. In Blindenversorgungsanstalten leben 42,55 %; die Mehrzahl davon trägt durch Arbeit zum Lebensunterhalt bei. Zum Zwecke der weiteren Ausbildung sind 4,26 % noch in Blindenanstalten untergebracht und 1,06 % befinden sich in einem Asyl.

B. Die zweite Gruppe (Blinde, die in keiner Anstalt unterrichtet wurden) zeigt im Vergleich mit der ersten ein interessantes Ergebnis. Von 241 männlichen Blinden verdienen hier 19,92 % den Lebensunterhalt ganz; teilweise 26,56 %. Aber 39,42 % können keine Arbeit verrichten, die eine Erwerbsquelle werden könnte, und da unter diesen Blinden ganz gewiß auch sehr viele frisch und arbeitsfähig sind, so fordert diese Tatsache eine besondere Würdigung. — Das soll in einem eigenen Absatz geschehen. In einer Blindenversorgungsanstalt sind 3,73 % interniert (alle in Pfaffenhausen) und in einem Asyl leben 10,37 %.

In Bezug auf die weiblichen Blinden ergibt sich: 1,61 % verdienen den Lebensunterhalt ganz, 34,22 % teilweise; 41,71 % können nichts verdienen. (Hier werden Folgerungen notwendig, wie im Anschluß an die Ergebnisse für die männlichen Blinden.) 8,02 % sind in der Blindenanstalt Pfaffenhausen versorgt und 14,44 % sind in Asylen untergebracht.

Die eben vorgeführten Verhältnisse werden noch eingehender behandelt durch die Abstufungen der Tabelle 50 auf S. 104.

Die Zahlen der Tabelle 50 fassen jene Blinden zusammen, die den Lebensunterhalt ganz und teilweise verdienen.

Kategorie A. = in Blindenanstalten unterrichtet.
Kategorie B. = in keiner Blindenanstalt unterrichtet.

Kategorie A. (Männliche Blinde.)

Durch Ausübung eines gewerblichen Berufes beschäftigen sich 81,30 %; und zwar treffen hiervon 47,66 % auf Korbmachen, 14,95 % auf Bürstenmachen, 16,82 % auf Flechtarbeiten und 1,87 % auf Klavierstimmen. Die Musik wird von 9,35 % zum Broterwerb benutzt; im Lehrberuf betätigen sich 2,80 %. Durch landwirtschaftliche Arbeiten verdienen 5,61 % etwas zum Lebensunterhalt. Die letzte Spalte „andere Berufsarten" zählt nur einen Blinden; er leitet sein Ökonomieanwesen.

(Weibliche Blinde.)

Die weiblichen Blinden betreiben ebenfalls die Gewerbe: Korbmachen, Bürstenmachen, Flechtarbeiten, und zwar sind es 30 %. Weibliche Handarbeiten fertigen

(Fortsetzung des Textes auf Seite 105.)

Tabelle 50. Erwerbsquellen der Blinden.

Vortrag	Lehrberuf		Korbmachen		Bürstenmachen		Flechtarbeiten		Klavierstimmen	Weibl. Handarbeiten	Musik		Landwirtschaftliche Arbeiten		Hausarbeiten		Leitung eines Geschäftes oder Anwesens		Andere Berufsarten	
	m.	w.	m.	w.	m.	w	m.	w.	m.	w.	m.	w.	m.	w.	m.	w.	m.	w.	m.	w.
A. Blinde, die in Blindenanstalten gebildet wurden:																				
Oberbayern	1	—	5	—	3	1	—	5	—	11	1	—	—	—	—	—	—	—	—	—
Niederbayern	—	—	4	—	—	—	—	—	—	3	—	—	—	—	—	—	—	—	—	—
Pfalz	—	—	5	—	—	—	2	—	1	3	3	—	—	—	—	2	—	—	—	—
Oberpfalz	—	—	5	—	3	1	—	—	—	3	—	—	—	—	—	—	—	—	—	—
Oberfranken	—	—	4	—	1	2	1	—	—	1	2	—	—	—	—	—	—	—	—	—
Mittelfranken	1	1	6	—	—	—	4	5	—	8	3	—	—	—	—	—	—	—	—	—
Unterfranken	—	—	6	—	4	2	6	3	1	7	1	—	—	—	—	—	1	—	—	—
Schwaben	1	1	16	2	5	3	5	—	—	9	—	—	6	1	—	6	—	—	—	—
Königreich	3	2	51	2	16	9	18	13	2	45	10	—	6	1	—	8	1	—	—	—
Im ganzen: männl. 107, weibl. 80.																				
Prozentanteil	2,80	2,50	47,66	2,50	14,95	11,25	16,82	16,25	1,87	56,25	9,35	—	5,61	1,25	—	10,00	0,94	—	—	—
B. Blinde, die in keiner Blindenanstalt ausgebildet wurden:																				
Oberbayern	—	—	—	—	—	—	—	—	—	1	8	—	6	2	—	7	2	—	2	—
Niederbayern	—	—	1	—	—	—	—	—	—	—	1	—	12	3	1	—	—	—	1	—
Pfalz	—	—	—	—	—	—	1	—	—	—	11	—	8	3	1	6	1	—	1	—
Oberpfalz	—	—	—	—	—	—	—	—	—	1	1	—	6	4	—	3	1	1	1	—
Oberfranken	—	—	—	—	—	—	1	—	—	3	5	—	3	4	—	5	2	—	1	—
Mittelfranken	3	—	1	—	—	—	1	—	—	1	1	—	2	3	—	2	3	1	—	—
Unterfranken	—	—	1	—	—	—	—	—	—	—	2	—	4	9	—	2	6	—	—	—
Schwaben	—	—	4	—	2	1	—	—	—	4	1	—	9	8	—	4	4	1	—	—
Königreich	3	—	7	—	2	1	3	—	—	10	30	—	50	36	2	29	19	3	6	—
Im ganzen: männl. 122, weibl. 79.																				
Prozentanteil	2,46	—	5,74	—	1,64	1,27	2,46	—	—	12,65	24,59	—	40,98	45,57	1,64	36,70	15,57	3,81	4,92	—

56,25 %, durch Hausarbeiten machen sich 10 % nützlich, 1,25 % verrichten landwirtschaftliche Arbeiten und 2,50 % sind im Lehrberuf tätig.

Kategorie B. (Männliche Blinde.)

Es beschäftigen sich durch Ausübung eines gewerblichen Berufes 9,84 %, und zwar 5,74 % durch Korbmachen, 1,64 % durch Bürstenmachen, 2,46 % durch Flechtarbeiten. Landwirtschaftliche Arbeiten werden von 40,98 % verrichtet. Durch Hausarbeiten haben 1,64 % einen Verdienst. Musik als Broterwerb wurde von 24,59 % erwählt. 8,19 % leiten ein Geschäft, 7,38 % ein Ökonomieanwesen, und 4,92 % nähren sich durch „andere Berufsarten", und zwar 1 Blinder durch Botengänge auf bekannten Wegen, 1 als Metzgergehilfe, 1 als Lumpensammler, 1 als Schuster, 1 durch Reparaturen von Wanduhren, 1 als Packer. 3 sind im Lehrberuf tätig; 2 als Privatlehrer, 1 als Leiter einer Blindenanstalt.

(Weibliche Blinde.)

Für die weiblichen Blinden ergibt sich: eine gewerbliche Tätigkeit üben 1,27 % aus; 12,65 % fertigen weibl. Handarbeiten, und 36,70 % verrichten Hausarbeiten. Durch landwirtschaftliche Arbeiten beschäftigen sich 45,57 %; durch Geschäftsleitung 2,54 %; eine Bäuerin (Witwe) leitet ihr Ökonomieanwesen („flott" heißt es im Fragebogen).

Der Vergleich beider Kategorien zeigt einen bedeutenden Gegensatz. Während bei den in Blindenanstalten gebildeten männlichen Blinden 81,30 % ein Gewerbe betreiben, weist die andere Kategorie für diese Berufsart nur 9,84 % aus. Dagegen hat Kategorie B für eine Beschäftigung durch landwirtschaftliche Arbeiten einen Prozentsatz von 40,98, dem die Verhältniszahl von 5,61 aus der Kategorie A gegenübersteht. Einen beachtenswerten Gegensatz zeigt auch die Rubrik „Musik." Hier erwartet man, daß die in Blindenanstalten Ausgebildeten ein größeres Kontingent stellen würden. Aber die Zahl der Blinden, die Musizieren als Broterwerb treibt, berechnet sich für Kategorie A auf 9,35 %, für Kategorie B auf 24,59 %. Die übrigen Berufsarten haben den kleinsten Anteil, sie sind jedoch von bedeutendem Interesse. Wohl bilden Korbmachen, Bürstenmachen, Flechtarbeiten das Fundament der gewerblichen Ausbildung in den Blindenanstalten, aber sie müssen nicht unter allen Umständen der Beruf des Blinden werden. Daß sich Blinde auch als Privatlehrer bewährt haben, das kann durch viele Beispiele nachgewiesen werden, auch als dirigierende Kraft leisteten sie Rühmenswertes, und wenn wir auch einen blinden Schuhmachermeister, der tatsächlich sein Gewerbe betreibt, gefunden haben und einen von Geburt blinden Mann, der sich durch Reparatur von Wanduhren sein Brot verdient, so ist das recht erfreulich.

Der Boden, auf dem die Blindenanstalten eine Existenz ihrer Zöglinge gründen wollen, ist die Arbeit. 81,30 % der in Anstalten gebildeten Blinden betreiben ein Gewerbe; das ist das höchst befriedigende Resultat, das wir aus den statistischen Zahlen gewonnen haben. — Nun ist aber noch eine Erklärung notwendig über die Abstufungen: „verdient den Lebensunterhalt ganz", „teilweise."

Die Blindenanstalten legen den Schwerpunkt auf eine gründliche und sorgfältige gewerbliche Ausbildung ihrer Zöglinge. Fast alle Blinde beherrschen auch bei dem Austritt aus der Anstalt das erlernte Gewerbe. Und es ist sicher bei 70 % der blinden Gewerbsmänner nicht ein Mangel an der nötigen Fertigkeit, welcher den Lebensunterhalt nur teilweise verdienen läßt, sondern es sind das ganz andere Ursachen, die wir ganz offen nennen wollen.

1. Es ist einesteils da und dort immer noch das Mißtrauen, das man den Arbeiten des Blinden entgegenbringt. Wenn man sich zuvor, ehe man ein hartes Urteil spricht, von der Leistungsfähigkeit des blinden Gewerbsmannes überzeugen würde, dann würde der Augenschein jene Urteile vernichten. Aber der Schluß, den viele Sehende über die Arbeitsleistung des Blinden machen, hat seinen Grund in falschen Prämissen; denn dem Sehenden ist nach seiner eigenen Lebenserfahrung ein Lernen und Arbeiten, eine brauchbare Arbeitsbetätigung ohne das Auge undenkbar. Hier wurzelt aber zum großen Teil der schwere Kampf, den der aus der Anstalt getretene Blinde da und dort durchmachen muß.

2. Dazu kommt, daß die Geschäftsverhältnisse heutzutage sehr schwierige geworden sind, und je vielseitiger sich Handel und Gewerbe gestalten, desto schwerer wird es vielen blinden Handwerkern, sich als selbständige Geschäftsleute zu halten. Hätten unsere Blinden nur immer genügend Arbeitsaufträge, sie würden emsig schaffen und zur Zufriedenheit ihre Waren fertigstellen. Ist es nicht rühmenswert, daß zwei Blinde von der Arbeit ihrer Hände auch ihre alte Mutter ernähren?

3. Doch es sind nicht immer Unkenntnis oder Härte, die dem Blinden die Arbeit entziehen; auch das sogenannte Mitleid schadet hier ungemein viel. Aber nichts ist für den gut erzogenen und ausgebildeten Blinden drückender als rührselige Äußerungen über seinen Zustand. Ja man hat sogar in einer öffentlichen Versammlung gesagt (es war nicht in Bayern), mit der Blindenfürsorge sei es nicht weit her, weil das Arbeiten verlangt wird. Ähnliches kann man jedoch manchmal auch bei uns zu Gehör bekommen. Dabei wird natürlich nicht an den *sittlichen Wert* der Arbeit gedacht; jene Urteile sind höchst oberflächlich, und sie lassen für den Beteiligten doch nichts anderes übrig als eine große Trostlosigkeit. Man gestatte mir 2 Bilder:

I. Immer Nacht um mich! Keine Selbstbetätigung! Bloßes Ernährtwerden! Dazu Kraft in sich verspüren, die schaffen will! — „Das ist schrecklich!"

II. Nacht um mich! Ein tüchtiges Können! Ernstes Ringen und Schaffen! Ein froh' Gelingen! — „Das bringt Friede, Freude, Zufriedenheit und Glück."

So wird uns der lebensfrohe blinde Jüngling und der tüchtige blinde Mann antworten, und in der Seele des blinden Greises wird die Erinnerung an eine ernste Selbstbetätigung ein Kleinod sein, an dem er sich erquickt in stiller Einsamkeit.

Gewiß ist nicht bei allen Blinden eine volle Erwerbsfähigkeit zu erreichen, und die Blindenfürsorge, welche die Blindenanstalten als ihre schwierigste und letzte Aufgabe der Blindenerziehung anreihen, befaßt sich, wie schon erwähnt, seit Jahren eingehend mit Fragen, die zeigen, daß man sich gerade jener Blinden, die nicht imstande sind, den Lebensunterhalt ganz zu verdienen, mit besonderer Liebe und Hingabe annimmt. Unverrückt bleibt aber: Aus der Arbeit quillt der Segen, der den Blinden mit seinem Leid versöhnen kann! Es wurde ja schon bei den schwachsinnigen und bei den taubstummblinden Kindern darauf hingewiesen, daß hier, wenn auch nur auf ganz schmalen Pfaden, die sittliche Persönlichkeit sich emporringen kann durch die Arbeit als Lebensbetätigung. Der Wert der Arbeit, ob körperliche oder geistige, ist hiermit in seiner Bedeutung auch für den Blinden klargelegt.

Wenn nun ein tüchtiger, blinder Gewerbsmann seine Erzeugnisse anbietet, dann beurteile man diese Arbeit gerecht; sie muß den Vergleich mit der Arbeit der Sehenden bestehen können. Ist die Ware tadelnswert, gut, dann mache man doch dem blinden Gewerbsmann energisch Vorhalt oder weise die Ware zurück, wie es bei Arbeitslieferungen von Sehenden Sitte ist — das nützt! Falsches Mitleid, das hier nachsichtig wäre, würde schaden.

Ganz erquickend ist, was Universitätsprofessor Dr. Schmidt-Rimpler in seiner Abhandlung „Blindheit" bezüglich der arbeitenden strebsamen Blinden sagt: „Und doch sind diese Armen, die in Jugendmut und Jugendkraft selbst arbeiten und vorwärts streben wollen, vor allem wert, daß man sie im Lebenskampfe unterstütze, einem Kampfe, in dem sie mit verbundenen Augen sich ihrer Haut wehren sollen; diesen jungen, blinden Streitern, nicht den umherlungernden Marodeuren, gebührt Hilfe und Beistand!"

9,84% der Kategorie B treiben ein Gewerbe: 5,74% Korbmachen, 1,64% Bürstenmachen, 2,46% Flechtarbeiten. Es sind unter diesen Männern auch 2, von denen einer in frühester Jugend erblindete; der andere ist blindgeboren. Beide haben ein Gewerbe gelernt, Korbmachen bzw. Bürstenmachen, und zwar nicht in einem Blindeninstitut; beide Blinde verdienen ihren Lebensunterhalt ganz. Daraus ergibt sich, daß Blinde auch außerhalb einer Blindenanstalt in einem Handwerk mit Erfolg unterrichtet werden können. Hierzu erlaube ich mir zu bemerken: Es wird sich wohl nicht oft ein Meister finden, der von seinen übrigen Geschäften sich so viel Zeit nehmen kann, als zu dem Unterricht eines Blinden erforderlich ist. Wie viele werden wohl den damit verbundenen Mühen und Kosten ohne reichliche Vergütung sich unterziehen? Wenn das alles wohl erwogen wird, so zeigt es sich, daß die einzig sichere Weise, um Blinde ein Gewerbe zu lehren, die ist, sie Werkstätten frequentieren zu lassen, die mit besonderer Rücksicht auf ihren Beruf eingerichtet sind, und solche findet man nur in Blindenanstalten.

Die Musik hat unter den Erwerbsmitteln für Kategorie A 9,35%, für Kategorie B 24,59% ergeben. Wenn oben bei der Zusammenfassung des Gesamtergebnisses der Beschäftigungsarten der Blinden gesagt wurde, daß man in Bezug auf die Musik als Erwerbsquelle ein umgekehrtes Verhältnis zwischen Kategorie A und Kategorie B erwartete, so ist das vom allgemeinen Standpunkte aus, der in dieser Frage von Fernstehenden eingenommen wird, gesprochen. Es bestehen da ganz sonderbare Ansichten: man glaubt, jeder Blinde sei ein geborner Musiker, und die Musik wäre die vorzüglichste Erwerbsquelle für alle, die des Augenlichts beraubt sind. Das ist ein Irrtum. Die Musik hat ganz gewiß eine besondere Bedeutung für den Blinden und seine Bildung; doch man ist mit diesem Bildungsmittel, es sei rückhaltlos gesagt, sogar in Fachkreisen in zwei Extreme geraten: es wurde überschätzt und unterschätzt.

Die Einwirkung der Musik auf die Veredelung des Gemütes ist eine unbestrittene Tatsache, und deshalb kann man auf die musikalische Ausbildung des Blinden eine besondere Rücksicht nehmen. Aber in unserer Frage handelt es sich nicht um diesen Punkt; hier handelt es sich darum: kann der Blinde durch die Musik einen künftigen Beruf finden, kann er in der Ausübung dieses Berufes seinen Unterhalt verdienen? Soll deshalb die Musik mit dieser Absicht gelernt werden?

Ausnahmsweise bilden manche Blindenanstalten besonders talentvolle Zöglinge in der Musik so weit aus, daß sie als Musiklehrer Verwendung finden könnten. Wie wenig Aussicht aber sich in diesem Berufe auf eine lohnende Tätigkeit bietet, das erfahren wir, wenn wir die Zahlen in unserer Berufstabelle betrachten. Von den ausgebildeten Blinden ist einer Hilfslehrer für den Musikunterricht an einer Blindenanstalt, ein blinder Musiker gibt Privatunterricht an Sehende (Harmonielehre); 2 weibliche Blinde sind Musiklehrerinnen; zwei männliche Blinde geben Klavierkonzerte. Alle übrigen der Kategorie A in der Spalte Musik aufgeführten Blinden spielen Zither oder Violine; einer benutzt leider von Zeit zu Zeit auch die Drehorgel.

Im Anschluß an Erscheinungen, wie sie der letztangeführte Fall bietet, müssen jene, die sich mit dem Unterricht und der Erziehung Blinder beschäftigen, manche Bitterkeit hören. Zunächst verweise ich auf unsere Berufstabelle; sie gibt Zeugnis dafür, daß Unterricht und Erziehung für die Blinden zum größten Segen geworden sind. Von den ausgebildeten Blinden bettelt nur ein ganz minimaler Prozentsatz. Der gut erzogene Blinde sträubt sich dagegen, so lange er kann, und bei dem Stand unserer Blindenfürsorge müßten derartige Erscheinungen allmählich ganz verschwinden. Da wirken jedoch manchmal gar eigenartige Umstände zusammen, und darunter bildet die niedrige Spekulation jener, die dem Blinden nahestehen, eine Hauptrolle. „Wenn ich mit meinem blinden Kind bettle, das ist besser für uns alle zwei, als wenn ich das Kind im Institut lasse.“ So wurde einmal einem Institutsvorstand von einem Vater geantwortet. Alle Bemühungen, das Kind zu retten, waren vergeblich. — Aber betteln nicht auch gesunde Vollsinnige? Kinder, die noch die Volksschule besuchen, werden von gewissenlosen Eltern sehr oft zum Bettel angehalten, und manche dieser Kinder bleiben dann lebenslang Bettler, da ja dieses „Geschäft“ sehr oft eine sehr reichliche Einnahmsquelle bildet. Um jedes Mißverständnis in bezug auf Musik als Broterwerb der Blinden zu beseitigen, sei hier der Standpunkt, den die Blindenanstalten einnehmen, klargelegt:

Für die in Blindenanstalten gebildeten Blinden gilt: „Alle diejenigen, welche auf Messen, Jahrmärkten 2c. durch öffentliche musikalische Einzelproduktionen, einen bettelhaften Erwerb suchen, treten aus der Verbindung, in welcher die arbeitsamen Blinden auch nach ihrer Entlassung mit der Blindenanstalt stehen, und verlieren insbesondere den Anspruch auf Unterstützung aus dem Fonds der Entlassenen.“

„Diejenigen Blinden aber, welche nur an dem Orte, wo sie bleibend wohnen, oder dessen nächster Umgebung auf diese oder jene Weise ihre musikalische Fertigkeit zu einem kleinen Nebengeschäfte machen, sind natürlich von dieser Kategorie ausgeschlossen.“

Es ist im Gegenteil sehr erfreulich und nur zu wünschen, daß Blinden bei Familienfesten oder bei geselligen Unterhaltungen Gelegenheit geboten wird, ihr musikalisches Können zu verwerten.

Nun noch ein Wort über den Beruf des Blinden als Konzertmusiker. Vor ungefähr 3 Jahren brachten verschiedene Lokalblätter Berichte über musikalische Produktionen von Blinden. Überall war man mit den Leistungen sehr zufrieden, es wurde der musikalische Geschmack, die gute Technik hervorgehoben; in einem Berichte war die Haltung und das Auftreten der jungen blinden Männer als nobel bezeichnet. Kurz, die Zuhörer waren befriedigt, und die Presse ermunterte die Musiker — jedoch der pekuniäre Erfolg war nach Abzug der Reisekosten, der Verpflegung 2c., so minimal, daß von diesen Blinden weitere Konzertreisen nicht mehr unternommen werden. Es war ein Versuch, den sechs gut gebildete, ehemalige Anstaltsschüler wagten, ein Versuch, neben dem Handwerk, das sie mit rühmenswertem Fleiß betreiben, einen leichteren Broterwerb ab und zu zu ergreifen. Diese Ausführungen werden deshalb hierher gesetzt, weil im Publikum die Meinung verbreitet ist, der Blinde könne sich am ehesten durch Musik etwas verdienen. Das eben Erzählte und andere Erfahrungen beweisen das Gegenteil. (Heutzutage gibt es ohnehin sehr viele Musiker, so daß, was z. B. den Musikunterricht anbelangt, nicht mehr die Musiklehrer sondern die Musikstunden gesucht werden!)

Im Anschluß an das eben behandelte Kapitel dürfte hier noch eine Aufklärung Platz finden über einen Irrtum, der die Beanlagung des Blinden betrifft.

Oft kann man selbst von Gebildeten die Äußerung hören: „Die Blinden haben ein sehr gutes musikalisches Gehör, sie haben großes Musiktalent; denn wenn ein Sinn fehlt, dann ist der andere um so schärfer." Dem gegenüber kann konstatiert werden: Der Blinde hat von Natur aus nach keiner Richtung einen feineren Gehörsinn oder Tastsinn, *weil* das Gesicht fehlt; der Gehörsinn des Blinden unterscheidet sich in nichts von dem des Sehenden, nur ist der Blinde gezwungen, Gehör und Getast auszubilden, und der Sehende kann durch Übung seinen Tastsinn so weit schärfen, daß er, die gleiche Anlage vorausgesetzt, die feinsten Unterschiede in Bezug auf Form oder Struktur mit dem tastenden Finger ebenso macht wie der ausgebildete Blinde. Man dient den Blinden weder durch Unterschätzung noch durch Überschätzung ihrer Kräfte und Anlagen.

Ich bitte noch um Beachtung des Folgenden: Es handelt sich um *ausgebildete* blinde Musiker. Aus der Münchner Anstalt gingen auch geprüfte Organisten hervor. Wie weit es begabte Schüler in dieser Kunst bringen, davon gibt ein Zeugnis, das einem ehemaligen Zögling des Instituts von der Kgl. Musikschule in München ausgestellt wurde, den besten Beweis.

> „Herr X X, bisher Zögling des Kgl. Blindeninstitutes in München, hat sich speziell zum Organisten ausgebildet und bei großer, natürlicher Begabung einen hohen Grad von technischer Fertigkeit erworben. Aber auch in theoretischer Hinsicht sind seine Kenntnisse so sicher und vorangeschritten, daß er, unterstützt von einem ausgezeichneten Gedächtnisse, vollkommen imstande ist, den Organistendienst an einer evangelischen Kirche

zu versehen. Er kennt alle gebräuchlichen Choräle, transponiert dieselben, präludiert und moduliert geläufig und hat die nötige Kenntnis der Liturgie — somit sei Herr X X, bei Besetzung einer Organistenstelle bestens empfohlen.

Dies bezeugen nach Pflicht und Gewissen

München, 16. Oktober 1899.

Prof. **Dr. Joseph v. Rheinberger,** Kgl. Geheimrat,
Joseph Becht, Kgl. Professor.

Dieser blinde Organist wirkt z. Z. als Hilfslehrer für Musik an einer Blindenanstalt; er hat sich schon oft um eine Organistenstelle beworben; aber trotz der „günstigsten Aussichten" und der tröstlichsten Versprechungen trug den Sieg immer ein sehender Orgelspieler davon.

In Norddeutschland versehen wohl manche Blinde Organistenstellen, so hatte Berlin bis vor ungefähr 2 Jahren einen blinden Domorganisten. Die Schwierigkeit, derartige Stellen für Blinde zu gewinnen, liegt darin, daß die Kantorstellen mit den Schulstellen verbunden sind, und in Städten, in denen selbständige Organistendienste bestehen, konkurrieren zu viele Sehende, die an Musikschulen studiert haben. —

Eines wäre wohl möglich. Ist in einer Gemeinde ein guter blinder Orgelspieler, so benutze man ihn recht fleißig zur Aushilfe während des Urlaubs des Kantors 2c. Auch in katholischen Kirchen könnte ein Blinder das Orgelspiel teilweise übernehmen und bei kleineren Chören, wo das Repertoir nicht zu umfangreich ist, wird es dem Blinden keine Schwierigkeit machen, den Dienst ganz zu leisten. In einer katholischen Kirche Münchens begleitet den Volksgesang ein Blinder; er ist aber in erster Linie Gewerbsmann, nämlich Bürstenmacher. — Wenn man im allgemeinen zugibt, daß ein Blinder in einer protestantischen Kirche die Orgel selbständig bedienen kann, so zieht man das für den katholischen Gottesdienst gewöhnlich sehr in Frage. Hören wir aber hierüber das Urteil einer unserer ersten Autoritäten:

„Der Unterzeichnete hatte vor mehreren Jahren Gelegenheit, den damaligen Zögling des Kgl. Zentralblindeninstitutes in München X X im Orgelspiel zu prüfen. Die Leistungen im freien Spiel, in Modulation, Präludium, Transposition usw. waren durchaus befriedigend. Er spielte J. S. Bach, Jos. Rheinberger, Albrechtsberger usw. natürlich auswendig, jedoch mit feinem Tonsinn, musikalischem Geschmack und technischer Fertigkeit. Mit Sicherheit ist anzunehmen, daß sich der talentierte Jüngling seit dieser Zeit nicht nur fleißig fortgebildet hat, sondern auch solche Fortschritte machen konnte, welche ihn zur Übernahme eines katholischen Organistendienstes vollkommen befähigen.

Regensburg, den 7. April 1903.

Dr. Fr. X. Haberl,
Direktor der Kirchenmusikschule.

Also sowohl protestantische als auch katholische blinde Orgelspieler könnten Verwendung finden. Wir haben aber die Hindernisse kennen gelernt, die einer Übertragung eines selbständigen Organistendienstes an Blinde im Wege sind. Doch wolle man den oben gemachten Vorschlag in gegebenem Falle in Erinnerung bringen und den blinden Orgelspieler zu Aushilfsdiensten heranziehen.

Nach statistischen Erhebungen im Jahre 1880 konnte man die Zahl der in sämtlichen deutschen Blindenanstalten ausgebildeten Blinden, soweit sie noch am Leben waren, auf 1600 veranschlagen.

Darunter finden 14 als Lehrer, 21 als Organisten, 31 als Musiklehrer und 20 als Klavierstimmer ihren Unterhalt. 1500 Männer bleiben aber übrig, die für das Lehramt und die Musik nicht auszubilden waren oder in solchen Stellungen nicht Verwendung finden konnten. Wenn diese erwerben wollen, sind sie nur auf die technischen Arbeiten hingewiesen.

Das Gesamtresultat unserer Betrachtungen über die blinden Berufsmusiker ist das: Nur sehr wenig Blinde vermögen sich durch Musik oder Musikunterricht ihren Lebensunterhalt zu verdienen. Ein freundlicheres Feld der Berufstätigkeit für den Blinden ist das Gebiet der technischen Arbeiten; auf diesem Boden gewinnt er Festigkeit, und die Enttäuschungen sind nicht so zahleich und so bitter als bei dem Erwerb durch Musik.

Die weiblichen Blinden werden auch in der Musik unterrichtet, auch für sie ist diese Kunst nur Bildungsmittel. Es sind zwei weibliche Blinde in der Spalte „Lehrberuf" vorgetragen, sie sind Musiklehrerinnen. Eine davon, Schülerin der Münchener Blindenanstalt, hat die Kgl. Akademie der Tonkunst in München mit Auszeichnung absolviert, sie erhielt mit dem Absolutorialzeugnis die Medaille.

In der Kategorie B sind 30 Blinde gezählt, die sich durch Musik einen Broterwerb suchen; das sind 24,59 %. Darunter sind 5 Drehorgelspieler, 4 Ziehharmonikaspieler, 1 ist Klarinettenspieler, 1 spielt Violine, 12 spielen Zither und 5 versuchen durch Klavierspiel den Lebensunterhalt zu verdienen; 2 geben Musikunterricht. — Merkwürdig ist nun das, daß sämtliche Drehorgelspieler und Ziehharmonikaspieler angeben: Verdient den Lebensunterhalt ganz. Die Drehorgelspieler sind fast alle später erblindet, und man darf hier doch wohl den Invaliden zur Geltung kommen lassen. Das Drehorgelspielen aber muß als Bettel bezeichnet werden. Überhaupt wo ein Blinder zum Bettel greift, da ist ihm sicher die Musik als Mittel dazu höchst willkommen.

2 Blinde sind Klavierstimmer; einer hat diese Technik in einer Blindenanstalt erlernt, der andere hat sich für diesen Beruf nach seiner Entlassung aus der Anstalt in einer Klavierfabrik ausgebildet, und er findet guten Erwerb. (Verdient den Lebensunterhalt ganz.)

Landwirtschaftliche Arbeiten verrichten aus der Kategorie A nur 5,61 %, während bei Kategorie B 40,98 % sich auf diesem Gebiet nützlich machen. Für letztere Gruppe ist das für einen großen Teil deshalb möglich, weil viele noch einen ziemlichen Sehrest besitzen, der bei jenen Arbeiten bedeutend ausgenutzt werden kann; es sind jedoch auch solche Ökonomiearbeiter angeführt, die vollständig blind sind und trotzdem Arbeiten verrichten, mit denen man zufrieden ist, denn manche davon verdienen dadurch den Lebensunterhalt sogar ganz, mehrere teilweise. Da sind blinde Futterschneider und Holzsäger verzeichnet; einer ackert, wobei ein Knabe die Zugtiere führt.

Die aus der Kategorie A für diesen Erwerbszweig ausgeschiedenen Blinden haben alle gute Sehreste, die sich durch Schonung während der Institutsjahre nicht nur erhalten, sondern durch eine sorgfältige Augenpflege sogar gekräftigt haben.

Manchen dieser Zöglinge wurde bei dem Austritt aus der Anstalt der Rat erteilt, er solle die landwirtschaftlichen Arbeiten erlernen. In der Pfaffenhausener Blindenversorgungsanstalt werden derartige Blinde speziell in diesen Tätigkeiten unterrichtet und ausgiebig verwendet, da man dort einen großartigen Ökonomiebetrieb hat.

Wenn von Spätererblindeten angegeben wird, daß durch sie ein Geschäft oder ein Ökonomieanwesen, das sie bereits betrieben haben, weiter geleitet wird, so dürfte das schon bei einem flüchtigen Nachdenken begreiflich erscheinen. Z. B.: ein blinder Müller dirigiert sein Mühlanwesen, ein Kaufmann sein Ladengeschäft, und mehrere blinde Bauern ordnen den Betrieb der landwirtschaftlichen Arbeiten.

In bezug auf die weiblichen Blinden zeigen die beiden Abteilungen A und B ähnliche Gegensätze, wie wir sie bei den Ergebnissen für die männlichen Blinden gefunden haben.

1. Gewerbliche Tätigkeiten üben aus: A = 30%, B = 1,27%.
2. Weibliche Handarbeiten fertigen: A = 56,25%, B = 12,65%.
3. Betätigung durch Hausarbeiten: A = 10%, B = 36,70%.
4. Landwirtschaftliche Arbeiten: A = 1,25%, B = 45,57%.

Für Kategorie A gibt also die weibliche Handarbeit und die gewerbliche Tätigkeit den Ausschlag, für Kategorie B Landwirtschaftliche und Hausarbeit. Was die Leitung eines Geschäftes oder eines Anwesens durch weibliche Blinde betrifft (die Tabelle weist 3 auf), so darf das nicht weniger in Frage gestellt werden als bei den Männern; denn es gibt auch „umsichtige" und energische blinde Frauen.

Wir haben also hier erfahren, daß namentlich die ausgebildeten Blinden ihren Stolz darein setzen und es als ihre Pflicht erachten, darnach zu ringen, ihren Lebensunterhalt zu erarbeiten. Es gelingt manchem, sich selbst fortzubringen; aber für viele kommen Hindernisse, die jenem rühmenswerten Streben entgegentreten: lokale Verhältnisse, Krankheit, Verlassenheit von der Familie.

Die Tabelle 51 auf S. 113 gibt über die Sehreste der Blinden Aufschluß.

Wollen wir uns noch einmal der Tabelle 49 zuwenden und jene Zahlen herausheben, die unter dem Titel „verdient den Lebensunterhalt nicht" registriert sind.

Kategorie A: Gesamtzahl: 18; männlich = 10 = 7,75%,
weiblich = 8 = 8,51%,
Kategorie B: Gesamtzahl: 173; männlich = 95 = 39,42%,
weiblich = 78 = 41,71%.

Diese Blinden stehen im Alter von 20—45 Jahren. Wie für sie gesorgt ist, das geht aus dem Sondernachweis Tabelle 54 hervor. Vertiefen wir uns in den Zustand dieser Blinden nach den Grundsätzen, die oben festgestellt wurden, daß nämlich der Blinde nur durch ein tätiges Leben glücklich und zufrieden werden kann, so wird uns aus den eben wiederholten Zahlen viel namenloses Elend entgegenstarren. Unter diesen Armen sind jene, die von Geburt aus blind sind, die Glücklicheren, sie sind aus besseren Zuständen nicht herausgerissen worden; aber die Späterblindeten, die bereits einen Beruf hatten und infolge der Erblindung in diesem vielleicht lieb gewordenen Beruf arbeitsunfähig wurden und das noch dazu im kraftvollsten Alter, diese Verunglückten sind in einer äußerst trostlosen

Tabelle 51.

Grade der Blindheit	Oberbayern			Niederbayern			Pfalz			Oberpfalz			Oberfranken			Mittelfranken			Unterfranken			Schwaben			Königreich			Prozent-Anteil
	m.	w.	Se.	m.	w.	Se.	m.	w.	Se.	m.	w.	Se.	m.	w.	Se.	m.	w.	Se.	m.	w.	Se.	m.	w.	Se.	m.	w.	Se.	
Die blinden Personen sind:																												
A. Völlig blind auf beiden Augen	238	282	520	146	117	263	127	107	234	89	97	186	118	98	216	136	148	284	122	125	247	174	161	335	1150	1135	2285	67,53
B. Sie empfinden Lichtschimmer, können Tag und Nacht unterscheiden und sehen im Zimmer die Fenster	65	80	145	37	43	80	65	50	115	33	41	74	49	26	75	50	48	98	54	39	93	64	48	112	417	375	792	23,41
C. Sie können nahegebrachte Farben unterscheiden	4	5	9	1	2	3	4	2	6	—	2	2	3	2	5	1	3	4	—	3	3	2	3	5	15	22	37	1,09
D. Sie sind imstande, die nahe vor den Augen ausgespreizten bewegten Finger zu unterscheiden, — erkennen aber keine Farben	6	3	9	3	6	9	5	2	7	6	4	10	2	9	11	4	5	9	8	2	10	2	4	6	36	35	71	2,09
E. Sie erkennen Farben und können die nahegebrachten Finger zählen	20	13	33	12	7	19	4	11	15	14	3	17	7	6	13	18	16	34	10	10	20	27	21	48	112	87	199	5,88
Summe	333	383	716	199	175	374	205	172	377	142	147	289	179	141	320	209	220	429	194	179	373	269	237	506	1730	1654	3384	100

Lage. Oft kommen solche Personen zu den Augenärzten und fragen um Rat, wohin sie sich wenden sollten, um noch etwas erlernen zu können. Hier werden sie meistens an die Blindenanstalten verwiesen und dort ist, wenn Erziehungsanstalten in Frage sind, eine Aufnahme unmöglich. Manche wären zufrieden, wenn sie nur noch die Blindenschrift lesen und schreiben lernen könnten; eine Unfallrente, ein Vermögen schützt sie vor Nahrungssorgen; aber der Drang nach Beschäftigung will sich wenigstens dieses Blindenbildungsmittel zur Zerstreuung erbitten. Es wird ja in jeder Blindenanstalt gerne dieser Wunsch privatim erfüllt. Wenn es sich aber um eine Beschäftigung handelt, die Verdienst bringen soll, da werden die Schwierigkeiten größer.

Deshalb hat sich auch der Blindenlehrerkongreß in München dieser Sache angenommen und das Thema behandelt: „Wie hilft man am besten den Späterblindeten?"

Verschiedene Wege und Mittel sind da vorgeschlagen worden, und es wird auch für diesen Zweig der Blindenfürsorge noch etwas Ersprießliches ausgestaltet werden.

In Nürnberg, Pfaffenhausen und Augsburg erhalten Späterblindete Unterricht, und die Blindenunterstützungsvereine nehmen sich dieser Blinden besonders an. Über die Gründung und das segensreiche Wirken dieser Vereine in Bayern wird weiter unten speziell Bericht erstattet.

Bezüglich der Berufsstatistik der weiblichen Blinden ist hervorzuheben: Die weiblichen Handarbeiten (Nähen, Stricken ꝛc.) erlernen wohl alle Mädchen, da diese Fertigkeiten zur Führung des Hauswesens gefordert werden. — Es wird also in jedem Haushalt genäht und gestrickt, und dazu kommt noch die Maschinenarbeit auf diesen Gebieten. Die Folge davon ist, daß eine ungeheure Konkurrenz für die Artikel der weiblichen Handarbeiten entsteht, die einen solchen Druck auf die Preise, die für diese Arbeiten bezahlt werden, ausübt, daß sich wohl nur selten eine Frau oder ein Mädchen den Lebensunterhalt durch Nähen oder Stricken ganz verdienen kann. Gilt das für die Sehenden, so werden wir diese Tatsachen um so mehr für unsere weiblichen Blinden betonen müssen. In unserer Berufsstatistik Tabelle 49 können wir aus A und B nur 6 weibliche Blinde summieren, die den Lebensunterhalt ganz verdienen. Doch das bringen jene Personen nicht durch Erträgnisse aus weiblichen Handarbeiten fertig, sondern hier kommen ausschlaggebend gewerbliche Tätigkeiten in Frage. Und zwar gewinnen durch Bürstenmachen und Flechtarbeiten 5 weibliche Blinde den Lebensunterhalt ganz, und 1 Blinde hat als Musiklehrerin eine gesicherte Stellung. Es ist allerdings nur eine kleine Zahl, die wir notieren können, sie ist jedoch bedeutungsvoll, weil sie den Beweis erbringt, daß es für ein blindes Mädchen möglich ist, den Lebensunterhalt zu verdienen. — Heutzutage verdienen viele Frauen (sehende) auf gewerblichem und anderem Gebiet den Lebensunterhalt im Gegensatz zu früheren Zeiten, in denen das Leben für die Frauen keine besonderen Berufsarten kannte, die zur Beschaffung des Unterhaltes dienen sollten.

Die eben angestellte kurze Betrachtung zeigt uns aber ganz klar die Schwierigkeiten, die sich unseren blinden Mädchen bei Gewinnung des Lebensunterhaltes in den Weg stellen, insbesondere ist ein armes, familienloses blindes Mädchen nicht fähig, sich allein fortzubringen, und darum werden auch die weiblichen Blinden überall einer ganz besonderen Unterstützung bedürftig sein.

(Fortsetzung des Textes auf Seite 116.)

Tabelle 52.

Sondernachweise für Kategorie A und B.

Betreff: Schulbildung und Lebensunterhalt.

I. Kategorie A. In welchen Blindenanstalten wurden die in den einzelnen Regierungsbezirken lebenden Blinden ausgebildet.

Vortrag	Oberbayern		Niederbayern		Pfalz		Oberpfalz		Oberfranken		Mittelfranken		Unterfranken		Schwaben		Königreich	
	m.	w.	m.	w.	m.	w.	m.	w.	m.	w.	m.	w.	m.	w.	m.	w.	m.	w.
Gesamtzahl der in Blindenanstalten ausgebildeten Blinden	15	18	5	4	15	5	9	4	8	3	19	18	23	15	35	27	129	94
Davon wurden unterrichtet in																		
München	15	17	5	4	10	4	9	4	6	3	5	7	3	2	15	12	68	53
Nürnberg	—	—	—	—	—	—	—	—	2	—	14	11	2	—	—	—	18	11
Würzburg	—	—	—	—	—	—	—	—	—	—	—	—	17	13	—	—	17	13
Augsburg	—	—	—	—	—	—	—	—	—	—	—	—	—	—	6	3	6	3
Pfaffenhausen . . .	—	—	—	—	1	—	—	—	—	—	—	—	—	—	13	10	14	10
In auswärtig. Blindenanstalten	—	1	—	—	4	1	—	—	—	—	—	—	1	—	1	2	6	4

Die Zahlen für Pfaffenhausen und Nürnberg schließen auch solche blinde Personen ein, die noch nach dem schulpflichtigen Alter unterrichtet wurden, — vorzugsweise in technischen Handfertigkeiten.

In auswärtigen Blindenanstalten wurden unterrichtet: Oberbayern = 1 in Linz; Pfalz = 3 in Ilversheim, 1 in Wiesbaden, 1 in Berlin; Unterfranken = 1 in Frankfurt a. M.; Schwaben = 1 in Dresden, 1 in Stuttgart, 1 in Ilversheim.

Tabelle 53.

II. Kategorie B. Schulbildung.

Vortrag	Oberbayern		Niederbayern		Pfalz		Oberpfalz		Oberfranken		Mittelfranken		Unterfranken		Schwaben		Königreich	
	m.	w.	m	w.	m.	w.	m.	w.	m	w.	m.	w.	m.	w.	m.	w.	m.	w
Gesamtzahl der Blinden der Kategorie B	43	31	29	13	52	31	14	18	21	22	22	20	25	24	35	28	241	187
a) Blinde, die eine höhere Lehranstalt besucht haben	2	—	—	—	—	—	—	—	1	—	3	—	3	—	—	—	9	—
b) Blinde, welche die Volksschule besucht haben . .	39	27	21	11	44	18	13	14	17	19	15	15	19	21	33	25	201	150
(Davon waren schon im schulpflichtigen Alter blind)	(5)	(3)	(3)	(4)	(9)	(10)	(2)	(5)	(7)	(9)	(3)	(4)	(4)	(7)	(3)	(1)	(36)	(43)
c) Blinde, die keinen Unterricht genossen haben .	2	4	8	2	8	13	1	4	3	3	4	5	3	3	2	3	31	37
(Davon waren schon im schulpflichtigen Alter blind und bildungsfähig)	(2)	(4)	(8)	(2)	(3)	(6)	—	(1)	(1)	(1)	—	(3)	—	—	(1)	—	(15)	(17)

Tabelle 54.

III. Wer sorgt für jene Blinde, die den Lebensunterhalt a) teilweise, b) nicht verdienen.

Die Zahlen fassen Kategorie A und B zusammen.

Vortrag	Oberbayern		Niederbayern		Pfalz		Oberpfalz		Oberfranken		Mittelfranken		Unterfranken		Schwaben		Königreich	
	m.	w.	m.	w.	m.	w.	m.	w.	m.	w.	m.	w.	m.	w.	m.	w.	m.	w
a) Gesamtzahl der Blinden, die den Lebensunterhalt teilweise verdienen . . .	13	17	14	6	20	13	13	12	13	15	9	19	10	12	11	8	103	102
Davon werden unterstützt:																		
Von der Familie und aus Blinden-Unterstützungsfonds	9	14	9	6	16	10	8	10	12	10	4	18	7	11	11	7	76	86
Durch öffentliche Fonds: Unfallrente, Invalidenrente	2	—	4	—	3	3	3	1	1	5	1	1	2	—	—	—	16	10
Durch die Familie und die Armenpflege	2	3	1	—	1	—	—	—	—	—	4	—	—	—	—	1	8	4
Von Vermögensrenten leben	—	—	—	—	—	—	2	1	—	—	—	—	1	1	—	—	3	2
b) Gesamtzahl der Blinden, die den Lebensunterhalt nicht verdienen	20	16	15	9	18	13	6	7	9	8	8	12	14	13	15	8	105	86
Davon werden versorgt:																		
Von der Familie mit Unterstützung aus Blinden-Unterstützungsfonds .	7	10	9	5	13	11	3	3	2	3	2	8	6	11	3	2	45	53
Durch öffentliche Fonds: Unfallrente, Invalidenrente	1	2	3	—	—	—	2	2	3	1	3	—	3	—	2	—	17	5
Durch die Familie und die Armenpflege . . .	1	2	2	3	—	2	—	—	—	—	2	4	—	—	—	2	5	13
Durch eine Vermögensrente	6	2	—	1	1	—	—	2	1	2	1	—	3	1	6	2	18	10
Durch eine Pension . .	5	—	1	—	4	—	—	—	3	1	—	—	2	—	1	2	16	3
Ohne Angabe	—	—	—	—	—	—	1	—	—	1	—	—	—	1	3	—	4	2

Die Tabelle 55 gibt den Überblick über die Lebensverhältnisse aller im Königreich gezählten Blinden.

Die folgenden Ausführungen schließen sich an die Besprechung der Tabellen 49 und 50 an.

Die Späterblindeten haben als Vollsinnige ein mehr oder weniger langes Vorleben zurückgelegt. Deshalb sind sie von den Blindgebornen und den Früherblindeten in Bezug auf das Leben in der Kindheit, in der Jugend und in den reiferen Jahren sehr verschieden. Die Späterblindeten sind also nach Zurücklegung einer bedeutenden Strecke des Lebens verunglückt, nachdem sie die Welt in unmittelbarer Anschauung in sich aufgenommen haben; sie sind zur Selbständigkeit, zu Dienst, Amt und Würde gekommen; die meisten konnten ein Familienheim gründen und ihre Kinder erziehen. Daher haben auch die einen ein Anrecht auf Versorgung durch die Familie, andere durch den Staat oder sonstige Dienstgeber, und manche leben von den Zinsen eines zurückgelegten Vermögens.

Wenn die Tabelle 55 für jene Blinde, die den Lebensunterhalt ganz verdienen = 284 Blinde = 8,39 % und für jene, die den Lebensunterhalt teilweise verdienen = 408 Blinde = 12,06 % notiert, so bleiben hier nach Abzug der produktiv tätigen Blinden (und die Mehrzahl von diesen haben wir in der Tabelle 50 kennen gelernt) sehr viele, die ihr Gewerbe, ihr Geschäft, ihr Anwesen nur dirigieren und leiten und sich auf diese Weise verdient machen. Diese Blinden konnten deshalb mit vollem Recht die Angabe über ihren Lebensunterhalt mit dem Prädikate „selbständig" ausdrücken. Durch eine staatliche Pension sind von sämtlichen Blinden 4,02 % versorgt; von den Renten ihres Vermögens leben 8,10 %; ein Anrecht auf Versorgung durch den Austrag besitzen 13,71 %.

Die Blindeninstitute, die nach den Bedürfnissen der Blindgebornen und Früherblindeten eingerichtet sind, sind für die Späterblindeten keine Zufluchtsstätte, ihre Fonds keine Quellen für ihre Versorgung oder Unterstützung. Diese Personen sind durch Erblindung verunglückt, wie andere durch Lähmung, Arm- oder Beinbrüche zc. verunglücken; sie sind infolgedessen wie diese arbeitsunfähig geworden und können darum auch wie diese die Versorgungsanstalten und Unterstützungsquellen für verunglückte Sehende in Anspruch nehmen.

Durch Invalidenrente werden 64 Blinde = 1,89 %, durch Altersrente 20 Blinde = 0,59 % und durch Unfallrente 67 Blinde = 1,98 % unterstützt. Diese Personen bekommen die Renten, weil sie durch Erblindung arbeitsunfähig wurden. Daß aber diese Unterstützungen, wenn sich nicht andere Mittel damit verbinden, zum Unterhalt nicht immer ausreichen, das beweisen die vielen Gesuche, die von Personen dieser Kategorie an die Blindenunterstützungsvereine gerichtet werden.

Von den in frühester Jugend Erblindeten sind an den Zahlen, die sich für die Invalidenrente ergaben, nur 4 beteiligt. Hier wird die Invalidenrente nicht gegeben wegen des Blindseins, sondern es handelt sich in diesen Fällen darum, daß erwerbsfähige Blinde, die in der Invaliditätsversicherung aufgenommen waren, auf irgend eine Weise erwerbsunfähig wurden: durch Krankheit, Arm- oder Beinbruch zc.

Die Blinden, die in einem entsprechenden Arbeitsverhältnis stehen, sind nach den neueren Ausführungsbestimmungen zu dem Invaliden- und Altersversicherungsgesetz ausdrücklich unter die Versicherungspflichtigen aufgenommen; demnach sind die blinden Arbeiter nicht nur versicherungsberechtigt, sondern auch versicherungspflichtig. Und nach dem Gesetz ist es nicht einmal notwendig, daß der blinde Arbeiter den vollen Lebensunterhalt verdient, sondern er ist schon versicherungspflichtig, sobald er nur den größeren Teil seines Unterhaltes durch seiner Hände Arbeit verdient.

Die Zahl derjenigen Blinden, die von Almosen oder von Bettel leben, ist überraschend klein. (Privatwohltätigkeit = 0,89 %, Bettel = 0,29 %.) Man wird

(Fortsetzung des Textes auf Seite 119.)

Tabelle 55. Haupttabelle über die Lebensverhältnisse der Blinden.

Vortrag	Oberbayern			Niederbayern			Pfalz			Oberpfalz			Oberfranken			Mittelfranken			Unterfranken			Schwaben			Königreich			Prozente
	m.	w.	i.g.	m.	w.	i.g.	m.	w.	i.g.	m.	w.	i.g.	m	w.	i.g.	m.	w.	i.g.	m.	w.	i.g.	m.	w.	i.g.	m.	w.	i. g.	
Blinde verdienen ihren Lebensunterhalt ganz	53	6	59	24	1	25	28	4	32	14	9	23	31	2	33	33	4	37	30	7	47	32	6	38	245	39	284	8,39
teilweise. . .	26	46	72	20	16	36	33	35	68	20	21	41	19	25	44	21	24	45	30	25	55	19	28	47	188	220	408	12,06
Der Beruf vor der Erblindung hat den Lebensunterhalt gesichert in Form von																												
Pension	20	13	33	4	6	10	12	1	13	13	6	19	15	1	16	12	4	16	8	4	12	12	5	17	96	40	136	4,02
Rente	21	36	57	14	14	28	13	7	20	12	13	25	12	10	22	13	21	34	18	14	32	31	25	56	134	140	274	8,10
Austrag	28	55	83	36	54	90	9	18	27	19	23	42	22	33	55	23	37	60	23	31	54	20	33	53	180	284	464	13,71
Invalidenrente .	13	6	19	4	1	5	4	2	6	2	3	5	11	5	16	2	2	4	4	1	5	4	—	4	44	20	64	1,89
Altersrente . . .	1	4	5	2	4	6	1	—	1	—	1	1	1	2	3	1	—	1	—	1	1	2	—	2	8	12	20	0,59
Unfallrente . . .	7	8	15	10	3	13	4	2	6	10	—	10	1	1	2	7	1	8	6	2	8	5	—	5	50	17	67	1,98
In Blindenversorgungsanstalten sind untergebracht . . .	—	11	11	—	—	—	—	—	—	—	—	—	—	—	—	14	15	29	15	18	33	44	46	90	73	90	163	4,81
In sonstigen Asylen sind untergebracht .	25	37	62	9	11	20	37	38	75	6	12	18	7	11	18	17	21	38	8	15	23	16	19	35	125	164	289	8,54
In Blindenbildungsanstalten sind zurzeit	56	42	98	—	—	—	—	—	—	—	—	—	—	—	—	13	17	30	7	2	9	32	14	46	108	75	183	5,41
Blinde Kinder bei Eltern:																												
a) im nichtschulpflichtigen Alter (1—6)	9	9	18	10	1	11	6	6	12	2	5	7	5	2	7	6	6	12	4	5	9	8	5	13	50	39	89	2,63
b) im schulpflichtigen Alter (7—12*) . .	6	6	12	3	7	10	11	7	18	1	6	7	7	2	9	3	—	3	6	1	7	4	2	6	41	31	72	2,12
c) im feiertagsschulpflichtigen Alter (13—15)	2	—	2	4	3	7	2	2	4	1	—	1	4	4	8	1	—	1	—	3	3	—	—	—	14	12	26	0,77
Erwachsene Blinde, welche ganz im Brote der Familie leben	22	54	76	18	18	36	29	20	49	15	15	30	16	19	35	17	21	38	14	23	37	21	17	38	152	187	339	10,02
Den Lebensunterhalt übernimmt:																												
a) teils die Familie teils die öffentliche Armenpflege . .	13	21	34	6	16	22	7	12	19	4	10	14	6	12	18	10	18	28	5	8	13	5	11	16	56	108	164	4,84
b) teils die Familie, dazu Empfang von Renten od. Unterstützung von Blindenvereinen . . .	—	—	—	7	—	7	1	—	1	6	2	8	3	3	6	3	6	9	1	5	6	1	7	8	22	23	45	1,35
Auf öffentl. Armenpflege werden unterhalten	12	10	22	14	10	24	3	9	12	6	11	17	12	7	19	9	14	23	6	5	11	5	7	12	67	73	140	4,14
Von Privatwohltätigkeit leben.	7	2	9	4	6	10	—	—	—	2	—	2	2	—	2	—	—	—	1	1	2	2	3	5	18	12	30	0,89
Alleinstehende Blinde ohne Erwerb, ohne Unterstützg. (Bettel)	2	—	2	—	—	—	2	1	3	—	—	—	2	—	2	—	2	2	1	—	1	—	—	—	7	3	10	0,29
Keine Angaben, weil inzwischen gestorben	9	14	23	9	4	13	3	6	9	9	8	17	3	1	4	4	6	10	7	6	13	5	8	13	49	53	102	3,01
Ohne Angabe . . .	1	3	4	1	—	1	—	2	2	—	2	2	—	1	1	—	1	1	—	2	2	1	1	2	3	12	15	0,44
																									1730	1654	3384	100,00

*) Im Alter von 7—12 Jahren sind 2 männliche und 1 weibliche Blinde in einem Asyl untergebracht.

jedoch kaum irren, wenn man auch in den Kategorien: „Erwachsene Blinde, welche ganz im Brote der Familie leben“, und „Auf öffentliche Armenpflege werden unterhalten“ Blinde vermutet, welche die Mildtätigkeit ihrer Nebenmenschen in Anspruch nehmen. Hier werden eben manche darunter sein, die das bei den Angaben über die Lebensverhältnisse verschwiegen haben, veranlaßt durch das Bedrückende, das jene Menschen empfinden, denen das Schicksal traurige Verhältnisse aufgezwungen hat; — und man darf dieses Verschweigen nicht übel deuten!

In Asylen leben 289 Blinde = 8,54 %.

Es sind das größtenteils sehr alte, alleinstehende Personen, welche hier Versorgung finden und ihren Lebensabend verbringen; sie würden auch ohne die Blindheit gar nicht mehr oder nur sehr wenig arbeitsfähig sein. — Der altersschwache Greis hat kein Verlangen mehr nach Abwechslung; die Ordnung und das Gleichförmige gewähren ihm Zufriedenheit, und die Abwechslung wird am liebsten gesucht bei den Erinnerungsbildern aus vergangenen Zeiten. Auf dieser Stufe des Lebens begegnen sich der sehende Greis und der, dessen verschlossenes Auge sich niemals der Außenwelt geöffnet hat! —

Tabelle 56.

Stand der Eltern der Blinden.

Regierungsbezirk	Landwirtschaft treibender Stand			Gewerbe treibender Stand			Militärstand			Gebildete Stände			Übrige Berufsklassen			Nicht angegeben		
	m.	w.	i. g.	m.	w.	i. g.	m.	w.	i. g.	m.	w.	i. g.	m.	w.	i. g.	m.	w.	i. g.
Oberbayern . . .	146	140	286	120	134	254	—	5	5	12	18	30	12	23	35	43	63	106
Niederbayern . .	133	109	242	45	41	86	—	1	1	2	4	6	7	9	16	12	11	23
Pfalz	66	67	133	71	60	131	—	—	—	2	2	4	4	5	9	62	38	100
Oberpfalz	72	57	129	38	45	83	—	—	—	6	5	11	6	11	17	20	29	49
Oberfranken . . .	81	65	146	67	53	120	1	—	1	6	10	16	14	5	19	10	8	18
Mittelfranken . .	76	84	160	88	93	181	—	1	1	14	13	27	12	10	22	19	19	38
Unterfranken. . .	84	78	162	76	66	142	2	2	4	6	5	11	12	12	24	14	16	30
Schwaben	105	79	184	78	67	145	1	2	3	8	12	20	19	8	27	58	69	127
Königreich	763	679	1442	583	559	1142	4	11	15	56	69	125	86	83	169	238	253	491
Prozentanteil . . .	42,61			33,75			0,44			3,69			5,00			14,51		

IV. Teil.

Anhang.

Was hat Bayern bisher für die Blinden getan?

Diese Frage wird beantwortet durch einen Nachweis über die Tätigkeit und die Entwickelung der verschiedenen Institutionen, die für die Blinden in Bayern ins Leben gerufen wurden. Der Inhalt des folgenden Textes gründet sich auf die Jahresberichte der einzelnen Blinden-Anstalten und -Vereine und auf das dem Verfasser zur Verfügung gestellte einschlägige Aktenmaterial. Ich erlaube mir den Behörden und Vorstandschaften, durch deren bereitwilliges Entgegenkommen das vorliegende wichtige und interessante Kapitel bearbeitet werden konnte, den Dank auch an dieser Stelle zum Ausdruck zu bringen.

I. Das Königliche Zentral-Blinden-Institut in München.

König Ludwig I. war gleich nach seinem Regierungsantritt darauf bedacht, die Fürsorge für seine blinden Landeskinder durch Gründung einer Erziehungsanstalt und Stiftung von Freiplätzen zu betätigen. **Dadurch erhob der König die Erziehung und Unterweisung der Blinden zur Würde einer öffentlichen Angelegenheit.** Am 22. September 1826 erschien die Stiftungsurkunde für die Blinden-Erziehungsanstalt mit einem Fundations-Kapital von 50000 fl. aus der Kgl. Kabinettskasse, und am 6. November 1826 wurde die Anstalt mit **5 blinden Kindern** in dem ehemaligen Gebäude des Taubstummeninstituts zu **Freising** eröffnet, jedoch mit dem ausdrücklichen Vorbehalte, sie seinerzeit allenfalls auch an einen andern Ort zu versetzen.

Das der Blindenanstalt zugewiesene Gebäude war Staatseigentum; die bauliche Instandsetzung und Unterhaltung des Gebäudes geschah auf Staatskosten. Die Satzungen für die Anstalt wurden durch Allerhöchste Verordnung festgestellt (Weber, Band II Seite 354), die Lehrer vom Staate ernannt.

Die ersten Versuche im Blindenunterricht fanden Beifall sowohl von höchster Stelle als von Blindenfreunden, die das Institut besuchten. Bei der zunehmenden Frequenz der Anstalt ward das Bedürfnis eines eigenen zu diesem Zwecke speziell eingerichteten Gebäudes immer mehr fühlbar. König Ludwig ließ daher auf eigene

Kosten im Jahre 1833 **in München in der Ludwigsstraße,** mit dem Bau des prächtigen Institutsgebäudes, wozu er selbst den Grundstein legte, beginnen und dasselbe mit einem Kostenaufwand von **140000 fl.** nach vier Jahren zur Vollendung bringen.

Die Erwägung, daß die genossene Erziehung allein die Zukunft des Blinden nicht sichern könne, bewog den König, am 25. August 1836 der Erziehungsanstalt noch eine weitere Ausdehnung zu geben durch eine **Beschäftigungsanstalt,** welche mit einem Fundationskapital von **100000 fl.** aus der Kabinettskasse dotiert wurde.

Im Jahre 1837 wurde das neue Institutsgebäude mit der Erziehungsanstalt bezogen und zugleich die Beschäftigungsanstalt eröffnet, welche seit dieser Zeit einen integrierenden Teil des Blindeninstitutes bildet.

Der Jahresbericht des Kgl. Blindeninstitutes vom Jahre 1837/38 erzählt von der königlichen Gnade, die den Blinden zuteil wurde, folgendes:

> „Wie noch kein Jahr verging, in welchem sich die Blinden neuer Beweise von der väterlichen Huld Sr. Majestät des Königs zu erfreuen hatten, so auch dieses. Die Erziehungsanstalt verdankt ihrem großmütigen Stifter Ende dieses Jahres, den Ertrag Höchstdessen Reisekarte nach und in Griechenland, von 900 fl.; und die Beschäftigungsanstalt, für die dritte Auflage nebst einem dritten Bande der Kgl. Gedichte, 5000 fl.; wonach sich die Stiftungen aus der Kabinettskasse mit Einschluß des Gebäudes und den Zuwendungen der Gedichte und Reisekarte auf **298000 fl.** berechnen. **Ein Beispiel königlicher Größe, die kein Staat von einem Regenten aufzuweisen hat.**"

Da der ganze Ertrag der königlichen Gedichte d. i. = 17182 fl. dem Blindeninstitut zufiel, so erreichen die Zuwendungen aus der Kabinettskasse die Summe von **308082 fl.**

Bayern schuldet seinem erhabenen König Ludwig I. für diese Taten den tiefsten Dank, der in jedem Geschlecht neu aufleben wird. Dieser Dank legt uns die Pflicht auf, die Grundbestimmungen der Allerhöchsten Stiftungsurkunden in Erinnerung zu bringen, um die edlen und großmütigen Absichten des erhabenen königlichen Stifters aufs neue einer allgemeinen Kenntnis und Anerkennung näher zu führen.

Die Stiftungsurkunde des Kgl. Blinden-Erziehungsinstitutes lautet:

Ludwig, von Gottes Gnaden König von Bayern rc. rc.

Wir haben Uns in dem Streben, allen Unsern Untertanen den Weg zu geistiger, religiöser und sittlicher Bildung zu bahnen und dem Unglücke zu Hilfe zu kommen, bewogen gefunden, für die Erziehung und den Unterricht der Blinden eine Anstalt in Unserem Königreiche zur Zeit in der Stadt Freising zu errichten, worüber das Nähere demnächst bekannt gemacht werden wird.

Zur Begründung von Freiplätzen an dieser Blinden-Erziehungsanstalt bewilligen Wir eine Summe von fünfzigtausend Gulden aus Unserer Kabinetts-Kassa unter folgenden Bestimmungen:

1. Die Summe von fünfzigtausend Gulden soll als ewiges Stiftungskapital der Blinden-Erziehungs- und Unterrichtsanstalt zugehören,

und Wir überweisen hiermit diese 50000 fl. der gedachten Anstalt zum vollen Eigentume feierlich und rechtsförmig.

2. Die benannte Anstalt soll jedoch gehalten und verbunden sein, dieses Stiftungskapital unter solche Grundbesitzer, welche durch die Einführung des neuen Hypotheken-Gesetzes in Verlegenheit geraten oder später einer Hilfe bedürftig sind, auf nachstehende Weise auszuleihen. . . . .
3. Mit dem Ertrage der Zinsen dieser Dotations-Quoten sollen Zöglinge frei für Wohnung, Kost, Erziehung und Unterricht in der Blindenanstalt unterhalten werden.
4. Der Überschuß der Einnahme über eben bezeichneten Aufwand wird nach Umständen zur Bekleidung sehr bedürftiger Zöglinge, oder zur Dotation weiterer Freiplätze verwendet.
5. Die Zahl solcher Freiplätze wird vorderhand auf 10 bestimmt.
6. Nur Inländer, deren Armut und Hilfsbedürftigkeit nachgewiesen ist, haben Anspruch auf dergleichen Freistellen.
7. Für die dessallsigen Bewerber gelten die weiter unten folgenden Bestimmungen.
8. Die Verleihung der Freiplätze dieser Unserer Kgl. Stiftung hat von Uns und Unsern Regierungsnachfolgern auszugehen.

Gegeben zu Würzburg, am 22. September 1826.

Ludwig.

10 Jahre später erfuhr die Kgl. Blinden-Erziehungsanstalt durch Kgl. Stiftung einer Blinden-Beschäftigungsanstalt eine weitere Ausdehnung.

Die Allerhöchste Stiftungs-Urkunde lautet:

Wir haben in Erwägung des traurigen Schicksals, welchem die Blinden selbst nach Vollendung ihres Unterrichtes wegen Mangel eines selbstständigen, ihre Subsistenz sichernden Erwerb, preisgegeben sind, beschlossen, der von Uns unterm 22. September 1826 gegründeten Blinden-Erziehungsanstalt durch Hinzufügung einer Blinden-Beschäftigungsanstalt eine wohltätigere Ausdehnung zu geben, und bewilligen zur Begründung der letzteren einhunderttausend Gulden aus Unserer Kabinetts-Kassa unter nachstehenden Bestimmungen:

1. Diese Summe von einhunderttausend Gulden soll als ewiges Stiftungskapital der Blinden-Beschäftigungsanstalt gehören, und Wir überweisen hiermit dasselbe der gedachten Anstalt zu vollem Eigentume feierlich und rechtsförmig.
2. Mit dem Ertrag der Zinsen von diesem Dotations-Kapitale und den andern Einnahmen der Blinden-Beschäftigungsanstalt, worunter auch der Selbsterwerb derselben zu begreifen ist, sollen die darin aufgenommenen Individuen freie Wohnung, Unterricht und Verpflegung erhalten.
3. Den Überschuß der Einnahmen über den nötigen Aufwand werden Wir zur Dotation weiterer Freiplätze verwenden lassen.

4. Die Zahl solcher Freiplätze bestimmen Wir für Individuen beiderlei Geschlechtes vorderhand auf vierzehn.
5. In der Regel haben nur Inländer, deren Armut und Unterrichtsfähigkeit nachgewiesen ist, Aussicht auf dergleichen Freiplätze, besonders die mit den erforderlichen Eigenschaften versehenen aus der Blinden-Erziehungsanstalt tretenden Zöglinge. Außerdem können auch vermögliche, sowohl in- als ausländische Blinde in dieser Anstalt, unter noch näher bekannt zu machenden Bedingungen, Aufnahme finden.
6. Nebst diesem werden Wir sowohl jene wohlgesitteten, unverdorbenen und erwachsenen Blinden, welche den Trieb nach Tätigkeit fühlen, ohne ihn befriedigen zu können, als auch jene Blinden, welche nach Erlernung eines Handwerks oder sonstigen Beschäftigung den Gesichtssinn verloren haben, nach Umständen und den Kräften der Anstalt berücksichtigen lassen.

   Die Aufnahme dieser letzteren hat jedoch jederzeit nur versuchsweise zu geschehen.
7. Der Unterricht erstreckt sich auf Musik, auf Erlernung einfacher, einen Erwerb gewährender Handarbeiten, oder auf die Ausübung des vor der Erblindung betriebenen Handwerks mittels eigentümlicher Hilfsmittel. Die Unterrichtszeit wird im allgemeinen auf zwei Jahre festgesetzt.
8. Nach Vollendung des Unterrichtes sind die Zöglinge zu einer Erwerb begründenden Tätigkeit anzuhalten, und der aus den Erzeugnissen der erlernten Handarbeiten oder der öffentlichen musikalischen Leistungen erzielte Erlös ist für die Anstalt zu erheben und zu verrechnen.
9. Die Verleihung aller Plätze dieser Unserer Königlichen Stiftung hat von Uns und Unsern Regierungs-Nachfolgern auszugehen.

Die gegenwärtigen Satzungen der von Uns gemachten Stiftung bestätigen und bekräftigen Wir mit Unserer eigenhändigen Unterschrift, mit Vorbehalt während Unserer Lebenszeit noch daran ändern zu können, und lassen zur Beurkundung Unser geheimes Kanzlei-Siegel beidrucken.

Gegeben zu München, am 25. August im Jahre 1836.

Ludwig.

Eine Bestimmung der Zeitdauer des Verbleibens eines Blinden in der Beschäftigungsanstalt enthält die Urkunde nicht.

Nach der ursprünglichen Absicht des Kgl. Stifters sollten die in der Beschäftigungsanstalt Aufgenommenen — ehemalige Zöglinge der Erziehungsanstalt oder auch sonstige erwachsene Blinde — ihr Unterkommen im Institut auf Lebensdauer haben. Diese Beschäftigungsanstalt entsprach also vollkommen den jetzigen Blindenversorgungsanstalten. — Schon vor dem Jahre 1853 und in jenem Jahre wieder wurde dem großmütigen Stifter eine Änderung der Satzungen der Blinden-Beschäftigungsanstalt in der Richtung nahegelegt, daß die Angehörigen der Anstalt nur eine gewisse Zahl von Jahren ihr Verbleiben haben sollten. Seine Majestät aber beschloß im Jahre 1853, „auf eine Bestimmung der Zeitdauer des Verbleibens eines Blinden in der Beschäftigungsanstalt nicht einzugehen“.

Doch wurde in der betreffenden Allerhöchsten Entschließung betont, daß Entlassungen stattfinden dürften wegen schlechten Betragens, wegen Gesundheitsverhältnissen oder aus sonstigen Gründen, oder auch, wenn ein Blinder sich durch die erlernte Erwerbsart außer der Anstalt selbständig fortbringen kann.

Damals war man in der technischen Ausbildung der Blinden noch nicht so weit gekommen, daß man sich von der erwerblichen Tätigkeit der ausgetretenen Zöglinge einen Erfolg versprechen konnte, der den Lebensunterhalt wenigstens teilweise verdiente, und der König wird wohl bei jener Entscheidung das im Auge behalten haben, was der Vorstand des Blindeninstitutes im Jahre 1837 auf eine Anfrage des Königs, wie hoch sich der Verdienst eines Blinden belaufe, in einem Berichte ausgesprochen hatte. Es wird hier nämlich der jährliche Verdienst eines Blinden zu 30 fl in Ansatz gebracht, was von der Kgl. Regierung vorläufig noch als zu hoch angesehen wurde.

Die Bestimmungen Ludwig I. behielten ihre Geltung bis zum Jahre 1883. Jetzt hatte man in Bezug auf selbständige Existenz der ausgebildeten Blinden sichere Erfahrung. Eine Ministerialentschließung vom 26. Februar 1883 bringt nun einschneidende Veränderungen. Hier heißt es:

> „Seine Majestät der König haben allergnädigst zu genehmigen geruht, daß die regelmäßige Aufenthaltsdauer der Zöglinge im Kgl. Zentral-Blindeninstitut zu München, und zwar in der Blinden-Erziehungsanstalt auf 7 und in der Blinden-Beschäftigungsanstalt auf 5 Jahre festgesetzt wurde."

Die große Huld und Gnade des Königs Ludwig I., deren sich die Blinden zu erfreuen hatten, rief die allgemeine Aufmerksamkeit für den Unterricht und die Erziehung der blinden Kinder wach: Die Staatsregierung förderte stets kräftig die Blindenbildung, die Kreisregierungen, die Landräte, die Stadtmagistrate und zahlreiche Privatwohltäter vermehrten die Freiplätze im Institut; und diese Opferwilligkeit wird auch die Ausgestaltung der Blindenfürsorge in ihren verschiedenen Abstufungen ermöglichen.

Nachstehende Tabelle gibt ein Bild über die Entwickelung des Kgl. Zentralblindeninstitutes:

Tabelle 57.

Jahrgang	Zahl der Zöglinge			Lehrkräfte	Ausgaben auf den Zweck der Anstalt
	in der Erziehungsanstalt	in der Beschäftigungsanstalt	Gesamtsumme		
1826/27	5	—	5	1	?
1836/37	19	14	33	5	9 275 fl.
1846/47	30	18	48	5	12 715 fl.
1856/57	59	31	90	8	18 914 fl.
1866/67	56	24	80	8	23 811 fl.
1876/77	55	28	83	7	51 901 M
1886/87	55	37	92	8	62 671 M
1896/97	64	38	102	11	69 983 M
1900/01	63	38	101	12	73 093 M
1903/04	63	37	100	13	76 917 M

Die Fürsorge für entlassene Zöglinge des Kgl. Zentral-Blindeninstitutes in München.

A. Der Unterstützungsfonds für entlassene Zöglinge.

Im 25. Rechenschaftsbericht über das Kgl. Blindeninstitut (Jahr 1851) wird hervorgehoben, daß die Anstalt weder ein Versorgungshaus, noch ein Spital für Blinde sei, sondern ein Asyl, wo der aus der Erziehungsanstalt Entlassene sich so viele technische Fertigkeiten erwerben soll als möglich, um sich einst einen selbständigen Erwerb sichern zu können.

Der Bericht führt dann weiter aus: Diese Einrichtung gewährt jedem Zögling, der sich für befähigt hält, sein Brot zu erwerben, die Gelegenheit, sein Vorhaben sofort auch auszuführen. Da indes der Blinde bezüglich seiner Erwerbsfähigkeit nie mit Sehenden konkurrieren kann, und anderseits Blindenversorgungshäuser namentlich mit jungen blinden Männern nirgend Wohnstätten des Glückes und stiller Zufriedenheit sind, so wurde im Laufe dieses Jahres (1851) auf gegebene Veranlassung der Plan gefaßt, einen Fonds zu bilden, aus welchem arme, brave und fleißige Blinde, die aus dem Institute getreten sind und in ihrer Heimatsgemeinde ihre Subsistenz begründen wollen, eine jährliche Geldunterstützung erhalten sollten, damit sie gegen Mangel gesichert sein und in ihrer nützlichen Tätigkeit die hierzu nötige Aufmunterung erhalten möchten.

Unterm 19. Juli 1851 wurde durch höchste Entschließung des Kgl. Staatsministeriums die Bildung eines Unterstützungsfonds für ausgetretene Zöglinge der Blinden-Beschäftigungsanstalt unter Verwendung der jährlichen Institutsersparnisse als Einnahme dieses Unterstützungsfonds genehmigt und unterm 4. Dezember 1851 weiter verfügt, daß der nach Abschluß des Kassabuches vom Jahre 1850/51 sich ergebende Überschuß von 537 fl. 48 kr. als Grundstock dieses Fonds zur fruchtbringenden Anlage der Kgl. Unterrichts-Stiftungs-Administration zu übergeben sei. Der Jahresbericht vom Jahre 1852 bittet für dieses durch Allerhöchste Anordnungen in seinem Bestande gesicherte Unternehmen um volle Teilnahme und Mildtätigkeit aller Menschenfreunde.

Tabelle 58.

Es wurde ausgegeben in den Jahren	1890/91		1894/95		1899/00		1903/04	
	M	₰	M	₰	M	₰	M	₰
1. Porto für Waren	65	92	59	53	120	70	193	84
2. Unentgeltliche Abgabe von Werkzeugen	54	20	178	60	319	15	363	91
3. Unentgeltliche Abgabe von Rohmaterial	209	10	410	69	749	09	765	66
4. Unentgeltliche Abgabe von Kleidern	15	10	12	60	17	55	62	40
5. Ankauf von Waren	1612	35	1638	85	2454	95	4716	85
6. Barunterstützungen	2437	85	2970	—	3065	—	3745	—
7. Zahlungsnachlässe	—	—	50	—	198	50	—	—
Summe:	4394	52	5320	27	6924	94	9847	66
Nach Abrechnung der durchlaufenden Posten Nr. 5	1612	35	1638	85	2454	95	4716	85
Summe der direkten Auslagen:	2782	17	3681	42	4469	99	5130	81

Der so geringe Grundstock von 537 fl. ist denn auch durch die Opferwilligkeit vieler Wohltäter so angewachsen, daß er im Jahre 1904 eine Kapitalhöhe von 290000 ℳ erreichte. Von einem großen Teil dieses Kapitals fallen die Zinsen vorerst noch den Stiftern oder deren Verwandten zu. Jeder Jahresbericht gibt über den Fortgang dieses Fonds einen Ausweis, und jeder Bericht zählt den Segen auf, der mit den hier zu Gebote stehenden Mitteln ermöglicht wurde.

Die Ziffern in Tabelle 58 zeigen die wachsenden Ansprüche an den Unterstützungsfonds.

Während im Jahre 1880 aus dem Unterstützungsfonds 14 ehemalige Zöglinge 980 ℳ Barunterstützung erhielten, ist die Zahl der zu unterstützenden Zöglinge im Jahre 1904 auf 68 gestiegen, und die Ausgaben für die Barunterstützungen allein haben sich fast verfünffacht.

Die Unterstützung entlassener Zöglinge der Blinden-Beschäftigungsanstalt hat sich bis zum Jahre 1890 lediglich auf eine jährliche Geldgabe beschränkt.

Ungleich wertvoller als die Unterstützung mit Bargeld, wovon nicht selten die Angehörigen mehr Nutzen zogen als die Blinden, ist jene Hilfe, welche durch Arbeitsaufträge und Abgabe von Arbeitsmaterial den entlassenen Blinden zugewendet wird. Die früher so häufige und nicht ungerechtfertigte Klage der Blinden: Was nützt mich meine Arbeitsfertigkeit in meinem einsamen oft selbst recht armen Dorfe, hört auf gegenüber der Tatsache, daß jeder entlassene Blinde das, was er arbeitet und nicht absetzen kann, an das Institut einsenden darf und von diesem sofort hierfür bar ausbezahlt wird. (Tabelle 58, Titel 5.) Ebenso weiß der Blinde, daß das en gros einkaufende Institut ihm ein billigeres und besseres Arbeitsmaterial zu bieten vermag, als wenn er selbst seinen Bedarf pfundweise bei einem Zwischenhändler deckt.

Durch eine Höchste Entschließung vom 27. Mai 1890 Nr. 5935 fand die Fürsorge für entlassene Zöglinge jene Erweiterung und Vervollkommnung, worüber uns bereits die Tabelle 58 ein Bild gezeigt hat.

Dieser wichtigste Erlaß in betreff der Blindenfürsorge soll hier nach seinem vollen Inhalte zur allgemeinen Kenntnisnahme gelangen.

Nr. 5935. München, den 27. Mai 1890.

Kgl. Staatsministerium des Innern für Kirchen- und Schulangelegenheiten.

Betreff:

Die Fürsorge für entlassene Zöglinge des Kgl. Zentralblindeninstituts in München.

Um den im Kgl. Zentralblindeninstitute zu München erzogenen und ausgebildeten Blinden nach ihrer Entlassung aus der Anstalt die zu ihrem weiteren Fortkommen erforderliche Hilfe zu gewähren und um die zweckentsprechende Verwendung des bei dem Kgl. Zentralblindeninstitute bestehenden Unterstützungsfonds für entlassene Zöglinge der Blinden-Beschäftigungsanstalt sicher zu stellen, werden andurch die nachstehenden organisatorischen Bestimmungen getroffen:

1. Die in der Erziehungs- und Beschäftigungsanstalt des Kgl. Zentralblindeninstitutes zu München während der regulativmäßigen Aufenthaltsdauer ausgebildeten Blinden werden nach ihrer Entlassung aus dem Institute in der Ausübung ihrer erlernten Erwerbstätigkeit je nach Bedürfnis unterstützt.

2. Ausgeschlossen von dieser Unterstützung sind jene ehemaligen Zöglinge des Kgl. Zentralblindeninstitutes, welche
   a) nicht bayerische Staatsangehörige sind,
   b) welche vor Abschluß ihrer geistigen und technischen Ausbildung während der ihnen verstatteten Aufenthaltszeit freiwillig aus der Anstalt ausgetreten oder zur Strafe entlassen worden sind, oder wegen Bildungsunfähigkeit, unheilbarer Krankheit und dgl. aus dem Institute entfernt werden mußten, und
   c) welche nach ihrer Entlassung im Umherziehen, namentlich als Musikanten ihren Erwerb suchen oder durch tadelhaften Lebenswandel Anstoß erregen.
3. Die Blindenfürsorge im Sinne der Bestimmung in Ziffer 1 aber kann weder von den Blinden, noch von deren Angehörigen oder von den Gemeinden als Recht in Anspruch genommen werden, wie denn überhaupt durch die vorwürfigen Anordnungen die gesetzmäßige Unterstützungspflicht der alimentationspflichtigen Verwandten und der Heimatsgemeinden der Blinden keine Einschränkung erfährt.
4. Die Unterstützung der aus dem Kgl. Zentralblindeninstitut entlassenen Blinden in ihrer gewerblichen Tätigkeit kann darin bestehen,
   a) daß denselben bei ihrer Entlassung aus der Anstalt ein geeignetes Unterkommen vermittelt, beziehungsweise daß ihnen die notwendigen Werkstätten eingerichtet werden,
   b) daß ihnen das zum selbständigen Betriebe ihres Geschäftes erforderliche Handwerkszeug und in besonderen Fällen auch einiges Rohmaterial für den Anfang unentgeltlich verabfolgt wird,
   c) daß sie an ihrem Wohnorte zu Arbeitsaufträgen empfohlen werden,
   d) daß für sie am Wohnorte Vertrauensmänner bestellt werden, welche ihnen mit Rat und Tat zur Seite stehen und ihren Verkehr mit dem Kgl. Zentralblindeninstitute vermitteln,
   e) daß ihnen auf ihre Bitte Arbeitsmaterial, Kleidung, Wäsche, Schuhe u. dgl., wenn sie diese Artikel am Wohnorte nicht oder nur zu hohen Preisen erwerben können, vom benannten Institute zum Selbstkostenpreise geliefert werden,
   f) daß ihnen von der Anstalt Waren abgekauft werden, für welche sie keinen entsprechenden Absatz finden können,
   g) daß sie zum Geschäftsbetriebe erforderlichen Falles Vorschüsse und kleinere Darlehen und in nachgewiesenen dringenden Notfällen, insbesondere bei einer durch Krankheit verursachten Verdienstlosigkeit, Unterstützungen in Bargeld erhalten, und
   h) daß ihnen, soweit Befähigung und Bedürfnis besteht, Bücher und belehrende Zeitschriften für Blinde leihweise überlassen werden.
5. Die Betätigung der Blindenfürsorge in Gemäßheit vorstehender Bestimmungen fällt in die Aufgabe der Inspektion des Kgl. Zentralblindeninstituts.

Um die für jeden einzelnen Fall zweckentsprechendste Art der Hilfeleistung richtig bemessen zu können, hat die Inspektion

a) für verlässige Zensur und gewissenhafte Führung des Personalaktes für jeden Institutszögling auch nach dessen Entlassung aus der Anstalt zu sorgen,
b) vor der Entlassung der Zöglinge mit den Verhältnissen ihres künftigen Wohnortes sich bekannt zu machen,
c) daselbst die Aufstellung eines verlässigen Vertrauensmannes durch Vermittlung mit den betreffenden Distriktspolizei- oder Gemeindebehörden bzw. mit den Pfarrämtern zu bewirken, und
d) durch periodische Reisen zu den Entlassenen und durch schriftlichen Verkehr mit ihnen bzw. mit den bestellten Vertrauenspersonen von den Lebensverhältnissen der Blinden sich in Kenntnis zu erhalten.

Im Jahre 1902 erfuhr die Blindenfürsorge neuerdings eine Erweiterung. Im Jahresbericht für das Schuljahr 1901/02 wird von der Errichtung einer Werkstätte für ehemalige Zöglinge Mitteilung gemacht. Die Notwendigkeit dieser neuen Einrichtung wird folgendermaßen begründet:

Für die aus dem Institute entlassenen Zöglinge aus München gestalten sich die Verhältnisse insofern besonders schwierig, als ihnen meist, auch wenn sie noch Angehörige haben, kein Lokal zur Verfügung steht, in dem sie das im Institut erlernte Handwerk ausüben können. Daher verlegen sie sich meistens auf das Musizieren; aber das Herumziehen in den Wirtshäusern gereicht ihnen leiblich und geistig zum Verderben. Aus diesen Erwägungen heraus hat das Kgl. Staatsministerium auf Antrag der Inspektion durch höchste Entschließung vom 16. Mai 1902 Nr. 9211 die Errichtung einer Werkstätte für vormalige Zöglinge genehmigt.

B. Verdienstanteile für die Zöglinge während ihrer Bildungszeit.

Um den Zöglingen eine Anerkennung ihres Fleißes zu gewähren und sie zur Beharrlichkeit in demselben zu ermuntern, erhielten dieselben im Schuljahre 1874/75 einen 5%igen Erlös-Anteil von allen neugefertigten Arbeiten und Reparaturen. Derselbe wird admassiert und fruktifizierlich angelegt. Monatlich wird der Erlös-Anteil berechnet und einem jeden Zöglinge unter Bekanntgabe des Betrages in eine eigene Tabelle gutgeschrieben. Dadurch können die Zöglinge sich einen Sparpfennig sammeln, der sie in den Stand setzt, bei ihrem Austritte aus der Anstalt ein kleines Geschäft zu begründen.

1876 wurde der Erlös-Anteil auf 10% erhöht und später auf 15%.

Die Zöglinge erhalten eigene auf ihre Namen lautende Sparbücher, in welchen die Beträge vierteljährlich gut geschrieben und mit den Zinsen admassiert werden. Für die Zöglinge wurden auf diese Weise angelegt:

Tabelle 59.

im Schuljahr	die Summe von	im Schuljahr	die Summe von
1875—1876	229 ℳ	1889—1890	649 ℳ
1879—1880	231 ℳ	1894—1895	919 ℳ
1884—1885	352 ℳ	1899—1900	825 ℳ

(In den letzten Jahren war für den Berechnungsmodus der Verdienstanteile eine Umgestaltung notwendig.)

C. Die Versorgungs-Anstalt für weibliche Blinde in Neuhausen.

Eine Ministerialentschließung vom 9. April 1856 erklärt eine Blindenversorgungsanstalt als sehr wünschenswert mit dem Beifügen, daß man die Aufnahme von Zöglingen des Blindeninstitutes in dieselbe dadurch ermöglichen und erleichtern wolle, daß die für dieselben aus dem Unterstützungsfonds zu bewilligenden Unterstützungen an die Versorgungsanstalt verabfolgt werden.

Bis 1858 wurden zur Errichtung der gewünschten Zweiganstalt 283 fl. gespendet; sie wurden admassiert und 1883 wies der Fonds für die Versorgungsanstalt 1271 ℳ aus.

Der Jahresbericht von 1883 bringt die Ministerialentschließung vom Jahre 1856 in Erinnerung; es kann hierbei über die Entwickelung dieser wichtigen Angelegenheit für einen Zeitraum von 25 Jahren nur Spärliches aufgezählt werden. Im gleichen Berichte erfährt aber die Anregung zur Gründung einer Versorgungsanstalt durch folgende Ausführungen eine neue Belebung: Wenn auch der Blinde vom gleichen Drange nach Freiheit wie der Sehende beseelt ist und in vorgerückten Jahren sich nur ungern einer strengen, festen Hausordnung fügt, so gibt es doch manche, welche schweren Herzens aus dem Kreise ihrer Schicksalsgenossen scheiden, und besonders sind es die weiblichen Zöglinge, deren Fortkommen durch größere Erwerbsbeschränktheit vielfach behindert ist. Für diese empfiehlt sich die Gründung von Versorgungsanstalten, in welchen sie ein sicheres Asyl vor den Gefahren finden, denen sie auf den finsteren Wegen der für sie fremden Welt ausgesetzt sind.

Der Bericht vom Jahre 1885 bespricht ausführlich die Gründung eines Versorgungshauses für entlassene Zöglinge, und zwar für jene, welche vermöge ihrer geringen geistigen Anlagen und ihrer mangelhaften technischen Befähigung nicht imstande sind, mit Vorteil ein eigenes Geschäft zu führen und in selbständigem Schaffen und Wirken ihr Lebensglück zu finden. Hierbei ist sowohl an männliche als auch an weibliche Zöglinge gedacht.

Im Rechenschaftsbericht des Jahres 1885 sind an bisherigen Schankungen zur Gründung einer Versorgungsanstalt bereits 11 822 ℳ verzeichnet, und nun wurde das Interesse für die zu gründende Zweiganstalt des Kgl. Zentralblindeninstitutes so rege, daß der Fonds im Jahre 1890 = 58 900 ℳ betrug und 1893 die Summe von 100 000 ℳ überschritten hatte.

Unterm 20. November 1892 erging eine Höchste Entschließung des Inhaltes, daß Seine Königliche Hoheit Prinz Luitpold, des Königreichs Bayern Verweser, sich allergnädigst bewogen gefunden haben, die Errichtung einer Versorgungsanstalt für ehemalige weibliche Zöglinge des Kgl. Zentralblindeninstitutes in München vom 1. Januar 1893 ab zu genehmigen.

Am 2. Januar 1893 wurde die Anstalt eröffnet mit 9 blinden ehemaligen weiblichen Zöglingen, welche für Lebenszeit aufgenommen wurden. Gegenwärtig beträgt die Zahl der aufgenommenen 12.

Das Wichtigste aus dem Statut der Versorgungsanstalt enthalten nachstehende Paragraphen:

§ 1. Die Versorgungsanstalt ist eine Nebenanstalt des Kgl. Zentralblindeninstitutes und steht als solche unter der Leitung des jeweiligen Inspektors des Kgl. Zentralblindeninstitutes, sowie unter der unmittelbaren Aufsicht des Kgl. Staatsministeriums des Innern für Kirchen- und Schulangelegenheiten.

§ 2. Die Dotation der Versorgungsanstalt besteht aus dem Zinsenerträgnis der hierfür gestifteten, sowie der fernerhin für den nämlichen Zweck gewidmeten Kapitalien und der Einkaufsgelder, dann aus etwaigen Kostgeldbeiträgen der Zöglinge und sonstigen Zuwendungen.

§ 3. Die Versorgungsanstalt hat den Zweck, ohne Unterschied des Glaubensbekenntnisses, den weiblichen Zöglingen des Kgl. Zentralblindeninstitutes, welche sich nach ihrem Austritte aus der letzteren Anstalt im Zustande der Hilflosigkeit und Verlassenheit oder der sittlichen Gefährdung befinden, auf Lebensdauer Aufenthalt und Versorgung zu gewähren.

§ 5. Dürftige Zöglinge können ganze oder teilweise Freiplätze erhalten, weniger bedürftige können Aufnahme finden gegen Bezahlung eines jährlichen Kostgeldbeitrages, welcher vorerst auf den Betrag von 360 ℳ des Jahres festgesetzt wird, oder gegen einmalige Entrichtung einer Einkaufssumme, deren Höhe jeweils vom Kgl. Staatsministerium bestimmt wird.

Ausnahmsweise können auch weibliche Blinde, die sich nicht im Besitze der bayerischen Staatsangehörigkeit befinden, und solche, die ihre Erziehung und Ausbildung nicht im Kgl. Zentralblindeninstitut erhalten haben, die sich aber einer vollkommen tadellosen sittlichen Qualifikation erfreuen, gegen Entrichtung des jährlichen Kostgeldes oder einer einmaligen Einkaufssumme in die Versorgungsanstalt aufgenommen werden.

§ 6. Die Verleihung der Freistellen erfolgt durch den Landesherrn, die Aufnahme gegen Bezahlung hängt von der Genehmigung des Kgl. Staatsministeriums ab.

(Die nächsten Paragraphen enthalten Bestimmungen über Vermögensverwaltung und Hausordnung ꝛc.)

§ 13. Die Versorgungsanstalt wird in provisorischer Weise bis auf weiteres in einem gesonderten Gebäudeteile des Anwesens des St. Marien-Ludwig-Ferdinand-Vereins in München (Neuhausen) nach Maßgabe des mit der Vereinsvorstandschaft hierüber abgeschlossenen Vertrages untergebracht.

Für die Versorgungsanstalt wird ein eigenes Heim angestrebt, und der erste Anstoß zur Verwirklichung dieser Absicht ist im Jahre 1900 erfolgt: Auf Antrag der Inspektion hat das Kgl. Staatsministerium durch Höchste Entschließung vom 10. April 1900 Nr. 5830 die Gründung eines besonderen Fonds behufs Ansammlung der Mittel zur Erbauung eines eigenen Hauses für die Versorgungsanstalt genehmigt.

Dieser Baufonds hat im Jahre 1904 die Summe von 150000 ℳ erreicht. Die Kgl. Inspektion fügt dieser Mitteilung im Jahresbericht an: Bei dem der Blindenerziehung im allgemeinen und der Versorgungsanstalt im besonderen entgegengebrachten Interesse weiter Kreise zweifeln wir nicht, daß in absehbarer Zeit zu dem geplanten Bau geschritten werden kann.

Die Kreis-Blindenanstalt von Unterfranken und Aschaffenburg in Würzburg.

Im Jahre 1853 erließ Moritz Graf von Bentheim-Tecklenburg, an der Spitze gleichgesinnter, hochstehender Männer, einen allgemeinen Aufruf zur Bildung eines der Fürsorge für die Blinden gewidmeten Vereins. Es konstituierte sich eine aus 5 Mitgliedern bestehende Vorstandschaft und ein Ausschuß von 10 Mitgliedern, die auf jede mögliche Weise das Interesse für den neugegründeten Verein zu wecken verstanden, so daß bereits der erste Rechenschaftsbericht die ansehnliche Zahl von 1749 Mitgliedern aufweisen konnte. Alles wirkte zusammen: Die Kgl. Regierung, die oberhirtliche Stelle ließen nachdrückliche Empfehlungen ergehen an die ihnen untergebenen Ämter und Seelsorger; hohe Mitglieder des Königl. Hauses und andere vom Glücke begünstigte Menschenfreunde aus allen Ständen gaben reiche Beisteuer; Dichter und Künstler machten ihre Talente nutzbringend zum Besten des Vereines, die Redaktionen der Zeitungen suchten die allgemeine Teilnahme zu wecken und lebendig zu erhalten, ansehnliche Vermächtnisse wurden gleich anfangs dem Vereinszwecke zugewendet. So ward es möglich, schon im ersten Jahre die Kosten für die Einrichtung der Anstalt aufzubringen, für den Unterricht und Unterhalt von 7 Zöglingen zu sorgen und zugleich ein Kapitalvermögen von 7000 fl. verzinslich anzulegen. Nachdem hierdurch der bleibende Bestand des Unternehmens gesichert war, erfolgte unterm 3. Februar 1854 die Allerhöchste landesherrliche Genehmigung des durch den Verein begründeten Kreis-Blindeninstituts.

Mit 6 Zöglingen, die als die dürftigsten aus den Blinden des unterfränkischen Kreises ausgewählt wurden, wurde die junge Anstalt in einer kleinen Mietwohnung eröffnet.

Der Zweck der Anstalt war:

Den blinden Kindern sollen die gewöhnlichen Schulkenntnisse vermittelt werden, dazu aber soll die Aneignung der ihnen möglichen technischen Fertigkeiten kommen, um durch deren Ausübung ihren Unterhalt sich teilweise zu verdienen. Vor allem aber war es ihre sittliche religiöse Bildung, die man aufs eifrigste zu fördern suchte, um so den einzigen Halt, den besten Trost für solche Unglückliche immer mehr in ihnen zu befestigen.

Im Laufe des zweiten Jahres (1854/55) war die Zahl der Zöglinge auf 14 gestiegen, so daß eine größere Wohnung notwendig wurde. Im dritten Jahr (1855/56) erhielt die Anstalt ein eigenes Heim. Der am 23. Juni 1856 verstorbene Domkapitular und Geistl. Rat Dr. Philipp Werner setzte die Anstalt zu seinem Haupterben ein, wodurch derselben ein eigenes Haus mit Garten und überdies ein rentierendes Vermögen zufiel. („Domkapitular Wernersche Stiftung.“)

Nach fünfjährigem Bestande wurde die vom Vereine begründete Anstalt der Kgl. Kreisregierung zur unmittelbaren Leitung und Verwaltung übergeben. Die Übernahme geschah am 1. Oktober 1858.

Der Verein, dessen Tätigkeit immer noch auf die Unterstützung der bestehenden Erziehungsanstalt gerichtet ist, stellt sich ein neues Ziel als besondere Hauptpflicht: Die Errichtung einer **Versorgungs- oder Pfründeanstalt.**

1863 war nach 10jährigem Bestand der Anstalt die Zahl der Zöglinge auf 25 angewachsen, und damit war die höchstmögliche Zahl erreicht, die damals untergebracht werden konnte. Nun trat das Verhältnis ein, daß die Zahl der Neuaufnahmen immer geringer wurde, da in sehr seltenen Fällen Zöglinge aus der Anstalt entlassen werden konnten, und somit trug die Anstalt den Charakter einer Versorgungsanstalt. Wiederholt wurde nun das dringende Bedürfnis konstatiert, eine Beschäftigungs- und Versorgungsanstalt für bereits erwachsene und ausgebildete Zöglinge zu begründen, um vielen der Erziehung und des Unterrichtes höchst bedürftigen blinden Kindern den Eintritt in die **Bildungsanstalt** zu ermöglichen.

1865 wurde von der Kgl. Regierung ein an die Anstalt anstoßendes Gartenanwesen käuflich erworben, wozu der Verein sein ganzes Kapitalvermögen (18000 fl.) beisteuerte. Da aber der Verein bereits 1858 bei der Übergabe der Anstalt an die Regierung sein damaliges Vermögen von 4100 fl. an Kapitalien und 1300 fl. an Inventar der Anstalt übergeben hatte, so ergibt sich für die 12 Jahre seines Bestandes die erhebliche Summe von fast 24000 fl., welche er zur Vermögensdotation der Anstalt beigetragen, eine Summe, die um so größer erscheint, da ja seit 1858 alle Legate nicht mehr dem Vereine, sondern der Anstalt selbst zugeflossen sind.

Im Jahre 1866 konnte durch eine Stiftung des Kaufmanns Johann Bolongaro-Crevenna der Grundstein zu der langersehnten Versorgungsanstalt gelegt werden. Dieses neue Institut wurde aber mit dem Unterrichtsinstitute in nächste Verbindung gebracht. Durch die Leistungen des Vereins und die immer neu fließenden Schankungen und Vermächtnisse mehrte sich das Anstaltsvermögen so, daß bei der 25jährigen Jubelfeier des Institutes im Jahre 1878 die Frequenz 31 Zöglinge betrug.

1895 waren in der Anstalt 42 Zöglinge,
1900 „ „ „ „ 41 „ untergebracht.

Man hofft, einen **Neubau** zu erreichen, der eine Erziehungs-, Beschäftigungs- und Pfründeanstalt vereinigt und 100 Personen beherbergen kann.

Die Blinden-Erziehungsanstalt in Nürnberg.

Über die Gründung dieser Anstalt gibt der 1. Jahresbericht derselben, der die Zeit vom 1. Mai 1854 bis 30. Juni 1855 umfaßt, folgende Aufschlüsse: ...... Einzelne Menschenfreunde dahier waren es, welche zunächst den Plan zur Errichtung einer solchen Anstalt faßten und ihr wohltätiges Unternehmen hat bei der Königlichen Regierung, bei den städtischen Behörden und Mitbürgern, bei Menschenfreunden nah und fern die teilnehmendste Unterstützung und Förderung gefunden.

Am 19. Juni 1854 wurde die Blindenanstalt in einer gemieteten Wohnung mit 6 blinden Zöglingen eröffnet.

Nach achtjährigem segensreichen Bestehen dieser Anstalt konnte 1862 in der Blumenstraße ein eigenes Haus gebaut werden mit einem Kostenaufwand von 24397 fl. In der neuen Anstalt, die für ungefähr 20 Zöglinge berechnet war, fanden 13 Blinde Aufnahme. Im Jahre 1887 genügten jedoch auch die Räume dieser Anstalt nicht mehr, denn man konnte eine große Zahl der eingelaufenen Bittgesuche nicht berücksichtigen. Zu einer Vergrößerung der Institutsgebäude wollte man sich aber nicht entschließen, da der Baugrund an Wert bedeutend gewonnen hatte. Der Verwaltungsrat beschloß den Verkauf des Anwesens, das 1893 um den Preis von 135000 *M* veräußert wurde. Nun konnte ein bedeutend größeres Grundstück in der schönsten Lage zu einem verhältnismäßig billigen Preis erworben und mit einem stattlichen Gebäude besetzt werden, das auf eine Anzahl von 120 Zöglingen und Pfleglingen berechnet ist. Die Kosten für Neubau und Grunderwerb betrugen 1893 = 280197 *M*. 1894 erreichten die bezahlten Kosten die Höhe von 347441 *M*; die Schuldenlast, die in diesem Jahre noch 75000 *M* auswies, war im Jahre 1899 gedeckt.

Die Anstalt wurde 1893 zu einer Erziehungs-, Unterrichts-, Beschäftigungs- und Versorgungsanstalt mit **simultanem** Charakter erweitert und mit 31 Zöglingen bezogen.

Der Jahresbericht von 1900 verzeichnet 79 Zöglinge und Pfleglinge, die sich aus den verschiedenen Abteilungen der Anstalt summieren. Es sind in der Erziehungs- und Unterrichtsabteilung 28, in der Versorgungsabteilung 4, in der Abteilung der selbständigen Arbeiter 15 und in der Pensionsabteilung 5 Blinde.

In der **Unterrichtsabteilung,** welche z. B. 3 aufsteigende Klassen mit 7 Jahrgängen und eine Fortbildungsschule umfaßt, sind 5 Lehrer und 2 Lehrerinnen (Fachlehrer) tätig. Außerdem wird von 3 Musiklehrern Unterricht im Klavier-, Orgel- und Orchesterspiel erteilt.

In der **Lehrlingsabteilung** erhielten die Knaben Unterweisung im Stroh-, Rohrstuhl- und Korbflechten; für die Mädchen wurde Unterricht im Stricken, Häkeln, Nähen, Schnurklöppeln, Sackknüpfen, Bürstenbinden und Rohrstuhlflechten erteilt.

Die Zöglinge der **Beschäftigungsanstalt** wohnen sämtlich in der Anstalt. Der Erlös aus den von ihnen gefertigten Arbeiten fällt der Anstalt zu; 10% desselben werden **für die Zöglinge in einer Sparkasse angelegt.**

Die Arbeiterabteilung umfaßt diejenigen erwachsenen Männer, welche befähigt sind, ihren Lebensunterhalt durch ihre Arbeiten zu erwerben. Sie arbeiten in der Werkstätte der Anstalt, erhalten den Erlös aus ihren Arbeiten nach Abzug des Arbeitsmaterials voll ausbezahlt, werden gegen ein mäßiges Kostgeld in der Anstalt verköstigt, wohnen aber außerhalb derselben. — Der tägliche Verdienst eines Arbeiters schwankt zwischen 0,80 *M* und 1,50 *M*.

In der **Versorgungsabteilung** werden alte, arbeitsunfähige und gut beleumundete Blinde untergebracht.

Pensionsabteilung: Der Errichtung dieser Abteilung liegt der Gedanke zugrunde, gebildeten Personen ein friedliches, gesichertes Heim mit Gelegenheit zur geistigen Anregung unter möglichster Wahrung der persönlichen Freiheit, aber unter der Voraussetzung zu verschaffen, daß durch diese Einrichtung Ordnung und Friede der Anstalt in keiner Weise gestört wird. Auch sollen, soweit dies erreichbar erscheint, Mittel und Wege gefunden werden, um die Mitglieder dieser Abteilung in irgend einer Weise beruflich oder allgemein nützlich zu beschäftigen. Die Pensionäre mieten einzelne Zimmer in der Anstalt und werden gegen entsprechende Entschädigung verköstigt. Für die Kosten der Bekleidung und sonstiger Lebensbedürfnisse haben sie gleichfalls selbst aufzukommen.

Tabelle 60.

Die Ausgaben auf den Zweck der Anstalt betrugen:

Im Verwaltungsjahr	Die Summen von:
1891—1892	16 971 ℳ
1895—1896	28 511 „
1900—1901	47 190 „

An die Anstalt hat sich im Jahre 1884 ein

Blinden-Unterstützungsverein für Bayern

angegliedert mit völlig selbständiger Verwaltung, der es sich zur Aufgabe gesetzt hat, alte arbeitsunfähige Blinde mit Geld, ausgebildete blinde Arbeiter mit Arbeitsmaterial ꝛc. zu unterstützen und blinden Kindern durch Zuschuß zu den Verpflegungskosten die Aufnahme in eine Erziehungsanstalt zu erleichtern.

Der Verein sucht die hierzu nötigen Mittel aufzubringen:

Durch Mitgliederbeiträge (jährlich mindestens 30 Pfennig), durch Aufstellung von Sammelbüchsen für Geld und Zigarrenabschnitte, durch Stiftungen und Vermächtnisse, durch Geschenke und Beiträge aus privaten und öffentlichen Mitteln und aus Renten des Vereinsvermögens.

Tabelle 61.

Verteilte Unterstützungen:

Im Jahre	Die Summe von:	Im Jahre	Die Summe von:
1885	170 ℳ	1901	4465 ℳ
1890	1128 „	1902	4839 „
1895	2505 „	1903	5182 „
1900	3814 „		

Der Vermögensstand des Vereins betrug am 31. Dezember 1903 = 45 993 ℳ.

Der Verein hat sich außer den oben angeführten segensreichen Tätigkeiten ein neues Ziel gesetzt: **Die Erbauung eines Heimes** für alte oder kranke und sieche Blinde. Die Verwaltung konnte bereits den ersten Schritt zur Verwirklichung dieses dringend gehegten Wunsches wagen und den Mitgliederversammlungen vom 13. Februar und vom 3. April 1903 den Vorschlag des käuflichen Erwerbes eines unter günstigen Bedingungen angebotenen Bauplatzes an der Bucherstraße unterbreiten. Der Antrag wurde zum Beschluß erhoben, so daß am 7. April 1903 der Ankauf des Grundstückes notariell verbrieft werden konnte.

Die Blindenanstalt Ursberg-Pfaffenhausen.

Dominikus Ringeisen eröffnete am 1. Dezember 1884 die Kretinenanstalt Ursberg. Schon im nächsten Jahr nahm der edle Mann den Gedanken auf, auch für die Blinden eine Anstalt zu gründen, welche vorläufig in Ursberg an die bereits bestehende Anstalt der Kretinen angegliedert werden sollte. Der gefaßte Entschluß wurde rasch zur Ausführung gebracht, und am 1. Dezember 1885 fand die Eröffnung der Blindenanstalt in Ursberg statt. Aufnahme in diese Anstalt finden:

1. Alle jene ausgebildeten Blinden, die in ihrer Heimat keine Arbeit finden können. Die Anstalt soll für sie Beschäftigungsanstalt werden.
2. Alle jene, welche nie in einer Unterrichtsanstalt gewesen sind, also auch keine bestimmte Arbeit gelernt haben, um ihnen etwas zu tun zu geben in dem, was sie noch lernen und leisten können, und sie aus Not und Elend und Bettelbann und sittlicher Verkommenheit zu retten.
3. Blinde aus vermöglichen Familien werden als Pensionäre aufgenommen.
4. Aufnahme finden alle Blinde, welche aus verschiedenen Ursachen in keine Unterrichtsanstalt gebracht wurden, oft nicht gebracht werden konnten.
5. Endlich finden auch blinde Kinder im vorschulpflichtigen Alter Aufnahme, Kinder, die im Elternhause verwahrlost wurden. Für sie soll die Anstalt Vorbereitungsanstalt für das Institut werden.

Die Räume in Ursberg waren infolge des Zudranges in kurzer Zeit nicht mehr ausreichend, und da das ehemalige Seminargebäude in Pfaffenhausen verkäuflich war, wurde es erworben, für eine Blindenanstalt eingerichtet und 1894 mit den Blinden bezogen. Die Pfleglinge beschäftigen sich mit Korb-, Stroh- und Mattenflechten, Bürstenbinden und Stricken; auch an den landwirtschaftlichen Arbeiten beteiligen sich hier die Blinden mit gutem Erfolg.

Gegenwärtig beträgt der durchschnittliche Frequenzstand in der Anstalt 100 Blinde.

Eine Vergrößerung des Instituts ist geplant, und es sind zu diesem Zwecke in der Nachbarschaft mehrere Häuser und Ökonomiegüter angekauft worden. Die Gesamtökonomie beträgt 92 Tagwerke. Ringeisen gab in seinen Jahresberichten über die Blindenanstalt öfter Ausblicke auf die Vervollkommnung der noch jungen Anstalt, die in einer so kurzen Spanne Zeit durch die hochherzigen Spenden edler Wohltäter schon so weit gedeihen konnte und durch die Hilfe der Charitas noch weiter voranschreiten wird.

Die Blinden-Erziehungs- und Unterrichtsanstalt in Augsburg.

Die nächste Veranlassung zur Verwirklichung der längst gehegten Absicht, in Augsburg ein Blindeninstitut ins Leben zu rufen, gab durch seine Anregung im Jahre 1884 der Blindenlehrer Kniewasser. Ein Komitee, das die Sache in die Hand nahm, erbat sich von der Kgl. Regierung Unterstützung, welche auch bereitwilligst und tatkräftig gewährt wurde. Eine Hauskollekte ergab die erhebliche Summe von 36445 ℳ; der Landrat bewilligte einen Beitrag von 1500 ℳ Zuschuß zum Anstaltsbetrieb und 560 ℳ für Freiplätze. Von Privaten folgten zum Teil sehr namhafte Zuwendungen. Ein Flügel der vom Magistrat erworbenen Jesuitenkaserne wurde mit einem Kostenaufwande von 48646 ℳ aufs zweckmäßigste für die Bedürfnisse einer Blindenanstalt eingerichtet.

Am 15. Mai 1889 wurde die Anstalt mit 6 Zöglingen eröffnet. Die Frequenzzahl der Zöglinge betrug: 1890 = 16; 1895 = 28; 1900 = 34.

Die Anstalt ist eine öffentliche und zunächst für Heimatangehörige des Kreises Schwaben und Neuburg bestimmt. Sind jedoch die von dieser Seite eingehenden Gesuche alle berücksichtigt, so kann auch solchen Blinden die Aufnahme gewährt werden, die im Kreise ihren Wohnsitz, aber nicht das Heimatrecht haben, und nach diesen auch jene, welche anderen Kreisen angehören.

Die Anstalt ist gegliedert: A. Schülerabteilung, B. Beschäftigungsanstalt, C. Blindenheimbewohner.

Die Oberaufsicht über die Anstalt steht der Kgl. Regierung von Schwaben und Neuburg zu.

Der Blindenverein, dessen Hauptaufgabe die Blindenerziehung ist, unterstützt Blinde nicht mit Geld. Die Fürsorge ist der Anstalt angegliedert in Gestalt eines Blindenheims für Personen beiderlei Geschlechtes; vorerst aber nur für solche, die in der Augsburger Blindenanstalt erzogen und zur Arbeit herangebildet wurden. Leute, die aus falschem Drang nach Freiheit ausgetreten sind, ihre Lehrzeit nicht gründlich ausgenützt und beendet haben, werden nicht unterstützt, ebenso solche Blinde, ehemalige Zöglinge, die strafweise entlassen wurden.

Tabelle 62.

Das Vereinsvermögen betrug:

Im Jahre	Die Summe:
1891	168154 ℳ
1895	190272 „
1900	223500 „

Der oberfränkische Blinden-Hilfsverein.

Kniewasser, Sohn eines wohlhabenden Schmiedemeisters aus Nürnberg, der im 11. Lebensjahr das Augenlicht verlor und sich in Namur in Belgien und in Steglitz (Berlin) zum Blindenlehrer ausgebildet hatte, bot sich im Frühjahr 1887 in Bayreuth an, blinden Kindern der Stadt und des Kreises Unterricht im Lesen, Schreiben und Rechnen, in den Realien und in der Musik zu erteilen und solche auf Wunsch auch in Pension zu nehmen. Kniewasser versuchte anfangs mit alleiniger Kraft ohne Hilfe anderer Personen ein Blindeninstitut zu gründen; und der für seine Sache begeisterte Mann begann denn auch tatsächlich mit 2 blinden Knaben den Unterricht, alle Auslagen, auch die Wohnung und Verpflegung der beiden Kinder, aus eigenen Mitteln bestreitend. Es war ihm auch gelungen, mit einem Vortrag über Blindenunterricht im Bayreuther Bezirkslehrerverein die Zuhörer zu überzeugen, daß seine Bestrebungen der Unterstützung wert seien; und am 19. Juli 1887 konstituierten sich einflußreiche und für das Wohl Blinder begeisterte Männer zu einem Komitee für Gründung einer Lehr- und Erziehungsanstalt bildungsfähiger, schulpflichtiger blinder Kinder des Kreises Oberfranken in Bayreuth. In einer der nächsten Sitzungen des Vereins wurde Kniewasser in provisorischer

Weise für die in Bayreuth zu errichtende Blindenanstalt als Lehrer aufgestellt, und dieser setzte den mit den 2 blinden Knaben bereits begonnenen Unterricht fort.

Weil von verschiedenen Seiten das Bedürfnis einer Blindenanstalt für den Kreis Oberfranken angezweifelt wurde, so erholte man sich von der Kgl. Regierung auf Grund der dort vorhandenen statistischen Notizen über die oberfränkischen Schulverhältnisse Aufschluß über die Zahl blinder, schulpflichtiger Kinder des Kreises. Nach verlässiger Aufstellung lebten 1887 in Oberfranken 170—180 Blinde im Alter von 6—25 Jahren, denen man Unterricht in Schul- und Erwerbsfächern mit Erfolg hätte zukommen lassen können. Diese Schätzung der Blindenziffer für die in Betracht genommenen Altersgruppen hat ganz gewiß zu hoch gegriffen, denn nach den Zählergebnissen vom Jahre 1900 leben in Oberfranken im Alter von 6—25 Jahren nur 33 Blinde!

Der Unterricht in der kleinen Blindenschule nahm seinen Fortgang; doch schon 1888 erlag Kniewasser nach schwerem Nierenleiden einer Gehirnhautentzündung.

Der Verwaltungsrat beschloß, die Schule sowie das ganze Unternehmen weiterzuführen. Lehrer Gutmann von Bayreuth oblag 2 Monate lang in dem Kgl. Zentral-Blindeninstitut in München, und zwar auf **eigene Kosten** dem Studium im Blindenfache. Gutmann gab seine Erfahrungen dem Verein bekannt und erklärte unter anderem: **Blindenerziehung sei sehr teuer, und nur mit bedeutenden Mitteln** wäre die Errichtung und Unterhaltung einer Blindenanstalt möglich. Man möge vorerst mit der Gründung einer eigenen Anstalt zuwarten.

Im März 1889 gab der Vorsitzende des Vereins bekannt, daß die Nürnberger Anstalt das Anerbieten machte, blinde Kinder aus dem Kreise Oberfranken gegen eine jährliche Entschädigung von 200 ℳ aufzunehmen, obgleich ihr ein Zögling auf 500 ℳ zu stehen komme. Damit war das ganze Unternehmen in neue Bahnen geleitet. Der Verwaltungsrat beschloß, die Absicht eine eigene und sei es noch so bescheidene Anstalt zu gründen, aufzugeben, seine ganze Kraft aber auf Vergrößerung des Kapitals zu verwenden.

Aus dem ursprünglichen Verein entwickelte sich der **Bayreuther Blindenverein.**

Durch die Bemühungen der Lehrerschaft Oberfrankens wurden aus verschiedenen Ortschaften des Kreises Mitglieder angemeldet und Beiträge eingesandt, so daß 1891 schon 6 bedürftige blinde Kinder auf Kosten des Vereins in den Blindenanstalten Nürnberg und Augsburg untergebracht werden konnten, wofür jährlich 1500 ℳ zu zahlen waren.

1892 besaß der Verein bereits ein Vermögen von 20000 ℳ. Im Jahre 1893/94 erweiterte der Verein seine segensreiche Tätigkeit, indem er in Notfällen auch an erwachsene Blinde Unterstützungen gewährte und für 4 ganz arme blinde Kinder aus Oberfranken, welche Freiplätze im Zentralblindeninstitut zu München inne hatten, die nötigen Bekleidungskosten in der Höhe von 144 ℳ bestritt.

1894 wurde angeregt, die bisherige lose Verbindung in einen anerkannten Verein umzugestalten, was sich jedoch erst im Herbst 1900 verwirklichte; in diesem Jahre wurde der oberfränkische Blinden-Hilfsverein gegründet. Der Verein hat seinen Sitz in Bayreuth und verfolgt den Zweck:

a) Gründung einer Lehr- und Erziehungsanstalt für bildungsfähige blinde Kinder des Kreises Oberfranken behufs Unterrichtung in den wichtigsten Fächern der Volksschule und Anleitung zu einer für Blinde möglichen Erwerbstätigkeit;

b) soweit möglich auch die Gründung eines Asyles für Blinde, und

c) die Unterstützung würdiger und bedürftiger oder von Blindheit bedrohter Personen.

Über die bisherige segensreiche Tätigkeit des Vereins gibt nachstehende Übersicht einigen Aufschluß:

Tabelle 63.

Jahrgang:	Summe, die auf den Zweck verwendet wurde:	Das Vereinsvermögen betrug:
1895	2400 ℳ	32000 ℳ
1900	4035 „	48338 „
1901	3198 „	51234 „
1902	2868 „	55862 „
1903	2778 „	61938 „

In Würdigung der guten Sache und ihrer Vordringlichkeit haben die Gremien der Kreishauptstadt Bayreuth bereits einen entsprechenden Bauplatz für eine oberfränkische Blindenanstalt dem Verein kostenlos überlassen.

Der Blinden-Unterstützungsverein für die Oberpfalz und Regensburg.

(Eingetragener Verein.)

Ende des Jahres 1897 fand sich auf Anregung des Kgl. Geistl. Rates und Rektors Dr. Wilhelm Schenz eine Anzahl gleich hochherziger Männer zusammen, welche es sich zur Aufgabe machten, für den Kreis Oberpfalz einen Verein zu gründen, welcher den Zweck hat:

1. für rechtzeitige Unterbringung bildungsfähiger blinder Kinder in Anstalten Sorge zu tragen;
2. zu den Reise- und Unterhaltungskosten solcher Kinder Beiträge zu gewähren;
3. Blinde, welche nachweislich gewerbstätig sind, denen es aber zur Ausübung ihres Gewerbes an den nötigen Betriebsmitteln fehlt, und
4. bedürftige Blinde, welche arbeitsunfähig sind, zu unterstützen.

Ein am 15. Januar 1898 erlassener Aufruf zum Beitritt in den beregten Blinden-Unterstützungsverein fand derartigen Anklang, daß es möglich war, in einer auf den 21. Januar 1898 einberufenen Generalversammlung den Verein zu konstituieren.

Dem Präsidium der Kgl. Kreisregierung und dem bischöfl. Ordinariate wurde die Bitte unterbreitet, dem Vereine wohlwollende Unterstützung angedeihen zu lassen.

Mit Entschließung der Kgl. Kreisregierung vom 4. März 1898 wurden die Distriktspolizeibehörden angewiesen, die Bestrebungen des Vereins nach Kräften zu fördern und der Vereinsleitung in der Erfüllung des Vereinszweckes jederzeit entgegen zu kommen.

Auch das bischöfl. Ordinariat hat mit Zuschrift die Zusicherung gegeben, im Hinblick auf den edlen charitativen Zweck des Vereins die Förderung dieses schönen Zweckes dem Eifer und der Opferwilligkeit der Geistlichkeit und des gläubigen Volkes eindringlichst empfehlen zu wollen:

Durch das bereitwillige Entgegenkommen der Kgl. Bezirksämter, Stadtmagistrate und Dekanate des Regierungsbezirkes konnten 31 Vertrauensmänner gewonnen werden, welche in den einzelnen Bezirken die Vereinsleitung in ihren Aufgaben nach zweckdienlichen Instruktionen unterstützen sollten.

An den Landrat des Kreises wurde ein Gesuch um Bewilligung eines Zuschusses aus Kreismitteln gerichtet, welches in wohlwollender Anerkennung des edlen Vereinszweckes auch willfährig beschieden wurde.

Nachstehende Übersicht gibt ein Bild über die Entwickelung und das segensreiche Wirken des jungen Vereins:

Tabelle 64.

Jahrgang:	Mitglieder:	Zahl der unterstützten Blinden:	Gesamtsumme der Unterstützungen:	Vermögensstand:
1898	532	11	75 ℳ	893 ℳ
1899	1258	12	349 „	2349 „
1900	1570	21	706 „	3497 „
1901	1700	47	1557 „	4186 „
1902	1800	51	2156 „	4614 „
1903	1900	61	2422 „	5479 „

In der am 26. Februar 1903 abgehaltenen Mitgliederversammlung wurde über einen Antrag des Blinden-Unterstützungsvereins Nürnberg folgender Beschluß gefaßt:

„Die Mitgliederversammlung spricht sich gegen die Gründung eines Kreisblindenheims aus; dagegen würde sie der Gründung eines Zentralheims für das ganze Land zustimmen, obgleich sie sich der Bedenken nicht entschlagen kann, daß die Versetzung alter blinder Personen aus den gewohnten Lebensverhältnissen heraus in eine ihnen gänzlich neue fremde Umgebung vielleicht als keine Wohltat empfunden werden dürfte."

Tabelle 65.

Budget-Staatszuschüsse (reine) an Blindenanstalten.

Finanzperiode	Jahrgang	Anstalten München	Anstalten Nürnberg
	je:	ℳ	ℳ
XX	1890/1891	22 941	860
XXI	1892/1893	24 040	860
XXII	1894/1895	24 350	3000
XXIII	1896/1897	24 350	3000
XXIV	1898/1899	24 350	3000
XXV	1900/1901	26 500	3000
XXVI	1902/1903	29 500	4000
XXVII	1904/1905	29 500	4000

Tabelle 66.

Zuschüsse aus Kreismitteln an Blindenanstalten.

Jahrgang	Oberbayern	Niederbayern	Pfalz	Oberpfalz	Oberfranken	Mittelfranken	Unterfranken	Schwaben
	ℳ	ℳ	ℳ	ℳ	ℳ	ℳ	ℳ	ℳ
1890	2520	1080	720	720	360	1780	2670	3500
1891	2520	1080	720	720	360	1780	2934	3500
1892	2520	1080	720	720	360	1780	2934	3500
1893	2520	1080	720	720	360	5080	2934	3500
1894	2520	1080	1440	720	360	5080	2934	3500
1895	2520	1080	1440	720	360	5080	2934	3500
1896	2520	1080	1840	720	360	5080	2934	3500
1897	2520	1080	1840	720	720	4720	2370	3500
1898	2880	1080	1840	720	720	4720	2370	3500
1899	2880	1080	1840	720	720	4720	2370	3500
1900	2880	1080	1840	720	720	4720	2866	3500
1901	2880	1080	1840	820	720	4720	2866	3500
1902	2880	1080	1840	820	720	4720	2551	3500
1903	2880	1080	1840	820	720	4720	2503	4000
1904	2880	1080	1840	820	720	4720	2403	5500

Schluß.

Die Antwort auf die gestellte Frage: Was hat Bayern bisher für die Blinden getan, ist sehr umfangreich ausgefallen. Was wir aber erfahren haben, das verdient Bewunderung! Die Liebe, die den bayerischen Blinden helfend zur Seite trat, hat Großes ins Leben gerufen.

Unvergessen bleibt das Andenken an den erlauchten Gründer des Kgl. Zentralblindeninstitutes, an **König Ludwig I.** „Er hat auch auf den goldenen Wolken der Kunstideale schwebend der armen Blinden nicht vergessen!" — Was er in reichem Erbarmen gesäet hat, das ist unter dem Schutze seiner königlichen Nachfolger erblüht, es hat sich entfaltet zur Stätte des Glückes für Unglückliche.

Das **Kgl. Staatsministerium** des Innern für Kirchen- und Schulangelegenheiten hat der Blindenbildung eine stets hochherzige Fürsorge zugewendet und unermüdlich an dem Ausbau des Blindenbildungswesens in geistiger und materieller Beziehung gearbeitet.

Und: wohin wir in unserm Vaterlande blicken, überall finden wir **Freunde**, Wohltäter und Gönner der Blinden. Das Interesse an unseren Blinden ist in der erfreulichsten Weise gewachsen, und was Bayern besonders in den letzten Dezennien für seine lichtlosen Mitbrüder schuf, das ist für diese wahrhaft tröstlich: Die Nächstenliebe feiert auf diesem Gebiete glänzende Triumphe. Was im 19. Jahrhundert für die Sache der Blinden geschah, das ist zum großen Segen für die Blinden geworden, und die Früchte der bestehenden Organisationen, die wir bereits in der Gegenwart schauen, werden im neuen Jahrhundert noch reichlicher werden, es werden ganz gewiß die bestehenden Zweige der Blindenfürsorge ausgebaut und manche noch fühlbare Lücke wird ausgeglichen werden. Wir schließen mit dem lebhaften Wunsche:

Schutz und Hilfe allen braven und strebsamen, allen kranken und gebrechlichen, allen verwahrlosten Blinden!

Anhang.

Die ortsanwesenden Blinden im Deutschen Reiche nach

Zusammengestellt im Kaiser-

(Die Ergebnisse der im Königreich Bayern vorgenommenen

Laufende Nr.	Staaten und Landesteile	Zahl der vorhandenen Gemeinden	Zahl der beteiligten Gemeinden	Zahl der orts- im							
				bis zu 5 Jahren		über 5 bis zu 10 Jahren		über 10 bis zu 15 Jahren		über 15 bis zu 20 Jahren	
				m.	w.	m.	w.	m.	w.	m.	w.
	Deutsches Reich	76959	14607	374	285	547	449	777	567	787	575
1	Preußen	53383	9039	217	157	311	264	471	355	499	374
2	Bayern	8001	1720	34	29	71	64	77	52	71	44
	(Sondererhebung) . . .	—	—	37	27	68	60	80	52	64	42
3	Sachsen	3231	869	61	53	71	38	77	51	63	52
4	Württemberg	1911	627	9	7	23	21	35	32	42	26
5	Baden	1736	500	6	6	14	9	28	19	32	16
6	Hessen	994	268	7	4	10	9	11	7	16	11
7	Mecklenburg-Schwerin . . .	1831	186	3	5	7	5	8	6	15	7
8	Sachsen-Weimar	625	163	5	—	1	4	7	4	4	5
9	Mecklenburg-Strelitz . . .	329	33	1	1	—	1	—	—	1	—
10	Oldenburg	228	70	2	2	1	6	—	—	—	2
11	Braunschweig	457	87	1	3	5	2	3	2	6	5
12	Sachsen-Meiningen	467	86	3	2	—	1	1	—	3	—
13	Sachsen-Altenburg	439	75	2	1	2	3	3	1	2	1
14	Sachsen-Koburg-Gotha . .	305	84	1	—	—	2	—	—	1	—
15	Anhalt	282	53	4	1	4	2	1	—	3	1
16	Schwarzburg-Sondershausen	93	36	2	—	1	—	—	—	2	1
17	Schwarzburg-Rudolstadt . .	163	52	—	1	1	—	1	3	1	2
18	Waldeck	121	39	—	—	—	—	2	—	—	—
19	Reuß ä. L.	75	20	—	—	2	1	—	1	—	—
20	Reuß j. L.	174	55	1	1	2	—	6	3	2	—
21	Schaumburg-Lippe	84	10	1	—	—	—	—	—	—	—
22	Lippe	213	40	—	—	—	—	—	—	1	2
23	Lübeck	51	9	—	—	—	—	—	2	—	2
24	Bremen	23	13	1	1	1	—	2	—	1	1
25	Hamburg	41	12	2	1	4	6	4	9	4	3
26	Elsaß-Lothringen	1702	461	11	10	16	11	40	20	18	20

Im Königreich Bayern wurde durch eine nachträgliche Sondererhebung die Zahl der Blinden, die sich nach
die dadurch für einzelne Altersgruppen eintrat, ist in den obigen Spalten ersichtlich. Hätte die Sondererhebung einfach
in sämtlichen beteiligten Altersgruppen eine Minderung eintreten. Aber es zeigt gleich die erste Rubrik
steigt die Zahl von 77 auf 80; in der Altersgruppe „30—40“ w. von 125 auf 133 und in der Spalte „über 60 Jahre“ w.
zu den bei der ersten Zählung ermittelten Blinden noch einige hinzukamen, die bei der Volkszählung nicht angegeben

Tabelle I.

dem Ergebnis der Volkszählung am 1. Dezember 1900.

lichen Gesundheitsamte.

Sonderertzhebung für die Blinden sind beigefügt.)

anwesenden Blinden																
Alter										in unbekanntem Alter oder ohne Altersangabe		Summe				
über 20 bis zu 30 Jahren		über 30 bis zu 40 Jahren		über 40 bis zu 50 Jahren		über 50 bis zu 60 Jahren		über 60 Jahren						
m.	w.	m.	w.	m.	w.	m.	w.	m.	w.	m.	w.	m.	w.	zusammen
1560	1240	1794	1326	2233	1570	2727	2262	6992	8212	27	30	17818	16516	34334
971	778	1130	832	1430	1018	1728	1523	4389	5114	26	27	11172	10442	21614
141	95	157	125	198	138	230	182	786	947	1	2	1766	1678	3444
136	90	150	133	198	134	224	168	772	948	1	—	1730	1654	3384
132	119	177	125	184	122	206	165	425	594	—	—	1396	1319	2715
66	46	71	47	72	61	104	77	277	286	—	—	699	603	1302
62	35	42	41	66	43	73	69	207	235	—	—	530	473	1003
31	11	28	12	38	24	54	29	133	102	—	—	328	209	537
16	16	18	15	20	25	30	32	100	129	—	—	217	240	457
19	9	16	8	21	10	33	18	91	76	—	—	197	134	331
2	1	1	5	2	1	6	4	19	25	—	—	32	38	70
5	7	6	6	11	3	14	11	36	31	—	—	75	68	143
5	14	19	8	11	19	19	15	46	61	—	—	115	129	244
5	6	5	3	6	7	5	10	27	38	—	—	55	67	122
5	7	6	9	19	8	13	6	32	42	—	—	84	78	162
7	4	9	8	9	7	11	11	38	58	—	—	76	90	166
5	8	7	5	11	3	15	16	27	27	—	—	77	63	140
4	3	2	1	4	3	9	5	12	17	—	1	36	31	67
6	3	5	4	8	6	6	5	18	29	—	—	46	53	99
2	—	2	2	6	4	2	4	13	20	—	—	27	30	57
3	1	2	—	2	2	5	1	9	8	—	—	23	14	37
8	5	9	5	17	7	10	8	24	25	—	—	79	54	133
1	—	3	—	—	—	—	2	5	4	—	—	10	6	16
2	3	4	3	6	3	7	3	19	10	—	—	39	24	63
—	1	3	1	3	3	7	1	11	23	—	—	24	33	57
6	6	7	6	3	4	11	4	19	27	—	—	51	49	100
9	12	10	12	17	9	26	16	38	76	—	—	114	144	258
47	50	55	43	69	40	103	45	191	208	—	—	550	447	997

dem Ergebnis der Volkszählung vom 1. Dezember 1900 auf 3444 summierte, auf 3384 reduziert. Die Verschiebung, 60 Personen als Nichtblinde von der anfänglichen Summe gestrichen, so müßte bei Abrechnung dieser Fälle lediglich „bis zu 5 Jahren" (männliches Geschlecht) eine Erhöhung der Ziffer von 34 auf 37; in der Rubrik „über 10—15 Jahren" m. von 947 auf 948. Dies kommt daher, daß bei der Sondererhebung manche Geburtsdaten eine Korrektur erfuhren und worden waren.

Anhang-Tabelle II.

Auf Grund der vom Kaiserlichen Gesundheitsamte zusammengestellten absoluten Zahlen wurde berechnet:

Die ortsanwesenden Blinden im Deutschen Reiche nach dem Ergebnis der Volkszählung am 1. Dezember 1900 verglichen mit der ortsanwesenden Bevölkerung. Die Ergebnisse der Volkszählung vom Jahr 1871 sind gegenübergestellt und darnach ist die Zu- oder Abnahme der Blindenquote notiert.

(Quelle für die Ergebnisse der Zählung von 1871: Mayr, XXXV. Heft der Beiträge zur Statistik des Königreichs Bayern. Blinde im Deutschen Reiche (mit Ausnahme von Mecklenburg-Schwerin, Mecklenburg-Strelitz, Schaumburg-Lippe und Hamburg.)

Staaten (und Landesteile)	Zahl der ortsanwesenden Blinden im Jahre 1900			Zahl der ortsanwesenden Blinden im Jahre 1871			Im Jahre 1900 trafen auf 10000 Personen der ortsanwesenden Bevölkerung Blinde			Im Jahre 1871 trafen auf 10000 Personen der ortsanwesenden Bevölkerung Blinde			Zu- oder Abnahme der Blindenquote auf 10000 Personen der Gesamtbevölkerung seit dem Jahre 1871		
	männl.	weibl.	Summe	männl.	weibl.	Summe	männl.	weibl.	i. g.	männl.	weibl.	i. g.	männl.	weibl.	i. g.
1. Preußen	11172	10442	21614	11066	11912	22978	6,58	5,97	6,27	9,1	9,5	9,3	— 2,5	— 3,5	— 3,0
2. Bayern	1766	1678	3444	1947	2051	3998	5,83	5,33	5,58	8,2	8,2	8,2	— 2,4	— 2,9	— 2,6
3. Sachsen	1396	1319	2715	1043	994	2037	6,83	6,11	6,46	8,4	7,6	8,0	— 1,6	— 1,5	— 1,5
4. Württemberg	699	603	1302	642	556	1198	6,64	5,40	6,00	7,7	6,2	7,0	— 1,1	— 0,8	— 1,0
5. Baden	530	473	1003	423	343	766	5,72	5,02	5,37	5,9	4,6	5,3	— 0,2	+ 0,4	+ 0,1
6. Hessen	328	209	537	*)	*)	598	5,88	3,72	4,80	—	—	7,3	—	—	— 2,5
7. Mecklenburg-Schwerin	217	240	457	—	—	—	7,23	7,81	7,52	—	—	—	—	—	—
8. Sachsen-Weimar	197	134	331	170	180	350	11,13	7,21	9,12	12,2	12,3	12,2	— 1,1	— 5,1	— 3,1
9. Mecklenburg-Strelitz	32	38	70	—	—	—	6,29	7,34	6,82	—	—	—	—	—	—
10. Oldenburg	75	68	143	99	110	209	3,78	3,39	3,58	6,3	6,9	6,6	— 2,5	— 3,5	— 3,0
11. Braunschweig	115	129	244	140	131	271	4,99	5,51	5,25	9,0	8,4	8,7	— 4,0	— 2,9	— 3,4
12. Sachsen-Meiningen	55	67	122	101	93	194	4,47	5,25	4,87	10,6	9,4	10,0	— 6,1	— 4,1	— 5,1
13. Sachsen-Altenburg	84	78	162	78	75	153	8,77	7,87	8,31	11,3	10,3	10,8	— 2,5	— 2,4	— 2,5
14. Sachsen-Koburg-Gotha	76	90	166	93	67	160	6,85	7,59	7,23	11,0	7,4	9,2	— 4,1	+ 0,2	— 2,0
15. Anhalt	77	63	140	67	78	145	4,96	3,92	4,43	6,7	7,5	7,1	— 1,7	— 3,6	— 2,7
16. Schwarzburg-Sondershausen	36	31	67	34	36	70	9,11	7,49	8,28	10,4	10,4	10,4	— 1,3	— 2,9	— 2,1
17. Schwarzburg-Rudolstadt	46	53	99	46	50	96	10,16	11,09	10,64	12,5	12,9	12,7	— 2,3	— 1,8	— 2,1
18. Waldeck	27	30	57	41	44	85	9,66	10,00	9,84	15,5	14,7	15,1	— 5,8	— 4,7	— 5,3
19. Reuß ä. L.	23	14	37	25	25	50	7,07	3,90	5,41	11,2	10,9	11,1	— 4,1	— 7,0	— 5,7
20. Reuß j. L.	79	54	133	33	60	93	11,85	7,44	9,55	7,6	13,2	10,4	+ 4,3	— 5,8	— 0,8
21. Schaumburg-Lippe	10	6	16	—	—	—	4,65	2,77	3,71	—	—	—	—	—	—
22. Lippe	39	24	63	*)	*)	89	5,81	3,34	4,53	—	—	8,0	—	—	— 3,5
23. Lübeck	24	33	57	26	39	65	5,02	6,74	5,89	10,4	14,4	12,5	— 5,4	— 7,7	— 6,6
24. Bremen	51	49	100	32	37	69	4,59	4,30	4,45	5,4	5,9	5,6	— 0,8	— 1,6	— 1,1
25. Hamburg	114	144	258	—	—	—	3,03	3,67	3,36	—	—	—	—	—	—
26. Elsaß-Lothringen	550	447	997	790	584	1374	6,25	5,33	5,80	10,4	7,4	8,9	— 4,1	— 2,1	— 3,1
Deutsches Reich	17818	16516	34334	16896	17465	35048	6,42	5,77	6,09	8,84	8,81	8,79	— 2,42	— 3,04	— 2,70

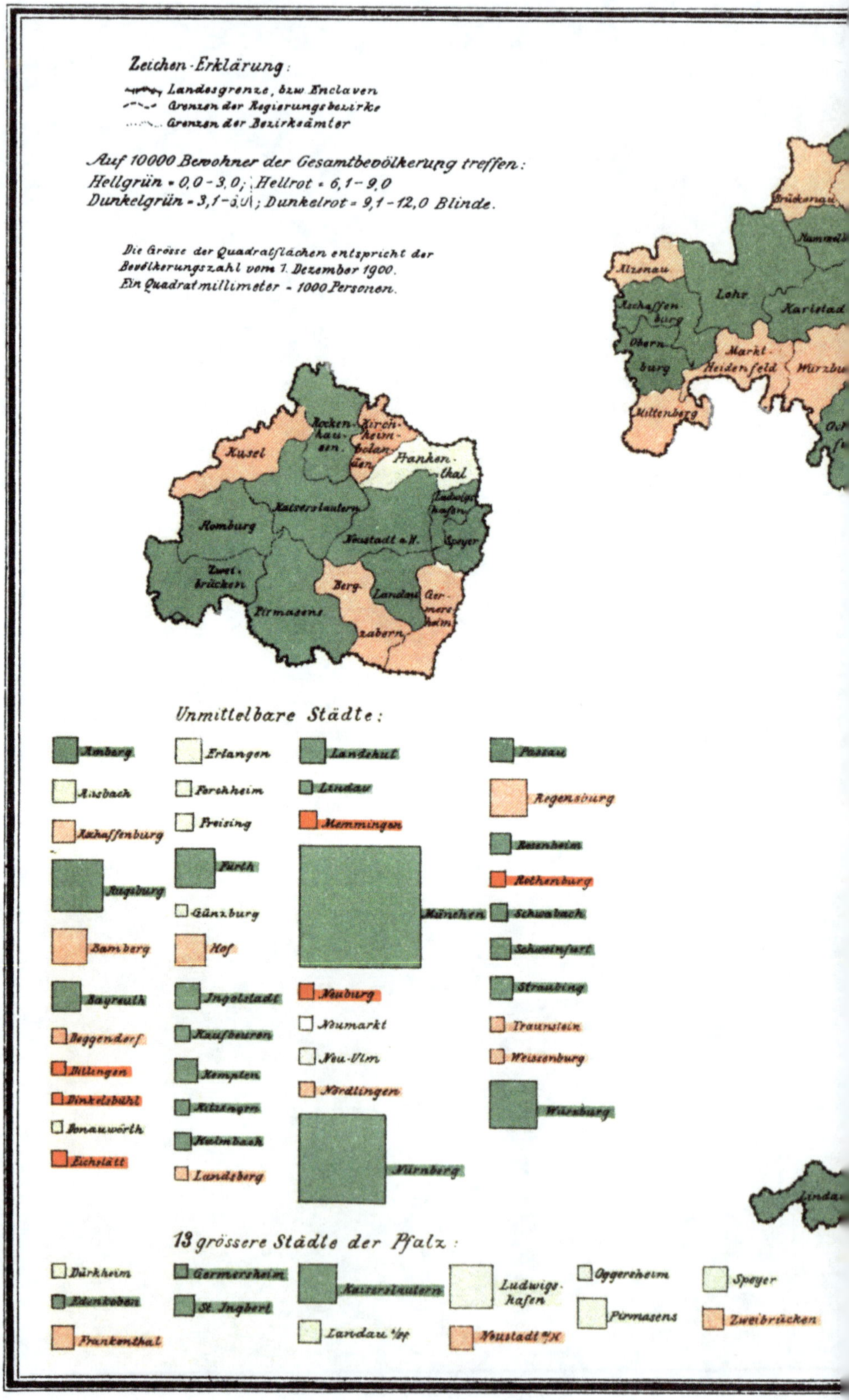
Zeichen-Erklärung:
Landesgrenze, bzw. Enclaven
Grenzen der Regierungsbezirke
Grenzen der Bezirksämter
Auf 10000 Bewohner der Gesamtbevölkerung treffen:
Hellgrün = 0,0 - 3,0; Hellrot = 6,1 - 9,0
Dunkelgrün = 3,1 - 6,0; Dunkelrot = 9,1 - 12,0 Blinde.
Die Grösse der Quadratflächen entspricht der Bevölkerungszahl vom 1. Dezember 1900.
Ein Quadratmillimeter = 1000 Personen.
Kusel
Rockenhausen
Kirchheimbolanden
Frankenthal
Kaiserslautern
Homburg
Ludwigshafen
Neustadt a. H.
Speyer
Zweibrücken
Pirmasens
Bergzabern
Landau
Germersheim
Brückenau
Alzenau
Lohr
Karlstadt
Aschaffenburg
Obernburg
Markt-Heidenfeld
Miltenberg
Unmittelbare Städte:
Amberg
Ansbach
Aschaffenburg
Augsburg
Bamberg
Bayreuth
Deggendorf
Dillingen
Dinkelsbühl
Donauwörth
Eichstätt
Erlangen
Forchheim
Freising
Fürth
Günzburg
Hof
Ingolstadt
Kaufbeuren
Kempten
Kitzingen
Kulmbach
Landsberg
Landshut
Lindau
Memmingen
München
Neuburg
Neumarkt
Neu-Ulm
Nördlingen
Nürnberg
Passau
Regensburg
Rosenheim
Rothenburg
Schwabach
Schweinfurt
Straubing
Traunstein
Weissenburg
Würzburg
13 grössere Städte der Pfalz:
Dürkheim
Edenkoben
Frankenthal
Germersheim
St. Ingbert
Kaiserslautern
Landau i/Pf.
Ludwigshafen
Neustadt a/H.
Oggersheim
Pirmasens
Speyer
Zweibrücken

Königreich Bayern.

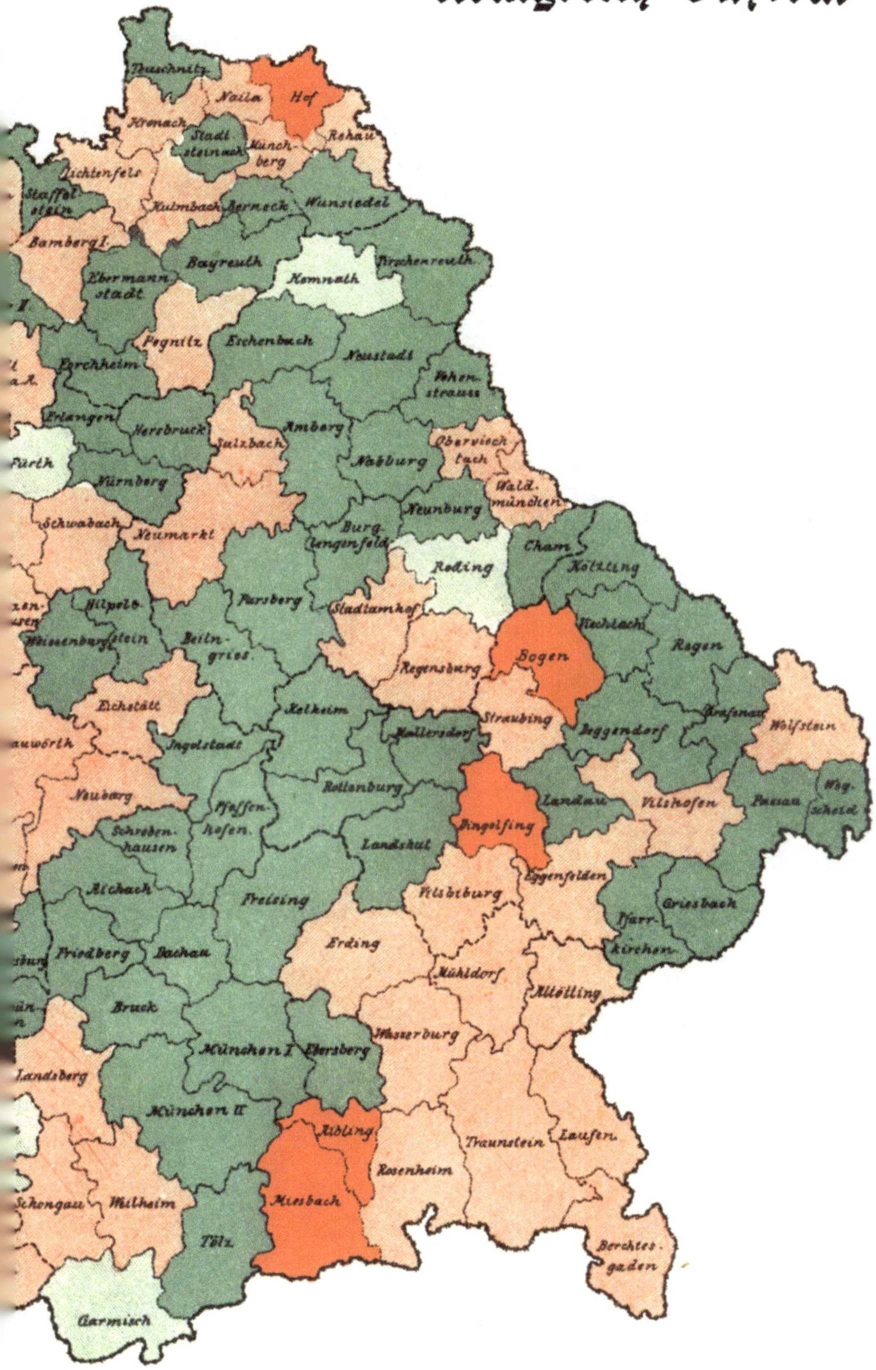

Stand vom 1. Dez. 1900.

www.ingramcontent.com/pod-product-compliance
Lightning Source LLC
LaVergne TN
LVHW081344011026
849161LV00013BB/3001